DRYAS

Klaus N. Frick

»Das Tier von Garoua«

Abenteuer Alltag in Afrika

Erzählungen

Dryas Verlag

Bibliografische Information der Deutschen Bibliothek:
Die Deutsche Bibliothek verzeichnet diese Publikation in der Deutschen Nationalbiografie, detaillierte bibliografische Daten sind im Internet über
http://dnb.ddb.de abrufbar

1. Auflage 2007

Herausgeber: Dryas Verlag, Mannheim

Umschlaggestaltung: Rosa Segerer, Segerer Design
Typographie, Satz: FLYINGFOX CREATIONS, Schriesheim
Produktion: Berit Imo, Büro für Konzeption, Design und Produktion, Speyer
Druck: Druckerei C.H. Beck,
Bergerstraße 3, 86720 Nördlingen
Projektbetreuung: Sandra Thoms

ISBN: 978-3-9811327-4-8
www.dryas.de

Klaus N. Frick:
»Das Tier von Garoua«
Abenteuer Alltag in Afrika

Inhalt

Vorwort:
Afrika, mon amour

Wann genau mich das Afrika-Virus packte, weiß ich nicht mehr. Waren es Bücher oder Filme, die mich faszinierten, waren es vielleicht sogar die wenigen Reportagen in Zeitschriften und im Fernsehen? Tatsache ist, dass mich der Kontinent irgendwann nicht mehr loslassen wollte. Und so fuhr ich mehrfach nach Afrika, zeitweise jedes Jahr.

»Wenn du einmal in Afrika warst, kommst du auf jeden Fall wieder«, hatte mir ein Reisender gesagt, den ich im nördlichen Niger traf, in der Stadt Arlit, eine der wichtigsten Städte in diesem westafrikanischen Staat. »Afrika steckt dir dann in den Knochen.«

Seit den 80er Jahren reiste ich durch verschiedene Länder Afrikas: mit dem Buschtaxi und dem Minibus, mit dem Rad und per Anhalter. Immer empfand ich es als spannend und bereichernd zugleich, mit öffentlichen Verkehrsmitteln zu fahren. Der Kontakt zur Bevölkerung ist ein unmittelbarer, man ist von den Leuten nicht durch die Scheiben eines klimatisierten Busses getrennt oder durch einen Reiseführer abgeschirmt.

Und ich versuchte immer in kleinen Hotels oder Gasthäusern unterzukommen, nicht in klimatisierten Hotels im Zentrum einer Metropole: nicht nur aus finanziellen Gründen, sondern auch deshalb, weil ich dort direkten Kontakt zu den Einheimischen hatte.

Zu Hause in Deutschland war es umso schwerer für mich, diese Faszination zu erklären. »Was machst du da eigentlich?«, wurde ich einmal gefragt, nachdem ich erzählt hatte, für fast sechs Wochen nach Kamerun zu fahren. »Da gibt's doch nichts zum Angucken. Keine Tierparks, keine Wasserfälle, keine kulturellen Höhepunkte.«

Abgesehen davon, dass es dies alles in Kamerun – und in den meisten Ländern Afrikas – sehr wohl gibt, aber man dies im oftmals ignoranten Europa einfach nicht weiß, interessierte mich das nicht einmal so sehr. »Ich fahre rum«, versuchte ich zu erklären, »und ich rede mit den Leuten.«

»Und das ist interessant?«, kam oft genug die Gegenfrage, die mich dann doch verwunderte. Selbstverständlich sind Menschen interessant, ebenso die Begegnung mit ihnen, und das macht für mich einen wesentlichen Reiz des Reisens aus, ob das in den Senegal oder in die Lüneburger Heide ist, nach Botswana oder Oberitalien. Ich tauche ein in ein fremdes Land, treffe auf fremde Menschen und begegne fremden Kulturen – und daraus lerne ich.

Dazu kommen in Afrika zahllose andere Eindrücke: die vielseitigen Gerüche auf einem afrikanischen Markt, der unbeschreibliche Sonnenuntergang über der Savanne, die beeindruckende Weite der Sahara oder der Sahelzone, die Pflanzenblüte in der Kalahari-Wüste nach einem nächtlichen Regen, das Lachen spielender Kinder in den staubigen Straßen kleiner Dörfer.

Vieles von dem, was in den europäischen Zeitungen steht, ist leider wahr: Afrika ist ein Kontinent, dessen Bewohner von Kriegen und Hungersnöten geplagt werden, in dem es Seuchen gibt – Aids ist nur die schlimmste davon – und in dem zahllose Menschen im Elend leben müssen, weil man ihnen keine Chance gibt, diesem Elend zu entfliehen.

Das aber kann nur eine Sicht auf Afrika ein. Ich bin nicht journalistisch an das Thema herangegangen und hatte nie den Wunsch, ein Sachbuch über Afrika zu schreiben. Ich fuhr nicht in Krisen- und Kriegsgebiete, und ich war nicht in einer Mission unterwegs. (Mein Respekt gilt übrigens den Menschen, die sich beispielsweise bei »Ärzte ohne Grenzen« und anderen Hilfseinrichtungen engagieren und wirklich Großartiges leisten!) Es ging mir darum, buchstäblich »Land und Leute« kennenzulernen, ihren Alltag zu erfahren und dabei sowohl die schönen als auch die weniger attraktiven Seiten verschiedener Länder mitzubekommen.

So ist auch dieses Buch zu verstehen. Es hat nicht den Anspruch, ein Sachbuch zu sein oder Ihnen eine Handreichung zu geben. Ich würde mich freuen, wenn das Buch einige neue Empfindungen zu Afrika in Ihnen wachrufen könnte; vielleicht sind Sie selbst schon in einem der beschriebenen Länder gewesen oder haben Lust, nach Kamerun oder Botswana, nach Malawi oder Togo zu reisen.

Die Geschichten geben meine persönlichen Eindrücke wieder, und ich habe nicht mehr als ein wenig an der Oberfläche der betreffenden Länder gekratzt. Die Geschichten sind Streiflichter, keine Reportagen, und kein einziger dieser Texte beabsichtigt, die Welt zu erklären oder in Form eines Reiseführers wich-

tige Ratschläge zu geben. Nehmen Sie's als »Literatur«, als eine Sammlung von Geschichten mit einem wahren Kern.
Und dann wünsche ich Ihnen viel Vergnügen beim Mitreisen – in einen Kontinent der Gegensätze, in eine Welt, die direkt an die unsere grenzt.

Klaus N. Frick
Karlsruhe, im Sommer 2007

Nord- und Westafrika –
eine Vorbemerkung

Im Herbst 1987 änderte sich mein Leben grundlegend: Ich schied bei meiner bisherigen Arbeitsstelle aus und war unschlüssig, was ich als Nächstes tun sollte. In der Folge führte ich eine Reihe von Bewerbungsgesprächen, die mich aber alle nicht überzeugten.

Über gemeinsame Bekannte trat ich in Kontakt zu Micha, der in Bayern wohnte und von dort aus regelmäßig nach Afrika reiste. Sein komplettes Leben hatte er auf der Geschäftsidee aufgebaut, Busse preisgünstig anzukaufen, um sie dann quer durch die Sahara zu fahren und in Westafrika zu verkaufen.

Nach dem ersten Gespräch war mir schon klar: Ich würde mitfahren. Meine Vorstellungen von Nord- und Westafrika waren schwammig und unklar, und ich wusste selbst nicht, was mich erwartete – aber ich wollte mich auf eine große Reise einlassen.

Und so rollten wir im Dezember 1987 los, drei Männer in einem umgestalteten Reisebus. Wir schaukelten durch Süddeutschland, Frankreich und Spanien, setzten mit der Fähre in die spanische Enklave Melilla über, um von dort aus nach Marokko zu fahren.

Dort ließ Micha – ganz der Fachmann – den Bus für die Wüste umbauen, indem zusätzliche Verstärkungen für die Achsen angeschweißt wurden.

Erst danach ging es durch das marokkanisch-algerische Bergland zuerst nach Osten, später nach Süden, hinein in die Sahara. Teilweise waren die Straßen in gutem Zustand, teilweise war der Asphalt komplett ausgefranst, und teilweise rollten wir über Pisten, die sich in einem fürchterlichen Zustand befanden. Und im Sandmeer der südlichen Sahara kämpften wir uns zeitweise Meter für Meter voran, unterstützt durch sogenannte Sandbleche und andere Hilfsmittel.

Den Jahreswechsel feierten wir bereits im Niger, und in Niamey, der Hauptstadt des Landes, ruhten wir einige Tage aus. Micha verkaufte dort den Bus und reiste zurück, um den nächsten Bus zu kaufen, während Rainer und ich weiterfuhren: In einem völlig überfüllten Lastwagen, der als öffentliches Verkehrsmittel diente, kamen wir nach Ouagadougou, der Hauptstadt des Nachbarlandes Burkina Faso.

Dort hatte kurz zuvor ein Putsch stattgefunden, bei dem die demokratisch gewählte Regierung des allseits beliebten Thomas Sankara blutig gestürzt worden war. Entsprechend anstrengend war es, durch das Land zu reisen; ständig wurden wir von der Armee, der Gendarmerie oder paramilitärischen Truppen kontrolliert.
Der Aufenthalt in Ouagadougou dauerte einige Tage. Rainer und ich quartierten uns in einem Campingplatz am Rand der Stadt ein, wo ich von anderen Reisenden wertvolle Tipps bekam. Dort trennten wir uns: Er blieb noch eine Weile in der Stadt und flog dann nach Deutschland, während ich weiterfuhr.
Die ursprüngliche Absicht, mit dem Rad in die Elfenbeinküste zu reisen, ließ ich sein, nachdem mir alle wegen der unruhigen politischen Situation abgeraten hatten. Stattdessen strampelte ich mit einem klapperigen Fahrrad, das wir aus Deutschland mitgeschleppt hatten, quer durch Burkina Faso und dann nach Togo.
Ich durchquerte die nördlichen Nationalparks mit dem Fahrrad, direkte Begegnungen mit Affen und anderen Tieren inklusive, bis ich irgendwann körperlich erschöpft aufgab. Den Rest der Reise bis hinunter an den Ozean legte ich mit Buschtaxis zurück.
An der Atlantik-Küste Togos quartierte ich mich in dem kleinen Ort Avepozo ein, wo ich fast drei Wochen am Strand wohnte. Ich bekam genug von der örtlichen Kultur mit, um beispielsweise vom Voudou nachhaltig beeindruckt zu sein, und als ich nach insgesamt einem Vierteljahr in Westafrika nach Hause zurückkehrte, war ich tatsächlich ein anderer Mensch. Das Afrika-Fieber hatte mich gepackt ...
Diese Reise war womöglich der eigentliche Auslöser für die Reisen der folgenden Jahre, und sie beeinflusste mich für ein Leben lang. Noch heute habe ich Bilder im Kopf, die den Voudou-Markt in Lomé-Bé, die Kulisse der algerischen Stadt Ghardaia oder das quirlige Leben am Niger-Fluss lebendig werden lassen, wenn ich den inneren Filmprojektor anschalte.
Ich habe darauf verzichtet, über diese Reise viel zu schreiben; sie liegt schon sehr weit zurück, so dass meine Erinnerungen von Jahr zu Jahr schwammiger werden. Vielleicht ist aber diese erste Afrika-Reise einmal ein Thema für ein eigenes Buch – Notizen und Aufzeichnungen gibt es auf jeden Fall genug. Die wenigen Texte in diesem Buch sollen nur einen Eindruck von dieser langen Reise geben.

Spion in der Wüste
Eine Geschichte aus Algerien – 1987

»Man gewöhnt sich sehr schnell an Vieles, stelle ich fest«, notierte ich in meinem Tagebuch. »An die Hitze des Tages und an die Arschkälte in der Nacht. An den ständigen Dreck ... seit einer Woche nicht mehr die Haare gewaschen. An die Einöde außerhalb.«

Meine Finger flogen über die Tasten der kleinen mechanischen Schreibmaschine, die auf dem hölzernen Tisch stand. Das Klappern übertönte für meine Empfindung sogar das Dröhnen des Motors, aber ich spürte das Vibrieren der Maschine unter mir, das mir auch bei geschlossenen Augen gesagt hätte, dass wir fuhren. Nachdenklich schaute ich zum Fenster hinaus, mein Blick verlor sich in der schier grenzenlose Weite der algerischen Steinwüste.

»Man gewöhnt sich an die geraden Straßen, die manchmal sogar ein wenig kurvig sein können, die am Rand aber bereits zerbröckeln«, schrieb ich weiter. »Woran ich mich aber nicht so schnell gewöhnen werde, sind die vielen Fliegen im Bus. Heute Mittag überfielen sie uns, ein ganzer Schwarm, als wir kurz anhielten. Schwarz war alles, die Fenster und der Tisch, und ständig krabbelten sie auf einem herum, im Gesicht, auf den Händen, auf den Schlafsäcken, überall, es war ekelhaft, aber irgendwann werde ich sie wohl hoffentlich zu ignorieren lernen.«

Ich blickte auf die Tastatur, auf meine Finger und auf die Schreibmaschine, in der noch das halb beschriebene Blatt steckte. Die Lust, weiter an meinem Tagebuch zu schreiben, hatte mich verlassen. Ich reckte die Arme hinter den Kopf und streckte mich, dann stand ich auf.

Während ich meinen Oberkörper in alle Richtungen drehte und dehnte, blickte ich durch den Bus. Seit fast zwei Wochen war das zehn Meter lange Gefährt mein Lebensraum, meiner und der von Micha und Rainer, mit denen ich seit Anfang Dezember 1987 unterwegs war. Micha hatte den alten Reisebus in Deutschland gekauft, in einem ziemlich schäbigen Orange neu gestrichen und dann dafür gesorgt, dass er in meinem Reisepass als mein »Besitz« eingetragen worden war. Micha lebte nämlich seit Jahren davon, dass er Busse und Lastwagen, die er in Deutschland erstanden

hatte, eigenhändig nach Westafrika transportierte und dort mit einem anständigen Aufpreis weiterverkaufte.
Gemeinsam hatten wir das Innere des Busses umgebaut – und so sah er auch aus. Den Großteil der Sitze hatten wir abgeschraubt und das Metallgestänge im Laderaum im unteren Teil des Busses deponiert. Den dadurch erlangten Platz hatten wir durch »Wohnqualität« ersetzt, die den riesigen Vorteil besaß, dass man diese Möbel in Niger und Burkina Faso ebenfalls verkaufen konnte. Dort wollten wir die Sitze vor dem eigentlichen Verkauf wieder festschrauben, damit der Bus als Massentransportmittel genutzt werden konnte.
Aber im Augenblick standen beispielsweise eine Tiefkühltruhe, ein Gefrierschrank und ein Kühlschrank, alles billig besorgt und in einen funktionsfähigen Zustand gebracht, in der vorderen Hälfte des Busses, ebenfalls ein Gasherd inklusive Gasflasche, ein gut am Boden verankerter Tisch und eine Kommode, in der unsere privaten Sachen lagen. Der hintere Teil des Busses war mit Hilfe der ausgebauten Sitzpolster in drei Betten verwandelt worden.
Ich grinste, während ich meinen Blick wandern ließ. Sah man von den zahlreichen Mücken ab, die auf den Fenstern herumkrochen, war unser Bus ein riesiges Wohnmobil, in dem man es tagsüber während der Fahrt und nachts während des Schlafens sehr gut aushalten konnte. *Vor allem, wenn die Getränkezufuhr stimmt,* dachte ich und griff in die Tiefkühltruhe.
Auch nach gut zwei Wochen war sie ordentlich gefüllt: Bierdosen und Tetrapacks mit Fruchtsäften, dazu einige Dosen mit Fertignahrung. Ich griff nach einer »Paulaner«-Dose; sie war tatsächlich noch kühl. Wir hatten die Kühleinrichtungen nicht angeschlossen, aber nachts öffneten wir die Türen so weit, dass der Inhalt bei den winterlichen Temperaturen abkühlte. Tagsüber reichte die gespeicherte Kälte aus, dass die Getränke nicht zu warm wurden.
»Mag jemand ein Bier?«, rief ich nach vorne.
Micha, der auf dem Fahrersitz hockte und den Bus über die endlose schwarze Straße steuerte, stur nach Süden durch die Sahara hindurch, drehte sich nicht um. Aber Rainer, der wie immer im Beifahrersitz lümmelte, wandte den Kopf. »Ja!«, gab er in breitem Bayerisch zurück. »Bring mir auch ein Weißbier mit.«

Wir waren uns einig, dass Weizen- oder Weißbier aus Dosen eigentlich ein Sakrileg war. Bei dieser Fahrt aber, bei der wir uns gut aneinander gewöhnt hatten, tranken wir jedes Bier gern; Hauptsache, es war gekühlt. Ich hob den Daumen und fischte eine zweite Dose aus der Kühltruhe, bevor ich den Deckel vorsichtig schloss.

Saß man vorne im Bus, veränderte sich der Blick auf das Land. Die sengende Sonne Nordafrikas wurde durch die leicht getönte Frontscheibe gemildert und zu einem sanften gelben Ball am Himmel. Vor uns erstreckte sich die Straße bis in die grenzenlose Weite. Das Asphaltband, ein schwarzer Strich durch dunkelbraune und gelbe Umgebung, zog sich bis an den Horizont, wo es mit dem Stahlblau des Himmels verschmolz, zusammen mit Sand und Steinen.

Ich ließ mich in der ersten Sitzbank neben der halb geöffneten Eingangstür nieder und reichte eine Dose nach vorne. Grinsend nahm Rainer sie ab, hob den Daumen und öffnete. Wir stießen an. Kühles Bier benetzte meinen Gaumen, lief erfrischend die Speiseröhre hinunter. Ich hielt meinen Kopf in den Fahrtwind, der durch die Tür eindrang, an Beifahrer und Fahrer vorbeiblies und sich im vorderen Teil des Busses verteilte.

»Alles klar mit euch beiden?«, fragte ich. »Noch keine Müdigkeit?«

Micha schüttelte den Kopf. »Bisher nicht. Ich werde locker durchhalten.« Er stieß Rainer an. »Später werde ich das Steuer abgeben.«

Rainer, der bei der Bundeswehr einen Lastwagenführerschein erworben hatte, durfte gelegentlich den Bus steuern. Ich war froh, dass mir diese Pflicht erspart wurde. Während der Fahrt hatte ich nichts zu tun. Entweder schaute ich einfach zum Fenster hinaus und ließ träumend die Landschaft an mir vorüberfliegen oder ich las etwas oder tippte auf meiner Schreibmaschine.

Am Rand der Sahara waren immer wieder Gruppen von Nomaden aufgetaucht, Kamele, Esel, große Schaf- und Ziegenherden. Manchmal flimmerte ein Zelt in der Wüste, alles wirkte einsam, verloren und vor allem sehr arm. Seit wir aber die Hochebene von Tademaït erreicht hatten, umgab uns die Einsamkeit einer endlos wirkenden Steinwüste.

Die Hochebene war in ihrer Kargheit noch beeindruckender als Sanddünen oder die riesigen Steinbrocken, die als bizarre Gebilde aus dem Sand ragten. Nichts lockte in dieser Region das Auge, nur Staub und Steine, Dreck und Hitze erstreckten sich bis zum Horizont. Keine Gebirgskette gab in der Ferne dem Auge einen Halt, ganz selten sah ich einen verkümmerten Strauch oder wenige Quadratmeter, auf denen dürres Gras wuchs. Die Hochebene wirkte auf mich wie eine Mondlandschaft, eine schier unendliche Fläche, die sich von Horizont zu Horizont erstreckte, während sich darüber der strahlend blaue Himmel spannte.

»Ein bisschen Musik?« Micha griff nach dem Kassettenteil des Radiogeräts. »Irgendwelche Wünsche?«

Rainer und ich winkten ab. Es gab Zeiten, wo Musik lief, aber irgendwann wurden wir der zwei Dutzend Kassetten überdrüssig, die wir seit Tagen hörten: entweder *Embryo*, eine nach Indien klingende Hippie-Rock-Band, die Micha bevorzugte, oder Punkrock, Wave oder sonstige moderne Klänge, die Rainer und ich beisteuerten.

»Lieber nicht«, sagte Rainer. »Lieber die Stille wirken lassen.« Er lachte.

Stille war das falsche Wort. Der Motor des Busses dröhnte, und der Fahrtwind heulte buchstäblich in den Ohren. Nur wenn wir das Fahrzeug verließen und uns im Freien aufhielten, bemerkten wir, wie still es in der Wüste sein konnte.

In der letzten Nacht hatte ich das so intensiv wie nie zuvor gespürt. Ich hatte mir eine Liege ins Freie gestellt und auf diese eine dünne Matratze gepackt. Darauf hatte ich mich gelegt, den Körper bis zur Nase im Schlafsack, auf den ich sogar noch zwei Decken gelegt hatte. Und weil die Kälte in dieser Dezembernacht so grimmig war, hatte ich zusätzlich einen Schal um den Kopf gewickelt.

Und dann war ich auf dem Rücken gelegen, weit genug von dem Bus entfernt, um allein zu sein. Jeden Stern konnte ich einzeln erkennen, in einer Nacht, die bis auf die Sterne komplett finster war. Nur in der Ferne strahlte der Schein einer Stadt einen Halbkreis aus Helligkeit über den Wüstenboden und in den Himmel. Die Stadt war gut hundert Kilometer entfernt, und doch spendete sie Licht.

Die Erinnerung an diese Nacht steckte noch in den Knochen. Schloss ich die Augen, sah ich die Unendlichkeit, spürte ich die riesigen Entfernungen zwischen mir und den Sternen über meinem Kopf, hatte ich wirklich das Gefühl, allein zu sein auf der Welt. Für solche Empfindungen war die Hochebene von Tademaït der richtige Ort; sie beeindruckte mich, und sie schüchterte mich ein, und ich wusste, dass ich nie auf Dauer in einer solchen Einsamkeit leben konnte.

»Laß uns mal 'ne Pause machen«, sagte Micha. »Ich kann zwar noch, aber einen Kaffee trinke ich immer gern.« Er steuerte den Bus an den Rand der Straße, wo der Asphalt bereits ausfranste, und ließ ihn über eine leichte Schräge auf einige Steinbrocken zurollen.

Kurze Zeit später kochte das Kaffeewasser auf dem Herd. Neben dem Bus standen nun ein Campingtisch und drei Stühle; meinen Stuhl hatte ich in den kärglichen Schatten des Busses gezogen, während sich Rainer in der grellen Sonne flegelte, das Gesicht zum Himmel gerichtet. Micha klapperte mit seinem Werkzeug im Motorraum des Busses herum, wo er – wie bei jedem Halt – sicherheitshalber die Technik überprüfte. »Ich hab' keine Lust, irgendwann in der Sahara zu stranden, nur weil irgendeine Schraube zu lange wackelt«, hatte er nicht zum ersten Mal gesagt. Eine typische Pause für uns.

Wir schauten dem spärlichen Verkehr zu, der über die Verkehrsader rollte, die direkte Verbindung vom Mittelmeer zu Westafrika. Von den Küstenstädten Algeriens aus führte die Straße quer durch die Sahara und bis zur Wüstenstadt Tamanrasset, der südlichsten Stadt Algeriens. Dort erwartete uns – so hatte Micha angekündigt – eine harte Strecke, bis wir irgendwann mitten in der Wüste auf die Grenze zum Niger stoßen würden. Und von dort aus waren es noch mal einige hundert Kilometer bis Arlit in der Sahelzone, und damit ins eigentliche Schwarzafrika.

Ich träumte mit offenen Augen, während ich einem riesigen Lastwagen nachschaute, der sich irgendwann am Horizont verlor. Seit Jahren faszinierte mich Afrika, und ich wusste nicht einmal den Grund dafür. Als Kind hatte ich die Bücher Karl Mays gelesen, aber das allein konnte es kaum sein, und als Jugendlicher hatte ich einige Söldner-Filme wie »Die Wildgänse kommen« gesehen.

Solche Filme vermittelten aber alles andere als ein positives Bild des »schwarzen Kontinents«.

Und doch war ich jetzt unterwegs nach Süden, auf einem Weg, dessen Ende ich noch nicht absehen konnte. Ein Ziel besaß ich nicht, ganz im Gegenteil zu Micha. Er hatte nichts anderes vor, als seinen Bus so schnell wie möglich zu verkaufen und zurückzufliegen nach Deutschland, wo er sich auf die Suche nach einem anderen Bus machen wollte. Ich wusste nicht einmal, ob ich von Niger aus den direkten Weg nach Süden einschlagen sollte, nach Nigeria oder Togo, oder ob ich lieber über Burkina Faso und die Elfenbeinküste weiterfahren wollte. Meine Afrika-Kenntnisse waren sehr bescheiden; was ich wusste, hatte ich mir angelesen oder von Micha erfahren.

»Kaffee ist fertig.« Rainers Stimme schreckte mich aus dem Tagtraum hoch. Er stellte eine Steinguttasse vor mich auf den Tisch, aus der es verführerisch roch. Micha gesellte sich zu uns, wobei er die ölverschmierten Finger an einem Lappen abwischte. Wir rührten Milch und Zucker ein, lehnten uns in den Stühlen zurück und tranken. Wir sprachen nicht viel, meist hingen wir bei solchen Pausen unseren Gedanken nach. Die Einsamkeit der Hochebene bot mir zumindest keine Atmosphäre für lange Gespräche; den anderen ging es wohl ähnlich.

Mit einem hellen Motorengeräusch rollte ein Mofa an uns vorbei; ein Mann im wallenden Gewand der Wüstenbewohner saß darauf, die Kopfbedeckung flatterte im Fahrtwind. »Wo fährt der denn hin?«, fragte Rainer. »Bei dem Tempo braucht der ewig, bis er irgendwo ankommt.«

»Vielleicht ein Lager von Bauarbeitern«, meinte Micha.

Wie es aussah, hatte der Mann sein Mofa frisiert; es fuhr ziemlich schnell. Trotzdem waren es laut Straßenkarte noch einige hundert Kilometer bis zur nächsten Ansiedlung. Ich schüttelte den Kopf; es half nichts, sich über solche Dinge zu viel Gedanken zu machen.

»Also ...« Micha erhob sich, die Tasse in der Hand. »Fahren wir weiter. Dann sehen wir auch, wo der Kerl hin will.«

Fünf Minuten später hatten wir die üblichen Plätze eingenommen: Micha im Fahrersitz, Rainer daneben, ich schräg dahinter. Neben mir lag jetzt ein Fantasy-Roman von Stephen

R. Donaldson. Die Lektüre passte nicht unbedingt zur Sahara, lenkte aber gut von der unendlich langweiligen Landschaft außerhalb ab.
Micha startete den Bus, der Motor dröhnte, und die Kiste begann zu vibrieren. Dann hörten wir die Sirene, Micha schien zu erstarren, er stammelte ein »Die ... die Bullen ...« und stellte den Motor wieder ab.
Ich sah, wie direkt vor uns ein dunkelblaues Auto hielt; Staub wirbelte auf, während der Wagen über den sandigen Untergrund rollte. Noch während sich der Staub legte, stiegen zwei Uniformierte aus. Beide rückten ihre Mützen gerade.
»Verdammte Scheiße!«, schimpfte Micha. »Was wollen denn die?«
Wir waren in Algerien mehrfach kontrolliert worden, meist augenzwinkernd und freundlich. Die Angehörigen der Polizei oder der Armee schienen vor allem neugierig zu sein, ließen sich von uns die Ausweise zeigen, plauderten ein bisschen und wünschten uns danach stets eine gute Weiterreise. Dieser Halt wirkte gleich ganz anders: Man stoppte uns bewusst – als ob man uns gesucht hätte.
Die zwei Polizisten standen vor der Tür. Micha öffnete und ging hinaus, es gab einen kurzen Wortwechsel. Die Polizisten blickten aus schnauzbärtigen Gesichtern auf Rainer und mich, sagten aber keinen Ton zu uns. Dann machte einer von ihnen eine Kopfbewegung, und Micha folgte ihnen. Im Rückspiegel sah ich, dass hinter dem Bus ein weiteres dunkelblaues Auto hielt.
Die sind mit zwei Fahrzeugen hier, dachte ich und bemerkte, dass ich Angst hatte. Das war nicht Deutschland, wo man stets wusste, was man von der Polizei zu erwarten hatte. In Algerien herrschte – wie uns Micha mehrfach erzählt hatte – eine als Sozialismus getarnte Militärdiktatur, die zudem hoffnungslos korrupt war.
Rainer schaute mich an, das Gesicht bleich unter den langen blonden Haaren. »Was machen wir jetzt?«, flüsterte er, obwohl uns die zwei Beamten weder hören noch verstehen konnten.
»Keine Ahnung. Abwarten, was sonst.« Ich schwitzte, und das lag nicht an der Hitze. Die störte mich jetzt ebenso wenig wie die allgegenwärtigen Fliegen in unserem Bus. Ich hatte schlicht Angst.
Mit einem der Polizisten kam Micha zurück; ohne ein Wort zu

sagen, betrat er den Bus, beugte sich über das Lenkrad und fischte seinen Reisepass aus dem kleinen Handschuhfach. Er reichte ihn mit einem höflichen »Bitte« dem Polizisten.

Der Mann, ein vierschrötiger Kerl von höchstens dreißig Jahren, blätterte den Reisepass von hinten durch; er betrachtete die zahlreichen Stempel, die Micha im Lauf der Jahre angesammelt hatte. Ganz bestimmt fiel ihm auf, wie oft Micha schon durch Algerien gereist war. Dann blickte der Polizist auf.

»Wem gehört der Bus?«, schnauzte er in klar verständlichem Französisch.

Micha zeigte auf mich. »Er ist der Besitzer, ich bin nur der Fahrer.« Das stimmte tatsächlich, zumindest, wenn es nach dem Stempel in meinem Pass ging.

»Ihre Reisepässe!«, verlangte der Polizist.

»Tut, was er sagt«, fügte Micha hinzu. Er sprach französisch, damit ihn der andere verstand, und das war für mich ein klares Signal: Es war wirklich Ernst.

In der Kommode, die wir im Bus aufgebaut hatten, waren unsere privaten Dinge verstaut; jeder von uns hatte eine Schublade für sich. Rainer und ich holten die Reisepässe aus den Fächern und reichten sie dem Polizisten.

Er sagte kein Wort. Mit kritischem Blick verglich er die Passfotos mit unseren Gesichtern und schien mit dem Ergebnis einigermaßen zufrieden zu sein. Wir besaßen ordnungsgemäße Einreisestempel; alles war korrekt. Mit einem Grunzlaut steckte der Mann alle drei Pässe ein, dann winkte er Micha, und die beiden gingen erneut zu dem Auto.

»Au Mann«, sagte ich. »Was machen die mit unseren Pässen?«

Rainer schüttelte den Kopf. »Ganz egal, was sie damit machen – sie haben uns in ihrer Hand.«

»Was für ein Mist!«

Wir setzten uns und beobachteten das Geschehen am Polizeiauto. Gestenreich sprachen die Polizisten auf Micha ein, der ruhig blieb. Immer wieder lächelte er die Beamten höflich an; mir kam sein Gesichtsausdruck geradezu unterwürfig vor. Sein Selbstbewusstsein, das er sonst immer besaß, schien geschwunden zu sein.

Dann löste sich einer der Polizisten von der Gruppe und kam zu uns. Der Mann trug einen Stern auf den Schulterklappen seiner

Uniform, was immer das hierzulande zu bedeuten hatte. In diesem Moment bereute ich, keinen Reiseführer zu Algerien gelesen oder gar – noch besser! – auswendig gelernt zu haben.
Der Polizist betrat den Bus und blickte auf uns herunter. Im Gegensatz zu seinem Kollegen war er schlank und wirkte durchtrainiert. »Ich kontrolliere jetzt Ihr Fahrzeug«, sagte er; sein Französisch klang, als habe er lange Jahre in Frankreich gelebt. »Wir vermuten, dass Sie Schmuggelware transportieren.«
Rainer schaute mich an, sein Gesicht eine Grimasse des Unglaubens. *Schmuggelware?*, schien er zu fragen. Wobei es so weit nicht hergeholt war: Wir hatten bislang bei jedem Halt in Algerien die Möglichkeit gehabt, irgendwelche Waren zu veräußern. Schuhe, Kleidungsstücke und Wolldecken, die wir aus Deutschland mitgebracht hatten, waren uns fast aus den Händen gerissen worden.
Nur: Das algerische Geld war buchstäblich nichts wert. Schon an der Grenze hatten wir zwangsweise eine große Summe umtauschen müssen, und rücktauschen konnte man es praktisch nirgends. Uns war klar, dass wir das Geld nie ausgeben konnten, das wir in unseren Taschen mit uns führten. Insofern hatten wir tatsächlich Schmuggelware an Bord: europäische Geldnoten, die nicht deklariert worden waren und die Micha im Lüftungsrohr in der Decke des Busses versteckt hatte, dazu algerisches Geld, das wir nicht offiziell getauscht, sondern gegen Waren »eingewechselt« hatten.
Der Polizist ging einmal quer durch den Bus, vorbei an den eingebauten Möbeln und an der hinteren Seitentür, bis er die Betten erreicht hatte. Dort fing er an, unsere Sachen zu durchwühlen: Er hob meinen Schlafsack an und schaute darunter, er befingerte Rainers Kulturbeutel und er durchblätterte die Zeitschriften, die am Kopfende von Michas Bett lagen. Der Polizist wirkte eher uninteressiert, er schlenderte hin und her, bückte sich ein paar Mal, um die selbst gebastelten Betten von der Seite her anzuschauen, und so kam er langsam wieder nach vorne.
Rainer und ich schauten ihm zu, stumm und ohnmächtig. Ich fühlte mich unwohl, und ich hatte das Gefühl, dass der Mann nur nach einem Anlass suchte, ernsthaft etwas gegen uns zu unternehmen. Die Kontrolle unterschied sich grundsätzlich von allen

anderen Kontrollen, die wir bisher erlebt hatten; keine Spur von Freundlichkeit oder gar Spaß. Dieser Polizist wirkte von seiner Wichtigkeit überzeugt.

Dann blieb er an dem Tisch stehen und sah in gebückter Haltung auf die Schreibmaschine hinunter. *Der kann das eh nicht lesen,* beruhigte ich mich; ich hatte bislang niemanden in Algerien getroffen, der die deutsche Sprache verstand.

Auf einmal hatte der Polizist eine Pistole in der Hand; ich sah den schlanken Lauf und das schmale Gehäuse, erinnerte mich an irgendwelche Unterrichtsstunden während meiner Bundeswehrzeit, merkte, wie mir der Schweiß stärker über den Rücken lief, und sah zu, wie er langsam auf uns zukam, die Waffe direkt auf uns gerichtet. »Los, raus ihr beide!«, schnauzte er uns an. »Ihr seid Spione gegen die algerische Sache, raus mit euch!«

Ich war zu verdattert, um auch nur einen Ton rauszubringen. Während ich langsam aufstand, die Hände sorgsam ruhig haltend, blickte ich Rainer an, und der schaute ungläubig und irritiert zurück. Was sollte das jetzt?

»Aber ...«, begann Rainer, doch der Polizist fuchtelte mit der Waffe vor unseren Gesichtern herum, und er hielt den Mund.

Meine Beine fühlten sich zittrig an, als ich aus dem Bus stieg. Eigentlich konnte uns nichts passieren, versuchte ich mir einzureden, aber wir waren mitten in der Wüste, der Kerl hatte eine Pistole in der Hand, und ich hatte keine Ahnung, was im Augenblick los war. In meinem Kopf tobte ein Chaos aus Gedanken, Überlegungen, Ängsten und Spekulationen.

»Bleibt hier stehen!« Der Polizist dirigierte uns an die Seite des Busses, wo wir anhielten. Zu seinem Kollegen, der mit Micha immer noch am Fahrzeug stand, schrie er einige Worte in arabischer Sprache hinüber; ich verstand nur das französische Wort für »Spion«.

Mit Micha kam der vierschrötige Polizist zu unserer Gruppe, auch er hielt nun eine Pistole in der Hand. Beide Beamte hielten die Waffe nicht direkt auf uns gerichtet; ihnen war bewusst, dass von uns keine Gefahr ausging. Aber die Waffen in den Händen, so locker ihre Läufe auch auf den Boden gerichtet waren, bereiteten mir weiter steigendes Unbehagen. Mein Rücken fühlte sich komplett nass an, und ich spürte, wie ich unruhig atmete.

Die Beamten diskutierten auf arabisch miteinander. Dann blieb der breit gebaute Polizist bei uns, während sein Kollege mit dem Stern auf der Schulterklappe zu dem anderen Auto hinüberging, das hinter dem Bus stand. *Will er sich von dort einen Rat holen?*, überlegte ich.
»Können Sie mir sagen, worum es geht?«, versuchte Micha zu verhandeln. Er trat einen Schritt nach vorne.
Der Polizist sagte kein Wort, sondern hob nur die Pistole. Micha hob beide Hände, als wolle er sich ergeben, und ging zurück. Der Mann schien seine Instruktionen zu haben.
Sein Kollege kam in Begleitung eines weiteren Polizisten zurück, auch er trug einen Stern auf der Schulter. Sein dunkelblaues Hemd war verschwitzt, und er wirkte hellhäutiger als die anderen. Mir fiel auf, dass er keinen Schnauzbart hatte.
»Wir haben anscheinend ein Problem«, sagte er höflich, seine Stimme klang verbindlich. »Es gibt den konkreten Hinweis darauf, dass Sie als Spione in Algerien sind. Und das ist etwas, das wir nicht mögen.«
»Bitte entschuldigen Sie, Monsieur«, begann Micha, »aber wir ...«
Der Mann hob die Hand, und Micha verstummte. »Sie haben eine Schreibmaschine in Ihrem Bus. Und mein Kollege hat gesehen, dass auf dieser Schreibmaschine Berichte über Algerien geschrieben werden. Das ist Spionage. Sie benutzen diese Berichte, um sie an Ihre Geheimdienste zu verkaufen.«
Am liebsten hätte ich gelacht. Ungläubig starrte ich den Polizisten an, dann wechselte ich Blicke mit meinen Reisebegleitern, die ebenso verwirrt wirkten. Spionage? Ein absurder Vorwurf.
»Wem von Ihnen gehört die Schreibmaschine?«, fragte der Polizist.
Ich hob die Hand. »Mir.«
Rasch unterhielten sich die Männer auf arabisch.
»Ihnen gehört auch der Bus?«, fragte der Polizist weiter.
Ich blickte zu Micha. Dieser nickte, und ich bestätigte.
»Sie fahren mit einem Bus durch Algerien und schreiben Spionageberichte.«
»Aber ...« Ich bekam keinen korrekten Satz heraus, all meine Französischkenntnisse, so schlecht diese ohnehin waren, lösten sich in nichts auf. »Aber ... das stimmt doch nicht!«
»Seien Sie ruhig!«, befahl der Polizist. Er zeigte auf seine zwei Kollegen. »Diese Herren bewachen Ihren Fahrer und Ihren

Begleiter, und Sie gehen mit mir jetzt in den Bus und zeigen mir die Schreibmaschine.«

In meinem Kopf drehte sich alles. Ich folgte den Anweisungen und ging mit dem Polizisten zu dem Tisch und zu der Kofferschreibmaschine. Er beugte sich darüber, betrachtete das Blatt und zog es heraus. Mit ernster Miene betrachtete er es, seine Lippen bewegten sich, während sein Blick über die Zeilen wanderte.

»Das sieht in der Tat aus wie ein Spionagebericht«, sagte er. »Sie schreiben über Städte in Algerien, ich sehe Wörter wie Laghouat und El Golea und anderes. Das bedeutet Gefängnis für Sie.«

Der Vorwurf kam mir vor, als entstamme er einem satirischen Film über Polizeiwillkür. Aber in der jetzigen Situation, in der wir von Bewaffneten in Uniform bedroht wurden, hatte ich nicht den geringsten Sinn für Humor, sondern verspürte nur Angst.

»Setzen Sie sich!«, ordnete der Polizist an. Als wir uns gegenübersaßen, reichte er mir das Blatt. »Ich verstehe Ihre Sprache nicht. Übersetzen Sie, und sagen Sie mir, was das ist.«

Ich kam endgültig ins Schwitzen. Wort für Wort versuchte ich den ersten Satz zu übertragen. »Es ist kalt in der Nacht. Seit wir von Laghouat aufgebrochen sind, überrascht mich der Temperaturanstieg.« Ich schaute den Mann an. »Ich schreibe nur über touristische Dinge, über Sehenswürdigkeiten, all das. Bitte verstehen Sie das.«

Der Polizist lehnte sich zurück. »Warum schreiben Sie diese Berichte?«

Ich war mir nicht sicher, ob er mir die schlichte Wahrheit abnehmen würde. Ein Reisetagebuch, das würde vielleicht noch unglaubwürdiger klingen als die Spionagegeschichte. »Ich bin Student«, log ich. »Student der Germanistik; wir haben gerade Semesterferien, und in dieser Zeit muss ich einen Bericht schreiben, in diesem Fall über meine Reise.«

Mein Gegenüber sagte kein Ton und zeigte mit dem Finger erneut auf das Blatt Papier. Stammelnd und schwitzend übersetzte ich die nächsten Zeilen, in denen es über Sand und Steine, Häuser und Tiere ging. Eine Passage, in der ich eine Kaserne der Armee erwähnte, übersprang ich einfach, um ihn nicht weiter herauszufordern.

»Das reicht«, sagte er auf einmal. »Geben Sie mir das Papier, wir gehen wieder hinaus.«

Vor dem Bus unterhielten sich die drei Polizisten, abwechselnd schauten sie auf mein Manuskript. »Unser Capitain ist noch im anderen Auto«, sagte dann derjenige, dem ich übersetzt hatte. »Er wird entscheiden, was zu tun ist. Wie es aussieht, werden wir Sie aber mitnehmen nach El Golea. Dort sperren wir Sie über Nacht ins Gefängnis, den Bus parken wir im Hof – und morgen entscheidet dann der Richter, ob Sie weiterfahren dürfen oder angeklagt werden.«

Wie betäubt saßen wir drei im Bus: Micha auf dem Fahrersitz, Rainer daneben, ich schräg dahinter – wie immer eigentlich. Die Polizisten besaßen unsere Pässe, wir konnten nicht weiterfahren. Ich fühlte ohnmächtige Wut in mir. Fand die Reise nach Westafrika mitten in der Sahara ihr Ende?
In Gedanken stellte ich mir vor, was in der Nacht mit dem Bus passieren würde. Sie würden ihn plündern, am Morgen danach würde alles fehlen. Seltsamerweise hatte ich um mich keine so ausgeprägte Angst.
»Mann«, sagte Micha leise und schüttelte den Kopf. »So was hab' ich noch nie erlebt. Vielleicht machen die wirklich Ernst, aber ich glaub's nicht.«
»Aber sie haben unsere Pässe«, protestierte ich, »und sie drohen uns mit Knast.«
»Das ist nur eine Drohung. Wenn sie uns grundlos einlochen, wird der Richter ihnen morgen schon was erzählen. Die haben nicht den geringsten Beweis, nur dein Tagebuch.« Er verzog das Gesicht. »Da siehst du, was du davon hast, wenn du schreibst.«
»Und was machen wir jetzt?«
»Nichts. Wir warten ab. Was sollen wir auch sonst tun? Irgendwann werden sie schon sagen, was sie wollen: entweder weiterfahren oder zurück nach El Golea. Macht euch keine großen Sorgen, die Burschen stressen bloß unnötig rum, die machen sich wichtig, das ist alles.«
Wieder stand der Polizist vor dem Bus, der mich vorhin schon befragt hatte. Ohne weiteres Wort zeigte er auf mich und winkte.
Ich blickte Micha an, der einfach die Schultern anhob. »Geh mit«, sollte das wohl heißen. *Warum ich?*, dachte ich. *Mein Französisch ist das schlechteste.*
Das kam davon, dass ich mich als Besitzer des Busses ausgege-

ben hatte: Micha fuhr pro Jahr drei- bis viermal nach Westafrika, und da die Busse jeweils in den Reisepass eingetragen werden mussten, benötigte er immer einen »offiziellen Besitzer«. Eigentlich ein logisches System, das sich jetzt möglicherweise rächte.
Ich wurde direkt neben dem Bus befragt. Die drei Beamten umringten mich; immerhin hatten sie ihre Pistolen wieder in ihren Halftern stecken. Das erleichterte mich, auch wenn es an der fatalen Situation nichts änderte.
»Wir haben Ihre Pässe überprüft«, sagte der hellhäutige Polizist. »Es liegt nichts gegen Sie vor, Sie sind nirgends verzeichnet. Um Sie zu verhören, werde ich Ihnen jetzt einige Fragen stellen. Meine Kollegen hören zu, um später als Zeugen zu dienen.«
Ich nickte. »Mein Französisch ist nicht gut«, erläuterte ich stammelnd und schwitzend. Wahrscheinlich machte ich keinen sonderlich tapferen Eindruck.
Der Polizist fragte mich völlig harmlose Dinge. Wo ich denn aufgewachsen sei, wie meine Eltern und meine Großeltern hießen, was ich denn in meinem Studium zu tun habe und anderes. Er schrieb in ein Notizbuch, wirkte dabei immer sehr konzentriert. Ich stotterte meine Aussagen mehr schlecht als recht zusammen und hoffte, dass sie verständlich waren. Was das angebliche Studium anging, erfand ich einfach irgend etwas; ich glaubte nicht, dass man in Algerien wusste, was in Tübingen wirklich gelehrt wurde.
»Und was halten Sie von Adolf Hitler?«, fragte der Polizist dann.
»Adolf Hitler?«, echote ich verwundert. Ich wusste, dass man in arabischen Ländern manchmal die deutsche Nazi-Zeit verherrlichte. In Marokko hatte fünf Jahre zuvor ein Mann mit strahlendem Lächeln ein Hakenkreuz in den Sand gekritzelt und mir dann mit breitem Grinsen und holperigem Englisch erzählt: »I like Hitler because he had killed so many jews.« Aber das hier schien einen anderen Grund zu haben.
»Ja, Hitler«, sagte der Polizist. »Wir wollen Ihre politische Meinung wissen.«
Was wollten die drei jetzt hören? Hing von einer wahrheitsgetreuen Antwort unsere Weiterreise ab, wollten sie irgendwelches dummes Zeug hören?
»Hitler war der größte Verbrecher Europas«, stotterte ich. »Ich verabscheue seine Taten.«

Der Polizist notierte meine banalpolitischen Aussagen und fragte weiter. Was ich denn von der Europäischen Gemeinschaft halte, wie ich zur amerikanischen Außenpolitik stehe und anderes. Nach etwa fünf Minuten klappte er das Notizbuch zu und steckte es zusammen mit dem Stift in die Brusttasche seines Hemdes.
»Sie können zurück zu Ihren Begleitern«, sagte er. »Wir informieren Sie, sobald wir mehr wissen.«

Wieder warteten wir im Bus. Die Stimmung war mies, obwohl keiner etwas sagte. Oder vielleicht genau deshalb, ich wusste es nicht. Wir saßen auf unseren Stammplätzen und schauten zu den Fenstern hinaus, jeder in eine andere Richtung. Ich hielt mein Buch in der Hand, es war aufgeschlagen, aber ich beachtete es nicht.
Mein Blick verlor sich in der Unendlichkeit. Grau und braun erstreckte sich die Hochebene bis an den Horizont. Einige Felsen lagen verstreut herum, als habe sie ein spielendes Kind von riesenhaften Ausmaßen aus Langeweile über die Region geschleudert, jeder gut fünfzig Meter vom nächsten entfernt. Im Schatten eines Felsen krallte sich ein halb verdorrtes Büschel Gras in den Boden. Ich fand immer wieder bewundernswert, wo sich Pflanzen in der Wüste einen Platz zum Leben suchten und dort auch existieren konnten.
Durch die offen stehende Tür drang feiner Sand in den Bus ein; es war heiß. Ich schaute auf die Uhr, in zwei Stunden spätestens würde es dunkeln. Wenn uns die Polizisten nach El Golea zurückbegleiten wollten, kamen wir dort erst in der Nacht an. Mir grauste vor der Vorstellung, in einer Zelle mit Betonboden oder auf einer Holzpritsche schlafen zu müssen. Kein Vergleich zur letzten Nacht unter dem Sternenhimmel. *Was für ein Mist!*, dachte ich.
Der Wagen vor uns war leer, theoretisch hätten wir einfach losfahren können. Wenn ich in den Rückspiegel sah, erblickte ich aber das andere Polizeiauto. Die drei Uniformierten standen dort herum, die Hände in den Hosentaschen; sie rauchten, gingen hin und her, redeten manchmal ein wenig miteinander. Die Seitenfenster waren heruntergekurbelt; ob jemand im Wagen saß, sah ich nicht.

Auf einmal kam der hellhäutige Polizist näher; er schlenderte, als habe er alle Zeit der Welt. »Der Bulle kommt«, flüsterte ich; Rainer und Micha nickten nur.
Der Beamte wirkte noch verschwitzter als zuvor; sein Hemd klebte an seinem Körper, wirkte jetzt mehr schwarz als blau. Als er in der Tür stand, nahm er die Mütze vom Kopf und wischte mit einem rotkarierten Tuch über die feuchten Haare.
»Der Fall ist schwierig«, begann er umständlich, »aber wir werden wohl eine Lösung für Sie finden.« Der Beamte hielt inne, als ob er überlegen müsste.
Ich blickte zu Micha und sah, dass seine Lippen zuckten. Was sollte das jetzt heißen?
»Der Capitain ist sehr ärgerlich«, sagte der Mann weiter. »Er hält Sie alle drei für Spione und würde Sie gern vor Gericht bringen. Aber es ist schon spät am Abend und es ist ja auch bald Weihnachten.«
Die Algerier waren Moslems, aber dass sie Weihnachten kannten und anscheinend auch liebten, hatte ich in den letzten Tagen mehrfach mitbekommen. Mit dem Verweis auf das christliche Fest hatte Micha bereits in der Nähe von Ghardaia eine Flasche Rotwein gegen etwas Haschisch getauscht.
»Der Capitain ist eigentlich ein guter Mann«, sprach der Beamte weiter. »Aber er muss seine Pflicht erfüllen, und deshalb muss er oftmals sehr böse schauen.«
Micha grinste für einen Augenblick, dann wurde er wieder ernst. Ich sah ihm an, dass er sich zusammennehmen musste, damit er nicht lachte. Auch ich erkannte jetzt, wohin der Hase lief.
Der Beamte wischte erneut mit dem Tuch über seinen Kopf, dann trocknete er Gesicht, Nacken und Hals. »Der Capitain hat Familie, wissen Sie, und da bald Weihnachten ist, würde er ihnen gern einige schöne Geschenke machen.« Er sah mich direkt an. »Vielleicht können Ihre Freunde und Sie ihm etwas zusammenpacken, das er seinen Kindern und seiner Frau schenken kann.« Er verzog das Gesicht zu einem schwachen Lächeln. »Das würde sicher auch mithelfen, dass Sie nicht ins Gefängnis müssen.«
Er setzte sich seine Mütze auf den Kopf und ging. Ich sah im Rückspiegel, wie er langsam zu seinen Kameraden zurück schlenderte.

»Jetzt lacht ja nicht«, warnte Micha, der übers ganze Gesicht grinste. »Das fänden die garantiert nicht gut.« Er blickte mich an. »Hol den Korb von hinten, den nehmen wir.«

Bei einem Halt in Marokko hatten wir unter anderem einen Korb erstanden. Er lag hinter den Betten in einer Kuhle. Ich klopfte ihn aus und brachte ihn nach vorne.

Micha stand bereits an der geöffneten Tiefkühltruhe. »Wir machen jetzt schnell«, ordnete er an. »Bevor die Schwachköpfe sich was anderes überlegen.«

Er packte Schokolade und Gebäck in den Korb, dazu zwei Dosen mit Ravioli und mit Serbischer Bohnensuppe. »Haben die garantiert noch nie gegessen«, kommentierte er grinsend, »ist sicher was für die Familie.« Zwei Flaschen billigen französischen Rotwein, den wir in der Nähe von Montpellier gekauft hatten, packte er so obendrauf, dass sie sofort zu sehen waren, dazu garnierte er das ganze mit einem Dutzend Bierdosen.

»Das sollte reichen.« Probeweise hob er den Korb an. »Gut so.« Er nickte uns zu und verließ den Bus. Im Rückspiegel sah ich zu, wie er zu den Polizisten ging, den Korb in der Armbeuge, als wolle er zum Einkaufen.

»Sieht aus wie Rotkäppchen auf dem Weg zum bösen Wolf«, sagte Rainer trocken. Wir schauten uns an und verbissen beide das Lachen.

Micha kam zurück, die drei Reisepässe in der Hand, und ließ sich auf seinem Fahrersitz nieder, ohne ein Wort zu sagen. Er gab die Pässe an uns weiter, dann startete er den Bus. Langsam rollten wir an dem stehenden Polizeiauto vorüber. Ich sah im Rückspiegel, dass die Beamten alle noch bei dem anderen Fahrzeug standen. *Wahrscheinlich teilen sie sich die Beute,* dachte ich.

Keine fünfhundert Meter weiter schaute uns Micha nacheinander an. »Jetzt haben wir's endgültig überstanden, jetzt dürft ihr lachen«, sagte er und prustete los.

Victor und seine Töchter

Eine Geschichte aus Togo – 1988

Vögel kreischten in den Palmen, einige Kinder spielten kichernd im Sand. Vom Atlantik her blies ein starker Wind salzige Luft aufs Land. Es versprach ein durchschnittlicher Tag in Avepozo, dem kleinen Dorf in Togo, zu werden, warm und windig zugleich, ein bisschen faul und trotzdem unterhaltsam. Ich verriegelte die grüne Tür des zwei auf drei Meter großen Verschlags, in dem ich seit über einer Woche wohnte, und steckte den Schlüssel in die Innentasche meiner kurzen Hose.

Noch einmal schaute ich mir die Hütte an, nicht mehr als ein Anbau zu einem Steingebäude, in dem die Familie wohnte, die mir die Bude vermietete: dünne Bretterwände, die jedes Geräusch und vor allem die Hitze ungebremst durchließen, darüber ein Stück Wellblech als Dach. Ich nutzte die Hütte als Schlafplatz, sonst hielt ich es nicht in ihr aus, und manchmal saß ich faul davor, den Hintern auf dem Holzschemel und den Rücken gegen einen Stützbalken gedrückt.

Meist aber trieb ich mich im Dorf oder in der Umgebung herum, wenn ich nicht mit meinem Rad eine Tour unternahm oder in der Hauptstadt Lomé allerlei Besorgungen erledigte. Brauchte ich etwas vom Markt, fuhr ich nach Lomé, musste ich Geld wechseln, blieb mir ohnehin nichts anderes übrig. An diesem Tag aber hatte ich nichts dergleichen vor.

Langsam stapfte ich durch den feinen Sand in Richtung Meer, dessen donnernde Brandung ich schon über das Rauschen der Palmen hinweg hörte. Einige Ziegen streunten zwischen den Rundhütten des Dorfes umher, sie näherten sich mir, und eine schnüffelte kurz an meinen Sandalen, bevor sie sich trollte. Die Tiere waren zutraulich und gehörten zum Dorfleben dazu wie in Mitteleuropa die Katzen.

Ich sah keinen Menschen, während ich durch den Sand ging, der in diesem Fall den Rand des Dorfes markierte. Rechts von mir erhob sich ein Berg von Müll, meist Blätter, Äste und Nahrungsmittelreste, dazwischen ein wenig Kunststoff und Blechbüchsen. Eine Ziege stand daneben und mümmelte vor sich hin, schaute mich aus ihren runden Augen an, als wolle sie mit mir sprechen. Dahinter kam nur noch eine Rundhütte, bedeckt von großen

Palmenblättern. Zwei Frauen in traditioneller bunter Kleidung saßen im Schatten davor, ein kleines Mädchen lag neben ihnen auf einer Decke und schlief. Während sie in einem hölzernen Behälter mit rhythmischen Bewegungen Getreide stampften, redeten die Frauen miteinander. Als sie mich sahen, lächelten sie mir entgegen.

»Bonjour, Monsieur Vélo«, grüßte die eine und lachte. Sie fügte ein Scherzwort in Ewe hinzu, der Sprache dieser Küstenregion, das ich aber nicht verstand; ihre weißen Zähne blitzten im schwarzen Gesicht auf.

Ich grüßte freundlich zurück, rief ihnen ein »Ça va« zu, um ein »Ça va bien« als Antwort zu erhalten, und ging weiter. »Monsieur Vélo«, so nannten sich mich im Dorf, seit ich vor bald zwei Wochen mit dem Fahrrad eingetroffen war, nach einer anstrengenden Tour aus dem Norden. Seither gehörte ich zum Leben in Avepozo, dem Dorf, das auf halber Strecke zwischen Togos Hauptstadt Lomé und der Grenze zu Benin lag.

Im Anschluss an die Rundhütte der beiden Frauen kam nur noch ein Bretterverschlag mit Wellblechdach, und in diesem wohnte Bernd, der aus dem Ruhrgebiet stammte, im Dorf aber schon ziemlich integriert war. Meist gammelte er in Ruhe am Strand herum und kiffte sich Abend für Abend in den Schlaf. Manchmal trugen ihn Fischer, die von der Arbeit kamen, zurück ins Dorf und legten ihn vor seiner Hütte ab. Und manchmal hockte er einfach nur vor Bongos und trommelte stundenlang vor sich hin.

In einer zerrissenen Latzhose und einem weiten, ehemals weißen Hemd saß er auf dem Boden, den Rücken gegen die Mauer aus Steinen gelegt, und rauchte eine Pfeife. Der süßliche Geruch war stark, und seine glasigen Augen sagten mir, dass er schon länger mit seinem frischen Marihuana beschäftigt war. Wir begrüßten uns, ich setzte mich neben ihn.

»Willst du?«, fragte er, beugte sich nach vorne und hielt mir die Pfeife hin.

»Nein. Ich hab' heute noch was vor.«

»Sei doch nicht so spießig!« Bernd verzog das bärtige Gesicht zu einem breiten Grinsen; mit der rechten Hand schubste er seine Dreadlocks nach hinten, die bei der Bewegung zuvor ihre Position auf dem Rücken verlassen hatten. Genießerisch zog er an seiner Pfeife. »Ist ein klasse Stoff.«

»Glaub' ich dir ja. Heute Abend gerne. Aber ich geh' vor zu Victor, will mit dem heute fischen.« Ich wies in die Richtung, in der sich die kleine Bar befand, die von Victor, einem der Dorfbewohner betrieben wurde. Jeder kannte den Mann, und Bernd gehörte zu den Stammgästen.

»Mit Victor? Der fängt doch nichts.«

»Irgendwas verkauft er ja in seiner Bar.«

»Das besorgt ihm seine Frau auf dem Markt. Victor kann nicht fischen.« Bernd grinste mich an. »Und was macht die Kacke?«

Das Thema war mir unangenehm, aber ich selbst hatte Bernd schon vor Tagen über mein Stuhlgangproblem informiert.

»Wie immer. Ich muss morgens und abends exakt zweimal aufs Klo, immer ganz schnell, weil die volle Ladung kommt, und immer im Abstand von vielleicht einer halben Stunde.« Immerhin war ich am Vortag in der Tropenklinik in Lomé gewesen, um mir die Ergebnisse eines Labortests vortragen zu lassen. »Die Ärzte sagen, ich hätte keine Parasiten.«

»Vielleicht kommst du doch nicht mit dem Klima klar.«

»Oder mit dem Essen.«

»Du musst mehr kiffen, dann geht's dir besser. Schau mich an. Gesund wie ein Fisch.«

»Du musst es ja wissen.« Angeblich hatte sich Bernd die Malaria bei einem Ausflug nach Ghana eingefangen. Ein örtlicher Voudou-Priester hatte ihn behandelt, seither war er geheilt. Was an der Geschichte stimmte, wusste ich nicht. Dem Voudou in Togo begegnete ich auf jeden Fall mit Respekt; ich hatte darüber zu viele Geschichten gehört, die glaubhaft und beängstigend zugleich klangen. Nur hatte ich im Augenblick keine weitere Lust, zusätzliche Bernd-Geschichten zu hören oder mit ihm darüber zu plaudern, woher er seinen derzeitigen Stoff bezog.

»Na gut«, sagte ich kurz angebunden. »Ich geh' jetzt weiter.«

Der Sandweg, dem ich folgte, führte zwischen hoch aufragenden Palmen hindurch und somit von der Seite her zum Fischerhafen. Dieser war eigentlich nicht mehr als eine Anlegestelle für die langen, bunt bemalten Boote, mit denen die Männer des Dorfes auf See fuhren. Ich hätte mich mit diesen Dingern nie hinaus in den Wellengang gewagt.

Männer saßen auf ihren Booten oder im Sand und waren damit beschäftigt, Kleinigkeiten am Holz auszubessern. An einem

großen Holzgestell, gut drei Meter breit, hing ein Netz, das von den Männern mit Schnüren geflickt wurde; mit geschickten Fingern flochten sie Knoten und stopften die Löcher, die unweigerlich beim Fischen entstanden.
Zwischen den Booten glomm die Glut, die vom morgendlichen Feuer übrig geblieben war. Einige kleine Fische lagen auf einem Drahtgitter und wurden geröstet, ein spätes Frühstück für die Männer. Daneben lagen zwei Bierflaschen in einem flachen Wasserbehälter, der sie einigermaßen kühl hielt.
Ein vielstimmiges »Ça va!« scholl zu mir herüber. Wie auch im Fall der beiden Frauen, bedeutete das französische Kürzel so viel wie »Wie geht's?«, vergleichbar dem englischen »How are you?«. Es war also nicht mehr als eine andere Art, morgens »Guten Tag« zu sagen.
»Oui, ça va!«, rief ich zurück und ging weiter. Ich hatte keine große Lust, das »Ça va«-Spiel bis zum Gehtnichtmehr auszureizen.
»Ça va bien?«
Ja, es ging mir gut, und es wäre unhöflich gewesen, darauf nicht zu reagieren. Die einzige Möglichkeit, das Begrüßungsritual an dieser Stelle drastisch zu verkürzen, war die Bejahung. »Oui, ça va bien«, gab ich zurück, hob winkend die Hand und ging mit raschem Schritt am Strand entlang, weg von den Fischern.
Üblicherweise hätte ich jetzt nach dem Befinden der Fischer fragen müssen. In der Folge hätten wir uns mit vielen »Ça va« nach den Frauen und Kindern, nach dem Fischfang der Nacht und den Plänen für den heutigen Tag erkundigt. Ich hatte schon manche Stunde auf diese Weise verbracht und fand diese Art der Kommunikation eigentlich höchst amüsant; auch ohne große Sprachkenntnisse erfuhr man viel über den anderen. Nicht aber an diesem Morgen.
Über den Strand hatte ich es nicht weit zu Victor. Der Weg war vielleicht weiter als quer durch den Palmenwald, dafür musste ich mich nicht durchs Gestrüpp schlagen und erhielt einen wunderbaren Blick aufs Meer. Vorgelagerte Riffe brachen die Wellen, die Gischt schlug an manchen Stellen mehrere Meter hoch.
Wie so oft, hatte ich an diesem Tag sentimentale Anwandlungen, stellte mir vor, wie das Wetter im Schwarzwald sein mochte. Es war Februar 1988. Während ich in kurzer Hose, verwaschenem T-Shirt und mehrfach geflickten Sandalen am Strand

entlang bummelte, mussten meine Freunde und die Familie in den Bergen sich wahrscheinlich durch Meter von Schnee kämpfen.

Victors »Atlantic Bar« lag auf halber Strecke zwischen dem Dorf und dem großen »Tropicana«-Hotel, in dem vorzugsweise Pauschalreisende aus der Schweiz abstiegen. Die Bar war nicht mehr als eine Hütte aus Bastmatten, die an roh zugeschnittenen Balken hingen. Im Innern gab es zwei Tische und einige Bänke, grob aus Holz gehauen, alles provisorisch in den Sand gerammt. Dahinter stand ein Holzverschlag an der Grenze zum Palmenwald, die Vorratskammer, wie ich wusste. Das reichte für Victors Barbetrieb – und für seine Küche, die ich als ausgesprochen lecker kennengelernt hatte.

Hier hatte ich gleich am ersten Tag zu Mittag gegessen, zusammen mit einem Deutschen, der einen Peugeot quer durch die Sahara gefahren und in Niamey, der Hauptstadt des Niger, verkauft hatte. Von dort aus war er mit verschiedenen Buschtaxis direkt bis nach Lomé gefahren. An seinem letzten Abend hatte er Hummer essen wollen, und wir hatten uns das Gericht geteilt. Seither kannte ich Victor, seither hatte ich einige Male ein Bier in seiner Hütte getrunken. Der Mann, der bis vor einigen Jahren noch als Fischer im Dorf sein Geld verdient hatte, war freundlich und immer zu einem Spaß aufgelegt.

Victor begrüßte mich mit großem Hallo. »Guten Morgen, Klaus, ça va? Willst du ein Bier?«

Geschäftstüchtig war er, das musste man ihm lassen. Er lud mich zum gemeinsamen Fischen ein, und seine erste Aktion am frühen Morgen war, mir ein Bier zu verkaufen. Lachend ging ich darauf ein und setzte mich auf einen quer gelegten Baumstamm vor der Bar.

Victor verschwand hinter der Hütte, wo er seine Getränke in einer rostigen Blechtonne mit kühlem Wasser aufbewahrte. Er brachte das Bier, das Etikett war wie immer vom Wasser abgelöst, aber ich erkannte, dass es ein »Bière Benin« war, die in Togo häufig konsumierte Marke. Er öffnete und gab mir die Flasche, ich drückte ihm das Geld passend in die Hand, und schnell verschwand es in seiner Tasche.

Genießerisch nahm ich einen Schluck und schaute auf das Meer hinaus. Einige Männer und Frauen standen im knietiefen Wasser.

Sie hatten Netze in den Händen, die sie immer wieder weit von sich warfen, um sie dann zusammenzuraffen.
»Das werden wir nachher auch machen«, versprach Victor. »Du wirst viel lernen, das ist bestimmt interessant für dich.«
Ich nickte und trank erneut. Es war wahrscheinlich nicht sehr klug, Bier auf nüchternen Magen zu trinken, und das am frühen Morgen, aber ... Hey, ich war im Urlaub!
»Wo ist deine Frau?«, fragte ich.
»Zum Markt gefahren. Wir brauchen Gemüse und Knoblauchbutter. Nur meine Töchter sind da.«
Victor hatte drei Kinder, zwei Töchter im Alter von schätzungsweise zehn und zwölf Jahren und einen Sohn mit vielleicht acht Jahren. Er rief zwei Namen zu dem Holzverschlag hinüber. Sofort trat ein Mädchen hervor, es hielt Nähzeug in der Hand. Das zerschlissene Kleid in gelben und roten Streifen sah aus, als stamme es aus einer Sammlung in Europa; am Saum hingen zentimeterlange Fäden herunter. Victor winkte. Das Mädchen legt sein Nähzeug auf ein Holzbrett auf dem Boden und kam näher.
Victor nahm seine Tochter in den Arm und strich ihr über die kurzen krausen Haare; sie ging uns Männern gerade bis zur Brust. »Das ist Anna«, sagte er, »meine älteste Tochter. Ist sie nicht hübsch?« Er grinste im vollen Vaterstolz, als ob er ein Kompliment erwartete.
Ich nickte. »Sehr hübsch, wirklich.« Wenn er ein solches Lob erwartete, sollte er es erhalten. Für mich sah Anna aus wie alle anderen Mädchen im Dorf, die im Alter von zehn Jahren bereits komplett für alle Frauentätigkeiten im Haushalt oder bei den Fischern eingespannt wurden. Mädchen trugen Trinkwasser vom Brunnen in die Häuser, schleppten Fische vom Ufer zu den wartenden Lieferwagen an der Dorfstraße oder brachten Brennholz zu ihren Müttern, um ihnen dann beim Kochen zu helfen.
»Willst du sie haben?« Ich schaute Victor verständnislos an, und er fügte hinzu. »Du kannst sie haben, du bist ein Freund, musst nichts dafür geben. Entweder jetzt oder später, nach dem Fischen.«
Der macht ja mal alberne Witze, dachte ich und winkte ab. Vielleicht hatte ich Victors Französisch falsch verstanden, vielleicht war es wirklich nur ein Witz. »Lass nur«, sagte ich und lachte ihn fröhlich an. In meinen Augen war es ein Spaß, vielleicht kein

sonderlich geglückter, aber eben nicht mehr. Und weil ich höflich sein wollte, lachte ich.

»Dann eben nicht.« Victor sagte etwas in der lokalen Sprache und gab seiner Tochter einen Klaps auf den Hintern. Kichernd knickste sie vor mir, bevor sie zu dem Holzverschlag zurückrannte.

Victor schaute ihr lächelnd nach, dann wandte er sich mir zu. »Komm, gehen wir fischen.«

Er holte zwei Netze aus einem Eimer, der hinter seiner Strandbar stand, gab mir eines davon. »Du musst es auffächern«, erläuterte er und machte es mir vor. Das Netz bestand aus einem schlicht wirkenden Geflecht aus Schnüren, in die Steine und Muscheln eingearbeitet worden waren, vor allem am Rand, aber auch an einigen Schnüren im Zentrum. »Die Steine machen das Netz vor allem außen schwer«, sagte Victor. »In der Mitte bildet es dann mehrere Hügel, in denen die Fische gefangen werden, während die Ränder auf den Grund absinken.«

Im flachen Wasser, keine zehn Meter vom Ufer entfernt, stellten wir uns nebeneinander. Die anderen Fischer in der Nähe hoben kurz die Hand, um uns zu grüßen, arbeiteten dann aber für sich weiter. *Konkurrenten,* vermutete ich. *Wir jagen uns gegenseitig die Fische ab.*

Am Horizont kreuzten zwei große Schiffe, die sich als dunkelgraue Schatten kaum vom Meer abhoben. Kleine Boote waren um diese Zeit nicht mehr unterwegs; die Fischer holten ihre Beute nachts und in den frühesten Morgenstunden ein. Die Brandung schwappte um meine Beine, nässte meine kurze Hose und spritzte schaumig gegen mein T-Shirt. Ich war froh, zum Schutz gegen die grelle Sonne meine Baseball-Kappe aufgesetzt zu haben; wollte ich Victor anschauen, musste ich meine Augen zusammenkneifen.

Victor nahm das Netz mit beiden Händen und klemmte sich demonstrativ ein Mittelteil zwischen die Zähne. Dann nahm er es heraus und grinste. »Das musst du auch so machen«, ordnete er an. »Nur so hast du den nötigen Schwung, den du brauchst, um das Netz gut zu verteilen.« Wieder nahm er ein Stück des Netzes zwischen die Zähne; er feixte und machte alberne Bewegungen, als wolle er es essen. Lachend schaute ich ihm zu.

Er schleuderte das Netz mit beiden Händen von sich weg, behielt das Mittelstück bis zum letzten Augenblick zwischen den Zähnen; zuletzt hatte er nur noch ein Stück Schnur in der rechten Hand, an der das Netz befestigt war. Es entfaltete sich auf einer Fläche von gut eineinhalb auf zwei Meter, die kleinen Steine und Muscheln, die in seine Fäden geflochten waren, bildeten einen flirrenden Rahmen über dem Wasser und gingen praktisch gleichzeitig in dem flachen Wellengang unter. Dort sackte das Netz gleichmäßig ab.

Ich folgte seinem Beispiel, nahm das Netz in die Hände und zwischen die Zähne. In meinem Mund fühlte sich das Netz widerlich an: Die Fäden waren zerfasert und hart, sie schmeckten nach Salz und altem Fisch und Dingen, von denen ich gar nicht genau wissen wollte, was es war. Ich ließ meinen Mund halb offen stehen, weil ich Angst davor hatte, der raue Strick würde meine Lippen zerschrammen.

Mit einem Ruck schleuderte ich das Netz von mir, ließ es gleichzeitig mit meinem Mund los. Es öffnete sich nur zur Hälfte, flog als teils zerklumptes, teils aufgefächertes Gebilde durch die Luft. Dusselig, wie ich mich in solchen Fällen oft anstelle, ließ ich auch noch den Strick los; das Netz plumpste ins Wasser. Mit einem Schrei der Enttäuschung folgte ich und griff nach ihm, bevor es von einer Welle davongetragen werden konnte.

»So eine Scheiße!« Wütend zog ich das Netz wieder an mich.

Victor lachte nur. »Das ist nicht einfach«, sagte er. »Du musst viel üben, dann schaffst du es.« Er wies auf sein Netz. »Schau mal, ich habe auch nichts gefangen. Das heißt doch, dass ich genauso wenig geleistet habe wie du.«

Sein Lachen war ansteckend, ich fiel ein. Und so standen wir knietief in der flachen Brandung des Atlantischen Ozeans, die Fischernetze in den Händen, und amüsierten uns bestens.

Die folgenden zwei Stunden verbrachte Victor damit, mir das Fischen beizubringen. Ich stellte mich ein bisschen blöd an und brauchte Dutzende von Versuchen, bis sich das Netz endlich so auffächerte, wie es richtig war. Fangen konnte ich trotzdem nichts, aber ich lachte die ganze Zeit und hatte eine Menge Spaß.

Auch Victor war nicht sehr erfolgreich: Das Einzige, was er erwischte, war ein kleiner Krebs. Mit einem Gesichtsausdruck, der zwischen Selbstmitleid und Erheiterung schwankte, hielt er mir das Netz vor die Nase. Das Tier streckte seine Scheren zwischen den Maschen hindurch, hilflos in seinen Bemühungen, einen Weg in die Freiheit zu finden.

»Sollen wir den Kleinen wieder hüpfen lassen?« Victor lachte erneut, ein breites Grinsen voller Zahnlücken und Lebensfreude. Mit dem vernarbten Zeigefinger der rechten Hand neckte er den kleinen Krebs, drückte seine Scheren und tippte auf dem Rücken des Tiers herum. Verzweifelt strampelte der Krebs in der Luft, Scheren und Beine zwischen den Maschen des Netzes, und mit einem letzten Lachen ließ ihn Victor ins Wasser zurück.

Ich sah zu, wie das Tier zuerst wie betäubt in der schwachen Brandung schaukelte, bis es mit eifrigen Bewegungen begann, sich von uns zu entfernen. *Ob er uns überhaupt wahrnimmt?*, fragte ich mich, selbst überrascht von diesem Gedanken.

»Wir hören auf«, sagte Victor. »Einverstanden?«

Wir rollten unsere Netze zusammen, wobei ich mich bemühte, es wie Victor zu machen. Nebeneinander stapften wir durch das Meer zurück zum Strand. Die Sonne war schon ein wenig weiter nach Westen gewandert, trotzdem brannte sie mit unverminderter Stärke auf meinen Kopf herunter. Ich hatte Durst. Das Auswerfen des Netzes hatte angestrengt, und der Frust, nichts gefangen zu haben, nagte an mir.

Wir gingen an der Strandbar und an dem Lagerraum vorbei. Ich hörte Männerstimmen und das Kichern von Kindern, alles klang sehr fröhlich. »Gäste«, sagte Victor. »Sehr gute Gäste. Ich stelle sie dir nachher vor.«

Zwischen einigen Bäumen erhob sich ein Verschlag aus schäbigen Brettern und alten Bastmatten, den ich bisher nie gesehen hatte und der sich als eine Art Dusche entpuppte. In der Ecke stand ein Kunststoffbehälter, zur Hälfte mit Wasser gefüllt. Darin schwamm eine Schöpfkelle. Einige Käfer und Spinnen wuselten davon, als wir den Verschlag betraten.

»Komm her«, sagte Victor, »wir duschen kurz.« Abwechselnd schütteten wir uns mit der Kelle das frische Wasser über die Köpfe. Ich empfand es als Wohltat, die Salzkruste von der Haut zu spülen. Mir vorgebeugtem Oberkörper schüttelte ich anschließend meinen Kopf, um das Wasser aus den Haaren zu bekommen.

»Großartig«, lobte ich. »Das tat gut.«

»Die Tonne wird jeden Morgen von meinen Töchtern aufgefüllt«, sagte Victor. »Sie müssen das Wasser von der Dorfquelle holen,

aber das schadet nichts. So haben wir stets frisches Wasser.« Er führte die Schöpfkelle an den Mund und trank in durstigen Zügen. Er reichte sie mir. »Du auch?«
Ich schüttelte den Kopf. Das war mir zu riskant, das Wasser stand seit einigen Stunden, und ich hatte die Insekten auf dem Behälter gesehen. Zu meinen üblichen Darmproblemen wollte ich nicht noch eine ernsthafte Krankheit bekommen. »Ich trinke lieber eine Cola in deiner Bar.«
»Kein Bier?«
»Nein.« Ich lachte. »Nicht schon wieder, später vielleicht.«
In der »Atlantic Bar« wurden wir lautstark begrüßt. Anna, das Mädchen von vorhin, sprang auf und eilte auf den Vater zu; sie drückte ihm einige Geldscheine in die Hand. Die beiden wechselten einige Sätze in der lokalen Sprache.
Drei weiße Männer saßen an einem der Tische; sie trugen kurze Hosen und bunte Polohemden, dazu leichte Hüte auf den grauhaarigen Köpfen. Jeder von ihnen hatte je eine volle und eine leere Flasche Bier vor sich stehen, die Gesichter waren gerötet. Laut lachend hoben sie die Hände und klopften Victor auf die Schulter, als dieser sich zu ihnen hinabbeugte.
»Das sind Freunde von mir«, sagte er, »sie sind aus der Schweiz, und sie sind Gäste im Hotel.« Er wies auf mich. »Und dieser Freund hier kommt aus Deutschland und wohnt nebenan im Dorf.« Wir schüttelten uns die Hände.
»Woher aus Deutschland sind Sie?«, fragte einer der drei Männer; er hatte sein Schwyzerdütsch so weit abgemildert, dass es auch für einen Norddeutschen verständlich gewesen wäre. Ich schätzte, dass er zwischen 50 und 60 Jahre alt war; dicke Adern zeigten sich an seinem faltigen Hals. Auffallende Brustwülste drückten sich unter seinem blauen Hemd hervor, auf dem sich riesige Schweißflecken von den Achseln bis hoch zur Schulter und über die Bauchwölbung zogen.
»Aus dem Süden«, gab ich zurück. »Für Sie also ein Schwabe.«
»Ein Sauschwob.« Er lachte laut, und es klang nicht bösartig, sondern eher wie ein gemütlicher Kosename, also grinste ich fröhlich. »Sie machen hier Urlaub?«
»Sozusagen.« Dass ich mit Micha einen elf Meter langen Reisebus durch die Sahara geschaukelt und diesen im Niger verkauft hatte, um von dort mit dem Fahrrad über Burkina Faso nach Togo zu

strampeln, wollte ich ihnen im Augenblick nicht erzählen. »Ich wohne da vorne im Dorf, das ist sehr preisgünstig.«

Wir tauschten einige Floskeln aus, und ich setzte mich an den anderen Tisch. Die drei Männer waren mir nicht sonderlich sympathisch, und es war klar, dass wir nicht Freundschaft schließen würden. Victor wechselte ebenfalls einige Worte mit den Schweizern, bevor er ging, um mir meine Cola zu holen.

Gedankenverloren schaute ich auf den Strand und das Meer hinaus. Kreischende Vögel tobten über der Brandung und dem angeschwemmten Strandgut. Einige Frauen in bunten engen Kleidern balancierten große Packstücke auf ihren Köpfen vorüber, einige Schulkinder in dunkelbraunen Uniformen folgten; gegen das helle Meer und den Himmel hoben sie sich wie schattenhafte Silhouetten ab. Das Geschehen am Nachbartisch verfolgte ich nur aus den Augenwinkeln.

Kichernd ließ sich Anna zwischen zwei Schweizern nieder. Einer legte ihr den Arm um die Schultern und streichelte ihren Rücken und den Oberarm, der andere ließ seine schwere Hand auf ihren Oberschenkel plumpsen.

Das Mädchen ist doch keine zwölf Jahre alt, dachte ich, während ich angewidert die Szene verfolgte. Ich bekam eine schreckliche Ahnung davon, was Victor vorhin gemeint hatte, als er mir seine Tochter angeboten hatte. *Das war kein Spaß!,* erkannte ich in einer Mischung aus Entsetzen und Ekel.

Beide Männer streichelten das Mädchen. Ich schaute nicht hin, starrte auf den Strand hinaus, und bekam doch alles mit. Was sollte ich tun? Schreien, auf sie einschlagen oder weglaufen? Wie gelähmt saß ich auf der Bank und fühlte mich elend.

Ich wollte gerade etwas sagen, als Victor auftauchte. Er grinste die Männer und seine Tochter an, wieder gab es eine lautstarke Begrüßung, und er stellte mir eine Colaflasche auf den Tisch. Sie war gut gekühlt; ich nahm einen Schluck und bezahlte sofort.

Die Schweizer änderten ihr Verhalten nicht im Geringsten, und auch der Vater schien sich nicht darum zu kümmern, dass die Männer seine Tochter betatschten. »Wo ist denn die andere?«, fragte der allein sitzende Mann.

»Valerie kommt später«, sagte Victor, und es klang wie die Entschuldigung für ein Fehlverhalten. »Sie ist noch in der Schule.«

»Das ist schön.« Der Schweizer grinste auf ekelhafte Weise. Ich sah seinen breiten Körper und die riesigen Schweißflecken, und vor meinem inneren Auge tauchte das Bild auf, wie er mit seinen Fingern das Kind betatschte. Es schüttelte mich.
Die Cola schmeckte mir nicht mehr, obwohl sie bei der Hitze angenehm kühlte. Der Strand vor meinen Augen wirkte auf einmal nicht mehr hell und sonnenbestrahlt, sondern grau und verschimmelt. In meinem Magen lauerte ein Klumpen unterdrückter Wut. Etwas in mir wollte schreien, gleichzeitig fühlte ich mich träge und hilflos, wie ein Zuschauer bei einem schlechten Film.
Neben mir lachten die drei dicken Männer, ich brauchte nicht einmal mehr hinzusehen, um zu wissen, was ablief. Ihren Bemerkungen, die sie jetzt in einem schwer verständlichen Dialekt austauschten, entnahm ich, dass sie nicht zum ersten Mal mit Victors Töchtern »feierten«, wie sie es nannten, dass es in den Dörfern der Region noch andere »junge wilde Dinger« gab, mit denen man »viel Spaß haben« konnte.
Ruckartig erhob ich mich; den letzten Schluck ließ ich in der Colaflasche. Ich musste verschwinden, bevor ich ausrastete.
»Willst du schon gehen?«, fragte Victor, der neben seiner »Atlantic Bar« stand und aufs Meer hinausblickte.
Ich nickte. »Ja. Es ist genug.«
»Ja. Die Hitze strengt an, und fischen ist gar nicht so einfach, wie man meint.« Er lachte leise, aber was ich sonst als fröhlich und freundlich empfunden hatte, erregte jetzt nur meine Wut. »Kommst du morgen wieder vorbei?«
»Vielleicht«, log ich und ging ohne ein weiteres Wort des Grußes an ihm vorüber. Mit raschen Schritten überwand ich einige Felsen, die zwei Strandabschnitte voneinander trennten, dann rannte ich los.
Ich wusste, dass es diese Art von Tourismus gab, aber ich hatte es so noch nie selbst gesehen. Mir taten die Mädchen leid, ich schämte mich für meine bisherige Freundschaft zu Victor, und ich hatte ein Gefühl im Bauch, als ob ich mich gleich in den Sand erbrechen müsste.
Meine Füße trommelten über den heißen Sand, ich atmete schwer und erhitzt. Ich würde nie wieder kommen, ich würde nie wieder in die »Atlantic Bar« gehen, und ich hasste mich für jeden meiner Besuche, hasste mich vor allem für meine Feigheit.

Senegal – eine Vorbemerkung

Die Republik Senegal im äußersten Westen von Westafrika, die von etwa elf Millionen Menschen bewohnt wird, besteht im Prinzip aus zwei Teilen: Der nördliche Teil wird stark durch das trockene Klima der Sahelzone geprägt, also von Steppen und Savannen, während der südliche Teil langsam in den tropischen Regenwald übergeht, also eher feucht und fruchtbar ist.

Tatsächlich wird Senegal auch durch den Gambia-Fluss sowie den kleinen Staat Gambia in zwei Teile untergliedert, ein besonders bizarres Erbe der Kolonialherrschaft. Während in der Republik Senegal französisch gesprochen wird, und das Rechtsfahrgebot auf den Straßen herrscht, gelten in Gambia Linksfahrgebot und die englische Sprache. (Der von Nord nach Süd gehende Verkehr muss also für die zwanzig oder dreißig Kilometer Gambia die Straßenseite wechseln.) Dass die Bewohner auf den verschiedenen Seiten der Grenzen in erster Linie ihre eigenen Sprachen benutzen, Wolof, Fulbe oder Diola, setzt der ganzen Geschichte noch ein ironisches Sahnehäubchen auf.

Heutzutage ist Senegal vor allem durch die Flüchtlingsboote bekannt, die von hier aus starten, um Afrikaner zu den Kanarischen Inseln zu schaffen. Als ich 1996 das Land bereiste – zusammen mit Katja, einer jungen Frau aus meinem Bekanntenkreis –, war davon noch nichts zu spüren. Sah man von den politischen Problemen ab und den Unruhen in der südlichen Provinz Casamance, war die Situation in Senegal größtenteils friedlich und von einer positiven Sicht auf die Zukunft geprägt. Die Fischer verdienten ihr Geld durch das Fangen und Verkaufen von Fischen, nicht durch das Transportieren der Flüchtlinge – damals waren aber die Gewässer vor der senegalesischen Küste noch nicht durch die subventionierten Fangschiffe der Europäischen Union leergefischt worden ...

Wir verbrachten 1996 einige Tage in der Nähe der Hauptstadt Dakar, genauer gesagt in dem Fischerdorf Yof, wo wir viel von dem täglichen Leben der Fischer mitbekamen. Von dort aus fuhren wir mit einem Minibus nach Norden in die Stadt Saint Louis – und schon bei dieser Fahrt ging vieles schief: Reifenpannen, Motorschäden und anderes schienen diese ganze Reise durch Senegal

zu bestimmen; nie kamen wir zu einer Zeit irgendwo an, die wir einigermaßen planen konnten.
Im späteren Verlauf der Reise, die entlang des Senegal-Flusses sowie entlang der Grenzen zu Mauretanien und Mali führte, brach einmal sogar ein Bus mitten in der Nacht buchstäblich zusammen. Uns blieb nichts anderes übrig, als mit den anderen Reisenden zusammen durch einen Wald zu marschieren, um später unter freiem Himmel in einem kleinen Dorf zu übernachten. Immerhin: Bei all diesen Fahrten über teilweise fürchterliche Ruckelpisten und all diesen Pannen erlebten wir immer eine unglaubliche Gastfreundschaft und Freundlichkeit, die mir von Senegal her am stärksten in Erinnerung geblieben ist.
Und was mir ebenfalls in Erinnerung blieb, waren die Gegensätze: Die größtenteils streng moslemischen Menschen im Norden erinnerten mich an andere Bewohner der Sahelzone, wie ich sie beispielsweise in Burkina Faso oder im Niger bereits kennengelernt hatte, während die Menschen im Süden eher wie die Küstenbewohner in Ghana und Togo wirkten. Hier herrschte zudem eine stärkere religiöse Vielfalt, christliche Kirchen und animistische Stammesreligionen inklusive.
Im Süden des Landes, vor allem in der Provinz Casamance, fiel die Präsenz des Militärs in diesem Jahr besonders auf. Zwar herrschte kein offener Krieg mehr zwischen der Befreiungsfront dieser Region und der Armee, aber trotzdem waren überall Bewaffnete zu sehen, und man wurde ständig kontrolliert. Nur als wir von Ziguinchor aus eine eintägige Radtour über schmale Straßen in irgendwelche Regenwalddörfer unternahmen, behelligte uns kein Uniformierter – europäische Radfahrer schienen alle Leute eher seltsam zu finden.
Und wir bekamen den Wahlkampf mit, der zu jener Zeit im Land herrschte. Wir sahen Wahlveranstaltungen im Süden, und wir erlebten zeitweise erhitzte Diskussionen, von denen wir kein Wort verstanden. Als wir das Land verlassen wollten, um über Gambia zurück nach Dakar zu reisen, saßen wir stundenlang an der Grenze fest, weil am eigentlichen Wahltag niemand reisen durfte. Den Höhepunkt der Wahl sah ich dann in Dakar selbst: Das Militär war mit Panzern in der Innenstadt aufgefahren, um einen Aufstand der Bevölkerung nötigenfalls niederzuschlagen,

die mit dem Wahlergebnis nicht zufrieden war und allgemein über die angeblichen Manipulationen schimpfte.
Was mich an der Republik am meisten faszinierte, waren ihre Vielseitigkeit und die Freundlichkeit der Bewohner. Ich würde jederzeit wieder in das Land reisen ...

Das Wimmelzimmer

Eine Geschichte aus Senegal – 1996

Die warme Luft roch intensiv, würzig und mit einer Beimischung, die ich nicht einordnen konnte, wenngleich sie mir irgendwoher bekannt vorkam. Wie eine dezente Ausdünstung drang sie durch die offenen Fenster in das Buschtaxi ein, ein sanfter Hauch, der aus dem Buschland kam. Ich atmete tief ein und blickte durch das Fenster in die stockfinstere Nacht hinaus. Der Toyota-Minibus ruckelte in langsamer Fahrt über eine holperige Piste, rechts und links streckten struppige Hecken und kleine Bäume ihre Äste zur Wolkendecke, die ich in der Schwärze nur erahnte. Insekten prasselten in unaufhörlicher Folge gegen die Windschutzscheibe.

Rings um mich schliefen die meisten Reisenden, die wenigen Gespräche waren längst verstummt. Wir waren seit Stunden unterwegs, und mir schmerzten die Knie vom ununterbrochenen Sitzen in der letzten Reihe, bei dem die Kniescheibe wie eingeklemmt gegen die Lehne vor mir drückte. Ich sehnte mich danach, endlich aufstehen und einige Schritte gehen zu können.

»Wir müssten jetzt endlich Matam erreichen«, murmelte ich. Der Reiseführer beschrieb die kleine Stadt im Norden des Senegal als »uninteressant«; nicht einmal eine Unterkunft für Reisende war verzeichnet. Eigentlich hatten wir sie nicht ansteuern wollen, aber eine Reihe von Pannen im Minibus hatten jegliche Planung als unsinnig entlarvt.

Zur rechten Hand sah ich einige Zelte, vor denen einige schattenhaft wirkende Menschen saßen; Reste eines Feuers glühten auf dem Boden. *Vielleicht Nomaden, vielleicht Flüchtlinge aus dem nahe gelegenen Mauretanien,* dachte ich. Die Grenze war nahe, und der letzte Konflikt mit dem wüstenhaften Nachbarstaat war mit beidseitigen Vertreibungen zu Ende gegangen.

»Hoffentlich bekommen wir überhaupt einen Schlafplatz«, sagte ich. Ich war bei solchen Reisen oft nervös, wenn ich nicht wusste, wie es weiterging und wo ich abends einen Unterschlupf fand.

»Wird schon klappen«, meinte Katja. Meine Reisebegleiterin besaß einen ungebrochenen Optimismus, der mich immer wieder überraschte; nichts schien sie aus der Ruhe zu bringen. »Irgendwo kommen wir schon unter, die Leute lassen uns nicht auf der Straße schlafen.«

Dann rollte der Minibus durch dunkle Straßen; rechts und links erhoben sich Gebäude aus Stein. Ich sah Dächer aus Wellblech, die die wenigen Sterne am Himmel verdeckten. Nirgends leuchtete eine Straßenlaterne, nur ab und zu brannte eine Öllampe vor einem Hauseingang. Es sah aus, als herrschte Stromausfall, als gäbe es in der gesamten Region keine Elektrizität mehr.

Die Scheinwerfer des Busses rissen gelegentlich einen Passanten aus der Dunkelheit: keine Frauen, nur Männer, die allein oder in kleinen Gruppen durch die Nacht gingen. Einmal sah ich einen alten Mann in traditioneller Kleidung, dessen schnauzbärtiges Gesicht von einer riesigen Hakennase beherrscht wurde. Er stand am Rand, und wir rollten direkt an ihm vorbei, keine fünfzig Zentimeter von seinen Augen entfernt, die sich auf den Bus richteten, als wolle er ihn durchleuchten. Dann aber verschwand der Mann wieder in der Dunkelheit.

An einer Kreuzung hielt der Fahrer an. In einem großen Gebäude brannten mehrere Lichter; ein Motor dröhnte, wahrscheinlich der Generator, der das Haus mit Strom versorgte. In einer lokalen Sprache, die ich nicht verstand, bellte der Fahrer einige Kommandos in den Bus. Auf einmal waren alle Leute wach, viele redeten miteinander, und die ehemals ruhige Atmosphäre wich einer gewissen Hektik. Drei Passagiere stiegen aus, dann fuhren wir weiter.

Im schummerigen Licht, das im Inneren des Buschtaxis brannte, blickte ich die verkleinerte Landkarte an, die ich mir aus dem Reiseführer kopiert hatte. »Na ja«, sagte ich. »Es gibt nichts anderes im Umkreis von 200 Kilometern, wir müssen auf jeden Fall in Matam bleiben.«

Der Ort lag im äußersten Nordosten des Senegal. Auf der anderen Seite des Flusses, den wir im Verlauf des Tages nur einige Male gesehen hatten, erstreckte sich bereits Mauretanien, und im weiten Umkreis gab es keine größere Siedlung.

Als hätte der Fahrer des Buschtaxis meine Worte verstanden, drehte er sich um und blickte nach hinten. »Ihr zwei Weißen«, sagte er in der barschen Art, mit der er alle Reisenden bedachte, »ich fahr' euch noch zu einer Herberge. Dort könnt ihr übernachten. Macht euch keine Sorgen.«

Verdutzt bedankte ich mich. »Eine Herberge?«, sagte ich halblaut. »Da bin ich aber mal gespannt.«

Nach dem anstrengenden Tag glaubte ich den Versprechungen eines Busfahrers nicht mehr. Wir hatten eine ununterbrochene Kette von Pannen hinter uns, seit wir am Vormittag mit einem Buschtaxi in Saint Louis aufgebrochen waren, der Hafenstadt am Atlantischen Ozean. Anfangs hatten wir eine geteerte Straße benutzt, und alles war glatt verlaufen, bis das erste Auto buchstäblich zusammenbrach. Wir waren in einen Peugeot umgeladen worden, ein Dutzend Leute und mehrere Kinder in einem fürchterlich überfüllten Fahrzeug, bevor auch dieses Auto eine Reifenpanne erlitt. Und so war es weitergegangen, bis die Straßen schlechter und die Autos tatsächlich etwas widerstandsfähiger wurden.

Ich war müde, ich fühlte mich erschöpft, und ich hatte Hunger. *Es wird Zeit, dass ich aussteigen und mich hinlegen kann,* dachte ich. *Am besten in einem schönen Bett.* Ich fühlte mich wie ein quengelndes Kind, doch meine schmerzenden Kniescheiben bestätigten mir, dass es für mein Unwohlsein einige ernsthafte Gründe gab.

Nacheinander setzte der Fahrer seine Passagiere ab; zuletzt erreichten wir einen ummauerten Platz, hinter dem ich das Minarett einer Moschee sah. Schwach strahlende Lampen erhellten den Platz nur notdürftig; einige Fackeln brannten zur Unterstützung. Einige Männer schienen auf die Reisenden zu warten; zwischen leeren Verkaufsständen spielten sich schnelle Begrüßungsszenen ab. Als der Bus leer war, stieg nur noch der Junge ein, der dem Fahrer immer half; er grinste uns kurz an, als wolle er die barsche Art seines Vorgesetzten ausgleichen.

Ohne weiteres Gerede lenkte der Fahrer sein Taxi aus dem Gelände, steuerte es über eine von Schlaglöchern zermürbte Straße und rumpelte nach höchstens zwei Minuten auf ein Gebäude zu, das in der Dunkelheit groß und mächtig vor uns aufragte. Dort hielt er an.

»Hier können Sie übernachten«, sagte er, nach wie vor ohne ein Anzeichen weitergehender Freundlichkeit. Er verhielt sich, als sei es eine lästige Pflichtübung, als wolle er uns so schnell wie möglich loswerden.

»Der Mann will auch seinen Feierabend«, mahnte Katja, als ich einen schwachen Witz machte. »Und dass er uns durch die Stadt kutschiert, ist echt freundlich.«

Sie hatte recht. Wir hatten für die Fahrt bis zum Busbahnhof bezahlt, nicht dafür, dass er uns noch irgendwohin transportierte. *Kein Gemaule mehr!,* redete ich mir zu. Meine Knie waren steif, und ich benötigte einige Zeit, bis ich aus meiner unbequemen Position heraus war.

Wir schnappten unsere kleinen Rucksäcke, die wir auf dem Schoß getragen hatten, und verließen den Bus. Der Fahrer winkte uns, und wir folgten ihm.

Der Fahrer geleitete uns um die Ecke des Gebäudes. Dort hing eine Neonröhre, die einen Hauseingang mit ihrem grellen Grün erleuchtete. Über der Tür hing ein Schriftzug, wohl der Name der Unterkunft, den ich aber nicht entziffern konnte. Der Fahrer und sein junger Gehilfe schleppten unsere großen Gepäckstücke in die Rezeption, wir drückten ihnen ein Trinkgeld in die Hand und bedanken uns ausführlich, dann verschwanden sie.

Die Rezeption erwies sich als schmuckloser Raum mit ehemals weißen Wänden und einem Boden aus Steinplatten. Der schon etwas verblätterte Schriftzug sagte, dass wir uns nun in der »Auberge Sogui« befanden. Der schmächtige Mann hinter dem Tisch sprach ein noch schlechteres Französisch als ich, aber wir konnten uns verständigen. Für das Doppelzimmer wollte er 6000 CFA, rund zwölf Euro, die wir im Voraus entrichteten.

Schweigend führte uns der Mann durch einen schlecht beleuchteten Gang, dem eine breite Treppe folgte. Wir schleppten unser Gepäck hinter ihm her, ebenfalls wortlos. Im Vorübergehen zeigte er uns die Toiletten und Waschräume, bevor er uns zu dem Zimmer brachte. Er schloss es auf und schaltete das Licht an. Grelles Neon sorgte für die Beleuchtung: Der Raum war groß, bestimmt an die zwanzig Quadratmeter, die warme Luft des Tages saß in ihm wie ein schwitzendes Tier. Es gab ein breites Bett, einen Schrank, einen wackelig wirkenden Tisch mit Stühlen und einen Ventilator. Als ich diesen einschaltete, begann er sich träge zu drehen.

Dann nickte ich dem Mann aus der Rezeption zu. Er drückte mir den Zimmerschlüssel in die Finger, drehte sich um und ging.

Ich schloss die Tür und ließ meinen Seesack auf den Boden fallen.

»Immerhin das hier funktioniert«, sagte ich und wies zur Decke.

»Richtig kühl wird's heute Nacht nicht werden.« Katjas dunkelblonde Haare waren feucht vom Schweiß, und ihr dunkelrotes T-

Shirt war mit dunklen Flecken gesprenkelt. Wir sahen beide aus, als ob wir erst einmal ein Bad bräuchten.
»Die Temperaturen werden wir schon überleben.« Ich zog meine Wasserflasche aus dem kleinen Rucksack, den ich immer bei mir trug, und nahm einen kräftigen Schluck. »Ich bin völlig hinüber«, gestand ich und reichte Katja die Flasche.
»Ich auch.« Sie trank. »Jetzt hab' ich erstmal Hunger.«
Wir zogen uns nicht um, und wir machten uns nicht frisch. Wir ließen einfach Katjas Rucksack und meinen Seesack auf dem Boden liegen und nahmen die kleinen Rucksäcke mit unseren Wertsachen mit. Der Ventilator lief weiter, als wir gingen; vielleicht brachte das ein wenig Kühlung. Wie immer in solchen Fällen steckte ich den Zimmerschlüssel ein, nachdem ich abgeschlossen hatte. Auch wenn der Mann an der Rezeption einen korrekten Eindruck hinterlassen hatte, wollte ich kein Risiko eingehen; gelegentlich kam es auch im Senegal vor, dass Angestellte das Gepäck von Reisenden durchstöberten.

Nach einem kurzen Besuch der Toilette standen wir wieder in der Rezeption. Der schmächtige Mann war gerade dabei, ein Feldbett aufzuschlagen. Wie es aussah, musste er die Nacht in diesem Raum verbringen. Als wir vor ihm standen, richtete er sich auf und lächelte uns verlegen an, als hätten wir ihn ertappt.
»Wir möchten etwas essen«, sagte ich. »Gibt es im Ort ein Restaurant, das noch offen ist?«
Der Mann nickte und ging zu einer schmalen Tür, die anscheinend zu einem Nebenraum führte. Er rief einige Worte, die sich wie Anordnungen anhörten, dann nickte er uns zu und führte uns auf die Straße. In schlechtem Französisch erklärte er den Weg. Im Prinzip ging es geradeaus, und an der nächsten Lampe, die wir von der Herberge aus sehen konnten, hatten wir uns rechts zu halten.
Ein Junge, vielleicht zehn Jahre alt, kam durch die schmale Tür. Er trug eine kurze schwarze Hose und ein zerschlissenes T-Shirt, auf dem der argentinische Fußballer Maradona zu sehen war, und betrachtete uns neugierig. Er wirkte müde, als habe ihn der Mann eben geweckt.
»Der Junge wird Ihnen den Weg zeigen«, sagte der Rezeptionist. »Es ist dunkel, und der Weg ist nicht gut. Wir wollen, dass unsere Gäste den Weg finden.«

Die Straße erwies sich als steinige Piste, die in der Dunkelheit zu einer Folge von Stolperfallen wurde. Der schmächtige Junge, der zwischen Katja und mir ging, wies uns immer wieder auf Schlaglöcher und große Steine hin, die den Weg zusätzlich erschwerten. Er sagte kein Wort, sondern berührte mich einfach immer kurz an der Hand; zu Katja hielt er eine gewisse Distanz ein.
Die Häuser entlang der Straße waren graue Riesen aus Stein, die sich über mageren Köpfen erhoben; ihre Mauern strahlten eine Kühle aus, als dampften sie gegen die Hitze des Tages an. Es war merkwürdig still, als ob die gesamte Stadt in einem tiefen Schlaf läge. Ein Hund schlich über die Fahrbahn, den Schwanz zwischen die Beine geklemmt, und flitzte zur Seite, als wir näher kamen. Auch die zwei Männer in weißen Umhängen, die uns begegneten, waren still und grüßten mit sehr leisen Stimmen.
»Eine seltsame Atmosphäre«, sagte Katja und schüttelte sich. »Ich komm' mir vor wie in so einem Film, bei dem man hinter jeder Ecke irgendwas Gruseliges erwartet.«
Der Junge führte uns zielstrebig, wobei wir der Beschreibung nach wohl auch den Weg gefunden hätten. Das Restaurant erwies sich als ein düsteres flaches Gebäude, durch dessen halb geöffnete Tür ein Lichtschimmer fiel. Kurz davor blieb der Junge stehen; er wies auf den Eingang. Bevor ich noch überlegen konnte, ob ein Trinkgeld angebracht wäre, ein »Cadeaux«, wie man in diesem Land die kleinen Gefälligkeiten nannte, drehte er sich bereits um und rannte davon. Seine dünnen flachen Schuhe klapperten durch die Dunkelheit.
Ich zog die Tür ganz auf, es knarrte fürchterlich. Wir traten ein und standen in einem Flur, der keine zwei Meter weit reichte. Abzweigende Türen waren mit schweren Decken verhängt. Ich hörte einen Fernseher, dessen Lautsprecher voll aufgedreht waren und die sich verzerrt anhörten. Hinter uns fiel die Tür ins Schloss, und eine Frau streckte ihren Kopf hinter einer Decke vor. Einen Augenblick lang stutzte sie, als habe sie noch nie Europäer gesehen.
»Was wollen Sie?«, fragte sie grußlos und kurz angebunden.
»Wir haben Hunger«, antwortete Katja. Ihr Französisch war besser als meines, weshalb sie meist die Verhandlungen führte. »Was haben Sie denn im Angebot?«
Im Senegal war es in den kleinen Restaurants zwecklos, nach

einer Speisekarte zu fragen. Meist gab es eine, auf der zahlreiche Gerichte standen – aber man konnte sich nie darauf verlassen. Die Speisekarte war eher eine Übersicht der Möglichkeiten, aber nicht mehr; angeboten wurde letztlich nur das, was die Frauen der Küche im Verlauf des Tages auf dem Markt hatten kaufen können. Wer etwas Besonderes wollte, konnte es bestellen, und wenn er Glück hatte, besorgte es die Küche nachträglich.

In stockfinsterer Nacht waren Sonderwünsche, egal welcher Art, aber eine reine Illusion; wir mussten nehmen, was wir bekamen.

»Wir haben Fleisch, wir haben Brot und wir haben Soße«, gab die Frau zur Auskunft.

Ich schaute Katja an, und sie hob die Schultern. Das Übliche; im Prinzip boten alle Restaurants in den Dörfern, die wir kannten, genau diese Kombination an.

»Dann geben Sie uns bitte je eine Portion Soße, dazu wenig Fleisch und viel Brot«, sagte ich. Eigentlich war ich Vegetarier, aber das war in einem Land wie dem Senegal nicht durchzuhalten. Also gab ich mir einfach Mühe, meinen Fleischkonsum so niedrig wie möglich zu halten.

Die Frau nickte. »Und zu trinken?«

»Zwei Cola«, sagte ich. Wenn es in diesem Restaurant ein Getränk gab, war es Coca-Cola. Die amerikanische Limonade war in jedem Buschdorf des Landes verfügbar, wie wir bereits festgestellt hatten. Und nach einer langen Reise hatte sich Cola bislang immer als sehr erfrischend erwiesen.

Die Frau nickte erneut. Sie kam vollständig hinter ihrer Decke hervor und schob für uns eine andere Decke zur Seite, gab so den Blick in das eigentliche Restaurant frei. Es war ein vergleichsweise kleiner Raum, in dem ein halbes Dutzend weißer Tische aus Kunststoff standen, dazu helle Stühle aus demselben Material. Und überall saßen Männer in traditionell wirkender Kleidung in Beige und Weiß, die uns mit ernstem Gesichtsausdruck ansahen. Ich erblickte eine Liege, die auf der linken Seite des Raumes stand; auf ihr lagen einige Männer, die uns ebenfalls die Gesichter zuwandten.

Ich nickte den Männern zu und grüßte höflich, während Katja ruhig blieb. Wir fühlten in diesem Augenblick beide, dass wir irgendwie fehl am Platz waren; eine Frau in europäischer Kleidung und mit dunkelblonden Haaren gleich doppelt. Niemand reagierte auf meinen Gruß, die Männer schauten uns unverwandt weiter an. Ich unterdrückte den Impuls, mich einfach umzudrehen und zu gehen; jetzt hatte ich Hunger, ich war erschöpft, und ich wollte einfach etwas essen.

Die Frau wies uns einen kleinen Tisch und zwei freie Stühle auf der rechten Seite des Raumes zu, wo wir uns niederließen. *Wären wir keine Europäer, würden sie uns nicht reinlassen oder gleich rauswerfen,* überlegte ich, während ich mich noch einmal umsah.

Bisher waren uns die Blicke der Männer gefolgt, jetzt richteten sie sich wieder auf den Fernseher, der an der gegenüber liegenden Wand auf einem erhöhten Tisch stand. Das Bild zeigte einen Mann mit Anzug und Krawatte, der an einem Rednerpult stand und in einem schnellen Stakkato auf sein Publikum einsprach. Ein Gast des Restaurants schaltete den Fernseher wieder lauter, und eine hektisch klingende Rede ertönte. Wenn ich es richtig mitbekam, sprach der Mann Wolof, die wichtigste Umgangssprache im Norden Senegals. Die Kamera blieb stur auf ihn fixiert, es gab keine Schwenks durch den Raum und auch keine Einblendungen der Zuhörer, so dass wir nicht sehen konnten, bei welcher Gelegenheit diese Rede gehalten wurde.

»Wahrscheinlich sind wir bei einer Parteiversammlung gelandet«, sagte ich leise.

»Oder bei einer Versammlung der örtlichen Widerstandskämpfer«, gab Katja trocken zurück. Wir verbissen uns unser Grinsen, gaben uns Mühe, gelassen sitzen zu bleiben und ebenfalls auf den Fernseher zu starren.

Eine andere Frau zwängte sich zwischen den Tischen hindurch und brachte zwei verschlossene Colaflaschen, die sie vor unseren Augen öffnete. Diese Angewohnheit hatte ich im Norden Senegals schon mehrfach gesehen: Damit wollten die Bedienungen wohl zeigen, dass die Flaschen noch originalverpackt waren, wenn sie auf den Tisch kamen. Mir fiel auf, dass die Männer im Raum nur Wassergläser vor sich stehen hatten. *Warum das denn?,* überlegte ich, ohne je eine Antwort zu erwarten. Wir bedankten uns, nahmen in Anwesenheit der Frau einen Schluck des gut gekühlten Getränks, und sie ging.

Es dauerte nicht lange, bis sie wiederkam. Jeder von uns bekam einen Teller hingestellt, dazu einen Fetzen Zeitungspapier, auf dem ein vielleicht zwanzig Zentimeter langes Baguette lag, sowie Besteck. Der Inhalt des Plastiktellers bestand schlicht aus einem Berg aus Fleischstücken und einigen Kartoffeln, von Soße war so gut wie nichts zu sehen.

Katja starrte mit einem geradezu andächtigen Blick auf den Berg aus Fleisch. »Die haben's aber gut gemeint«, sagte sie leise. »Das ist die größte Portion, die ich je gekriegt hab'.«

»Oder sie haben uns falsch verstanden. Immerhin hast du gesagt, wir hätten Hunger, und daraus haben die eben ihre Rückschlüsse gezogen.«

Im Augenblick war es mir egal. Wir hatten Hunger, und wir hatten ein Essen. Ohne zu zögern, schnappten wir uns das Besteck und legten los. Das Brot war in Ordnung, es war noch einigermaßen frisch, also schien es vom Nachmittag zu sein. Das bisschen Soße, das wir zwischen dem Fleisch löffelten, schmeckte ebenfalls lecker. Das Fleisch allerdings war zäh und faserig, es ließ sich nur mit Mühe zerschneiden und beißen.

»Da haben sie sich aber eine zähe Ziege ausgesucht«, spottete Katja leise. Frustriert drückte sie ein Stück Fleisch aus dem Mund auf die Gabel zurück und legte es auf das Zeitungspapier. »Das hier geht gar nicht«, sagte sie und zeigte mit dem Finger darauf. »Fasern pur.«

»Die ist wahrscheinlich höchstpersönlich durch die halbe Sahara gelaufen, um hier von uns verspeist zu werden.«

»Oder es ist irgendein dürrer Hund, den sie von der Straße aufgelesen haben.«

Wir halfen uns mit den trockenen Sprüchen über das zähe Essen hinweg, das wir in großer Geschwindigkeit in uns hineinschaufelten. Die Stimmung im Raum empfand ich als absolut merkwürdig; ich kam mir vor wie in einem Eisfach, obwohl es tropisch warm war. Der Geruch von Männerschweiß vermischte sich mit dem des Fleisches vor meiner Nase, und als ein mit dem Schwanz wedelnder dürrer Hund in das Restaurant kam, sich zwischen den Tischen bewegte und letztlich vor uns stehen blieb, um uns mit bettelndem Blick anzuschauen, passte dies. Katja ließ einige zähe Fleischstücke auf den Boden fallen, und der Hund schnappte sie sich sofort.

Nachdem wir unsere Teller fast leer gegessen hatten, tauchte die Bedienung wieder auf; es ging so schnell, dass ich schon glaubte, sie hätte uns beobachtet. Sie räumte die Teller und die Flaschen ab, dann präsentierte sie uns ein Stück Papier, das aus der Zeitung ausgerissen worden war: die Rechnung. Der Preis für das Essen und die Getränke war absolut in Ordnung, umgerechnet keine zweieinhalb Euro, und ich legte noch ein kleines Trinkgeld dazu. *Hoffentlich dürfen das die beiden Frauen behalten,* überlegte ich mir, ohne so recht daran zu glauben. Ich versuchte mir vorzustellen, wie es wohl war, in einem solchen Restaurant zu arbeiten, in einer Atmosphäre wie dieser, in der nur schweigsame Männer in einem Raum saßen und auf einen plärrenden Fernseher starrten. *Ich würde durchdrehen,* dachte ich, während ich aufstand und den Raum geradezu fluchtartig verließ.

Als ich wieder die frische Luft spürte, atmete ich tief durch. »Das ist wie Freiheit, wenn man da rauskommt«, sagte ich.
»Was meinst du, wie's mir ging«, meinte Katja. »Als einzige Frau in dem Laden da drin. Fürchterlich.« Sie schüttelte sich.
Ein lauer Wind ging, nicht kühl, aber nach der schwülen Luft in dem Restaurant eine wahre Erfrischung. Er zupfte an meinem T-Shirt, und ich spürte, wie er den Schweiß auf meiner Stirn und in meinem Nacken trocknete. Die Luft war klar, der Himmel frei; ich sah einen herrlichen Sternenhimmel über mir, der dem Blick keine Grenzen auferlegte.
Auf einmal stand der Junge von vorhin neben uns. Er trug immer noch dieselben Kleidungsstücke und er atmete schnell, als sei er gerade eben von der Herberge hierher gerannt. »Toubab«, sagte er und strahlte uns an. Als »Toubab« bezeichneten die Leute im Senegal fast alle Weißen, und ich hatte mich an die Anrede gewöhnt.
Das Französisch des Jungen war nicht besonders gut, und er stotterte stark. Aber wie er uns sagte, wollte er uns zur Herberge begleiten, damit wir uns nicht verirrten. »Sie sind doch unsere Gäste«, beteuerte er.
Katja und ich schauten uns an. »Unglaublich«, sagte sie leise, »das finde ich jetzt sehr freundlich.«
Ich war mir sicher, dass wir den Weg zurück ebenfalls leicht gefunden hätten; zudem war der Weg durch die Sterne ein wenig heller geworden. Aber der Junge ging wieder vor uns her und sorgte dafür, dass wir weder über einen Stein stolperten noch in

ein Schlagloch fielen. Am Eingang der Rezeption verabschiedete er sich; wir gingen durch die Tür und schauten kurz auf das Feldbett, wo der schmächtige Mann lag und uns kurz anlächelte, bevor er sich zur Seite drehte und anscheinend weiterschlief.
Die Treppe hoch und in unser Zimmer hinein: Der Ventilator bewegte sich träge an der dunklen Decke und wälzte warme Luft von einer Seite zur anderen. Ich betätigte den Lichtschalter erst, nachdem Katja die Tür hinter uns zugezogen hatte.
Ungläubig starrte ich auf den Raum. Es wimmelte von kleinen Tieren aller Art, die sich im Licht aufgeregt bewegten. Über den Boden krochen Käfer, in der Luft surrten einige Fliegen, auf dem Bett sah ich mehrere Spinnen, und die Decke war fast bedeckt mit Krabbelgetier aller Art. Ihr Summen und Surren erfüllte den Raum, und der lahme Ventilator an der Decke konnte sie nicht vertreiben.
»Na klasse.« Ich war zu erschöpft und zu müde, um mich aufzuregen. Während ich weiterging, passte ich auf, dass ich mit meinen Stiefeln nicht gleich auf dem ersten Meter ein Massaker unter den Käfern anrichtete.
»Oh nein.« Katja richtete einen entsetzten Blick zur Decke. »Da kann ich nicht schlafen.«
»Wir können die Viecher schlecht alle umbringen«, wandte ich ein. Es brachte nichts, wenn wir uns aufregen; aus nicht nachvollziehbarem Grund waren jetzt zahllose Tiere im Zimmer, und wir mussten mit der Situation fertig werden. Ich kam nicht einmal auf die Idee, den Rezeptionisten von seinem Feldbett zu scheuchen und uns ein neues Zimmer geben zu lassen – wahrscheinlich war ich sogar dafür zu müde.
Im Eiltempo nahmen wir unsere Kulturbeutel und eilten in die Waschräume. Kurz darauf standen wir nebeneinander und putzten die Zähne. Die wichtigste Arbeit dabei war, die zahlreichen Fasern herauszubekommen, die sich geradezu zwischen die Zähne geklemmt hatten.
»Wir sehen bestimmt ganz toll aus«, versuchte ich einen lahmen Scherz. »Zwei Touristen, die vor den Spiegeln stehen und mit ihren Finger die Fasern aus den Zähnen fummeln.«
Als wir zurück ins Zimmer kamen, wimmelte es immer noch von Insekten. Katja regte sich jetzt nicht mehr auf; sie kapitulierte ebenso wie ich vor der Situation. Gemeinsam befreiten wir das

Bett von allen Tieren, die sich darauf niedergelassen hatten, und warfen das Bettzeug zur Seite, das die Herberge bereitgestellt hatte. Jeder von uns hatte einen Bettüberzug dabei, den wir in solchen Fällen als dünnen Schlafsack benutzten.

Jeder nahm seine Taschenlampe und stellte sie neben seine Seite des Bettes. Dann machte ich das Neonlicht an der Decke aus, und wir krochen in die Schlafsäcke.

Müde lagen wir in den Betten, zogen unsere Schlafsäcke bis zum Hals zu und blickten zur Decke des Zimmers, wo es von Käfern nur so wimmelte. Ich nahm die Taschenlampe und ließ ihr Licht über die Decke fallen. Im Schein der Lampe sah das Gewusel noch beängstigender aus als sonst.

»Die fallen heute nacht bestimmt auf uns herunter und krabbeln übers Gesicht«, jammerte Katja, die sonst nichts so schnell aus der Fassung brachte. »Mach die Lampe aus, ich will das Viehzeug nicht sehen.«

»Wir legen uns Handtücher über das Gesicht«, hatte ich eine Idee.

So machten wir es. Mit Handtüchern auf dem Gesicht und eingemummelt bis zum Hals lagen wir nebeneinander und warteten darauf, bis wir einschlafen konnten.

»Und heute Nacht bloß nicht pissen«, sagte ich leise. »Kein Licht und nichts.«

»Oh ja.« Katja seufzte. »Sonst geht der Mist wieder von vorne los.«

Es dauerte tatsächlich seine Zeit, bis ich einschlafen konnte. Insekten machten mir eigentlich nicht so viel aus, und in Afrika gewöhnte man sich daran, dass Insekten über einen hinwegkletterten. Aber ich kam mir in diesem Zimmer vor wie in einem überdimensionalen Zoo für Käfer und anderes Krabbelgetier, und das war nicht gerade die ideale Umgebung für eine entspannende Nachtruhe.

Am nächsten Morgen sah alles anders aus. Als ich aufwachte und mich leise anzog, um Katja nicht zu wecken, waren keine Tiere mehr im Zimmer. Ich blinzelte und wollte meinen Augen nicht trauen – aber die Decke war tatsächlich frei von Insekten. Über dem Bett drehte sich immer noch träge der Ventilator, und auf dem Boden erblickte ich die zertretenen Reste einiger Käfer. Im

Tageslicht, das durch einen feinen Vorhang ins Zimmer fiel, wirkte der Raum sauber und ordentlich.
Auch die gesamte Herberge gefiel mir bei Licht besser. Ich bummelte durch das menschenleere Treppenhaus und durch die Flure, wo meine nackten Füße ein patschendes Geräusch auf dem Steinboden verursachten; sonst war nichts zu hören. Bei der »Auberge Sogui« handelte es sich offensichtlich um einen Gebäudekomplex, in dem mehrere Wohnungen untergebracht waren und von dem nur ein Teil für Reisende zur Verfügung gestellt wurde.
Zwar hatte das Gebäude schon bessere Zeiten gesehen, was die abblätternde Farbe an der Außenwand bewies, aber das störte nicht im Geringsten. Nach einem kurzen Bummel durch das Gebäude setzte ich mich auf den Balkon, schaute über die Häuser hinweg und ließ mir die Morgensonne ins Gesicht strahlen.
Die Hauptstraße zu meinen Füßen, über die wir in der Nacht gegangen waren, wirkte auch im Tageslicht staubig und zerklüftet; sie zeigte ihre Schlaglöcher wie der Mond seine Krater. Rechts und links erhoben sich großzügige Häuser, die alt und ehrwürdig aussahen, und dahinter erkannte ich das Doppelminarett der Moschee. Zahlreiche Fußgänger waren an diesem Sonntag Morgen unterwegs, gingen an einigen bescheiden aussehenden Marktständen vorüber. Mehrere zweirädrige Pferdekarren rollten vorüber, die von Jungen im Alter von zehn bis zwölf Jahren gelenkt wurden. Autos schienen in Matam die absolute Ausnahme sein.
Ich seufzte. So schlecht, wie sich die Stadt bei unserem Eintreffen präsentiert hatte, wirkte sie jetzt nicht, auch die Herberge nicht. Ich spielte kurz mit dem Gedanken, zu dem Restaurant zu spazieren, um es mir bei Tageslicht ein weiteres Mal anzusehen. Um diese Zeit hinterließ es sicher einen anderen Eindruck als zehn Stunden zuvor.
Auf einmal hörte ich einen Schrei von der Straße. Ich sah zwei Jungen, die mit einer leeren Konservendose Fußball spielten. Den einen von den beiden erkannte ich sofort: Er trug dasselbe Maradona-T-Shirt wie in der Nacht. Er winkte mit beiden Händen zu mir hoch, seine weißen Zähne blitzten in der Morgensonne. Ich winkte zurück und lachte ihm zu.

Die Jungs kickten die Dose in eine Seitenstraße hinein, rannten hinterher und verschwanden so aus meinem Blickfeld. Ich hörte ihr Lachen und Johlen, das sich an den Mauern des Nachbarhauses brach.
Ein erster Eindruck reicht nie aus, dachte ich. In der Nacht hatte ich Matam als schrecklich empfunden, nicht zuletzt deshalb, weil das merkwürdige Restaurant und das Wimmelzimmer so negativ auf mich gewirkt hatten – und dann lächelte mich ein Junge an, die Sonne schien, und mir ging es besser.
Trotzdem wollte ich nicht bleiben; Matam reizte mich nicht, um länger zu verweilen. Nichts hätte mich noch einmal für eine Nacht in das Wimmelzimmer gebracht, mit all den Insekten an der Decke, auf dem Boden, an den Wänden und auf dem Bett. Ich streckte mich, gähnte und schaute mit wacher werdendem Blick auf die Straße, die sich jenseits der Stadt in der Steppe verlor.
Irgendwo dort verlief die Piste, die nach Bakel führte, von dort aus weiter nach Süden, bis sich irgendwann an der Grenze von Mali die Straße gabelte. Dort wollte ich hin, das waren die nächsten Etappen.
Und eine Nacht im Wimmelzimmer reichte wirklich.

Kein Rausgeld für den Toubab

Eine Geschichte aus Senegal – 1996

Die Casamance briet unter der Mittagssonne; die grüne Landschaft und der träge Fluss schienen zu brodeln. Unter dem blauen Himmel schwebten die Vögel in eleganter Trägheit über den Anlegestellen der Fischer, die zerbrechlich wirkenden Hütten und die Bootswerkstätten, die sich dem Fluss entlang zogen. An einer Straßenkreuzung wirbelte ein vorbeifahrendes Auto allerlei Dreck auf; wie eine hellgraue Fahne stand der Staub in der Luft, bevor er langsam zu Boden sank.

Mit gemütlichen Schritten spazierten Katja und ich durch die Straßen. Wir hatten in einem kleinen Restaurant gefrühstückt und erkundeten Ziguinchor nun zu Fuß. Die Hauptstadt des südlichen Senegal, durch Gambia vom größten Teil des Landes getrennt, machte auf uns bislang einen verwirrenden Eindruck: Zumindest das Stadtzentrum wirkte sehr europäisch, geprägt von großen Verwaltungsgebäuden, deren Vorgärten von Drahtzäunen und Hecken gegen die Straße abgeschirmt wurden. Der gewohnte Trubel senegalesischer Städte und Dörfer fehlte hier fast völlig.

Aus der Hosentasche holte ich ein zerknittertes Blatt Papier; ich faltete es auseinander. Es war die Kopie eines Stadtplans aus dem Reiseführer. Mit Hilfe kopierter Pläne orientierte ich mich, wenn ich im Ausland unterwegs war: Sie fielen nicht so auf wie die großen Faltblätter, man wirkte nicht ganz so ortsunkundig und war dennoch gut informiert.

»Wir müssten gleich bei der Post sein«, sagte ich und steckte den Plan wieder ein. »Irgendwo da vorne. Rechts und dann links.«

Der Plan stimmte exakt. Nach wenigen hundert Metern waren wir vor dem Postgebäude angelangt, das garantiert schon bessere Zeiten gesehen hatte. Weit ausladende Bäume bildeten mit ihrem buschigen Grün eine erfrischende Kulisse zu den Wänden mit ihren abblätternden Farben und dem wuchtigen Dach. *Kolonialarchitektur,* verriet mir mein durch den Reiseführer geschultes Hirn, *höchstwahrscheinlich von den Franzosen errichtet.*

Große Säulen vor dem Eingang, einige breite Treppenstufen zu den Pforten, zwei Treppen, die zu höheren Stockwerken führten – das Gebäude wirkte eindrucksvoll, seine Bausubstanz war wahrscheinlich gut, dem bröckelnden Verputz zum Trotz. Kleine Büsche wuchsen an den Außenmauern, zwischen den Platten vor dem Eingang zeigte sich überall frisches Gras. Die Türen waren alle verriegelt, zudem hatte man ein Gitter heruntergelassen, damit niemand die Post betrat.

Einige Händler hatten Tische vor dem Gebäude aufgebaut, auf denen sie Obst und Getränke, Postkarten und Briefmarken anboten. Zielsicher steuerten wir einen kleinen Tisch an, hinter dem ein Mädchen saß: zwei Böcke, darüber einige Bretter, auf denen wiederum weiße Folien, die mit Reißzwecken befestigt waren. Neben dem Mädchen – es war vielleicht dreizehn Jahre alt – erhoben sich zwei Drehständer, in denen Postkarten steckten.

Katja und ich grüßten kurz, das Mädchen grüßte zurück; dann schauten wir die Postkarten an. Es gab eine Reihe bekannter Senegal-Motive: Menschen am Fluß und am Strand, prächtige Tiere, ein Sonnenaufgang und anderes. Immerhin gab es einige Karten, die eine Stadtansicht von Ziguinchor zeigten; die fand ich interessant.

»Was kostet eine Postkarte?« fragte Katja.

»225 CFA«, gab das Mädchen zur Antwort.

Das war relativ viel, umgerechnet an die 30 oder 40 Cent. Für das Geld konnte man sich in Ziguinchor ein preiswertes Essen leisten. Aber in einem Land wie Senegal galten Postkarten als Luxus, den die Einheimischen nicht bezahlen konnten. Wir verzichteten darauf, mit dem Mädchen zu feilschen.

»Typisch Touristen!«, lästerte ich auf deutsch. »Wie es sich gehört, kaufen wir gleich mal Postkarten, um den Lieben zuhause ein bisschen den Neid in die Augen zu treiben.«

»Sei nicht so negativ«, gab Katja zurück. »Gibt ja genügend Leute, die sich über Postkarten freuen. Als Lebenszeichen aus dem Busch.«

Ich schüttelte den Kopf, ohne etwas zu sagen. Ich wusste selbst, wie sehr es meine Eltern mochten, wenn ich ihnen schrieb – und wenn es nur einige Zeilen waren. Dann hatten sie das Gefühl, mehr über meine Reise zu erfahren. Und im Senegal des Jahres 1996 gab es noch kein Internet für die schnelle Kommunikation, so dass eine Postkarte wirklich sinnvoll war. Aber spießig fand ich's in gewisser Weise trotzdem.

Wir suchten zehn Karten aus: sechs für mich, vier für Katja. In diesem Moment trat ein Mann mit Baseballkappe zu uns und fragte nach Zigaretten. Wir hatten keine, also verneinten wir. Während Katja, die weitaus besser Französisch sprach als ich, sich von dem Mann in eine Diskussion über die Schönheiten des Senegal verwickeln ließ, drehte ich mich zu dem Mädchen um.

»Ich möchte diese Postkarten kaufen«, sagte ich zu ihr. Soweit reichten meine Sprachkenntnisse.

Das Mädchen nahm die Karten und zählte sie. Das Zählen dauerte seine Zeit, sie war sehr sorgfältig, nahm jede Karte in die Hand und prüfte nach, dass sie auch wirklich nur eine hatte. Die junge Verkäuferin legte die Karten zur Seite und holte einen Taschenrechner hervor. Dann zählte sie die Karten erneut durch.

»Es sind zehn Karten«, sagte ich vorsichtig. Ich wollte sie nicht in ihrer Arbeit stören, aber das langsame Zählen irritierte mich.

Dabei sollte ich es gewöhnt sein. Immer wieder traf ich im Senegal wie auch in anderen westafrikanischen Ländern auf Menschen, die mit Zahlen ihre Probleme hatten. Sie zählten sehr langsam, sie rechneten sehr langsam. Nur schaffte ich es nicht, mich wirklich daran zu gewöhnen; ich war immer wieder verwundert.

»Ja, Toubab.« Sie benutzte den Ausdruck für Europäer, der im Senegal üblich war, und schaute mich genau an, einen wachen Ausdruck voller Skepsis im Blick. Ihre kurzen Zöpfe, die als zahlreiche Zacken ihren Kopf bedeckten, sahen aus, als besäße sie eine Krone aus Haaren. »Es sind genau zehn Karten. Eine davon kostet 225 CFA.«

Sie senkte den Kopf, nahm ihren Taschenrechner und begann zu tippen. Sie tippte die 10, sie tippte das Multiplikationszeichen, sie tippte 225, und dann tippte sie auf die Taste für das Ergebnis.

»Das macht 2250 CFA«, sagte ich vorschnell. Im selben Moment hätte ich mich treten können; das war jetzt unfair, aber ich konnte nicht aus meiner Haut.

Sie sah wieder auf und zeigte mir ihren Taschenrechner. Er zeigte genau diese Summe an. »Es macht 2250 CFA«, sagte sie dann langsam, als wolle sie es mir genau erklären. »Zehn Postkarten für 2250 CFA.«

Ich griff nach meinem Geldbeutel. Kleine Scheine fand ich auf Anhieb nicht, also zog ich einen 5000-CFA-Schein heraus und reichte ihn dem Mädchen.

Ein irritierter Blick traf mich; ich stellte mir die Gedanken meiner Geschäftspartnerin vor. 5000 CFA waren wahrscheinlich viel Geld für sie; davon lebten manche Familien in diesem Land eine Woche lang. Möglicherweise war es für sie völlig unverständlich, dass Europäer so viel Geld für Postkarten verschwendeten.

Sie nahm mir den Schein ab, blickte abwechselnd ihn und mich an. Kurz drehte sie sich um, aber hinter ihr war nur die Treppe zur verschlossenen Tür, aber kein Mensch.

Dann stand sie auf. »Ich habe kein Wechselgeld«, sagte sie langsam. »Ich muss erst wechseln gehen.« Ich verstand ihr Problem: Der 5000-CFA-Schein war zu groß für sie, und sie würde so schnell niemanden finden, der ihr exakt herausgeben konnte.

Die anderen Händler sahen alle nicht so aus, als könnten sie wechseln: weder der Junge, der Briefmarken anbot, noch der Mann mit den Postkarten, ebensowenig die junge Frau, bei der man Briefpapier und Kugelschreiber erstehen konnte.

Ich griff erneut in meinen Geldbeutel. »Warte!«, bat ich. Sie schaute mich an. »Hast du Tausender-Scheine?«, fragte ich.

Als sie nickte, legte ich 250 CFA auf den Tisch. Damit hatte die Postkarten-Verkäuferin 5250 CFA vor sich liegen. Für mich war es ein einfaches Rechenexempel, das ich von zu Hause kannte: Ich erwartete, dass sie mir 3000 Euro herausgeben würde.

Ein Blick voller Irritation traf mich. Das Mädchen sah sich erneut um, aber keiner war da, der helfen konnte. Katja sprach immer noch mit dem Mann mit der Baseballkappe, und die anderen Verkäufer waren zu weit entfernt. Das Mädchen musste sich mit mir auseinandersetzen – und mir war für eine Zeitlang nicht klar, wo ihre Schwierigkeit lag.

Doch dann verstand ich; auf einmal wurde mir bewusst, was sie in etwa denken mochte. *Der Europäer ist schon seltsam. Erst gibt er mir 5000 CFA, das ist ja schon viel mehr als die 2250, die er bezahlen muss. Und jetzt legt er noch 250 CFA drauf – das ist ja noch viel mehr Geld. Was soll das?*

Ich hätte es wissen müssen. Vielen Menschen im Senegal war eine solche Art, mit Zahlen umzugehen, nicht vertraut. Das Mädchen war schlicht überfordert. Mir war die Sachlage auf einmal unangenehm, ich kam mir arrogant und wichtigtuerisch vor.

»Ich muss dir doch 2250 geben«, versuchte ich es dennoch. »Die habe ich nicht. Also gebe ich dir 5250 – macht einen Unterschied von 3000. Gib mir dann 3000 zurück!«

Sie schaute mich weiterhin an; der Zweifel in ihrem Gesichtsausdruck war nicht zu übersehen. Ich lächelte sie entschuldigend an und unterdrückte das Seufzen. Dann deutete ich nacheinander auf ihren Taschenrechner, auf die 2250, die dort zu lesen waren, auf den 5000-CFA-Schein und auf die 250 CFA in Münzen, die vor ihr lagen.

Sie schien mich immer noch nicht zu verstehen. Ihre Lippen bewegten sich sachte, als versuche sie mitzurechnen. Ich verstand, dass ich sie verwirrt hatte, anstelle ihr klarzumachen, was ich wollte.

Mit einem möglichst freundlichen Lächeln nahm ich den Taschenrechner des Mädchens, löschte die Zahl 2250. Dann tippte ich die 5000, addierte 250, zeigte ihr somit die 5250; von diesen zog ich 2250 ab. Das Ergebnis, die 3000, zeigte ich der Verkäuferin ebenso, wie ich ihr jeden Vorgang zuvor demonstriert hatte. Hoffentlich hält sie mich jetzt nicht für blöd, dachte ich, *oder für einen großkotzigen Europäer.*

»Siehst du«, sagte ich langsam, »deshalb bekomme ich 3000 CFA von dir. Einverstanden?«

Sie nickte. Aber der Zweifel in ihren Augen blieb. Mehrmals wechselte ihr Blick zwischen dem Taschenrechner, dem Geld, den Postkarten und meinem Gesicht hin und her. Ich machte wohl einen ehrlichen Eindruck auf sie, denn sie nickte erneut.

»Bitte«, sagte sie, schob mir drei Tausenderscheine und die Postkarten über den Tisch und ließ mein Geld in einer Pappschachtel verschwinden, die sie unter dem Tisch versteckt hatte.

Ich bedankte mich, nahm meinen blauen Rucksack von der Schulter, öffnete ihn und packte die Postkarten in meine kleine Schreibmappe. Das Geld steckte ich locker in die linke Hosentasche. Ich verabschiedete mich von dem Mädchen und drehte mich zur Seite.

In diesem Moment kam Katja heran. »Au Mann, war der Kerl aufdringlich!« Sie stöhnte. »Er wollte uns einen Touristen-Trip durch die Sümpfe aufschwatzen. Darauf hatte ich jetzt keine Lust, und er hörte einfach nicht mit seinem Gelaber auf.« Sie schaute mich kritisch an. »Alles in Ordnung?«

»Alles in Ordnung.« Ich grinste kurz. »Es ist ganz schön kompliziert, zehn Postkarten zu kaufen.«

Kamerun – eine Vorbemerkung

Eine Binsenweisheit für jeden Schriftsteller ist, dass er seinen Leser so früh und so intensiv wie möglich fesseln muss; dann bleibt dieser Leser bei der Lektüre. Eine gute Methode, dies zu erreichen, ist ein packender Anfang, der nichts verrät, aber viel Spannung verspricht. So kann man selbstverständlich auch die Einleitung eines Artikels oder eines Buchbeitrages gestalten.

Beispielsweise: *Auf Kamerun kam ich durch Roger Milla. Als Fußballer war er schon ziemlich klasse, aber sein Lambada nach einem geschossenen Tor spielte seine Heimat erst richtig in mein Herz.*

Oder eben: *Nordafrika hatte ich schon mehrfach bereist, Westafrika ebenfalls, in Ost- und in Südafrika hatte ich mich schon blicken lassen. Blieb nur noch Zentralafrika. Und so arg viel Länder ohne Bürgerkriegsgemetzel oder einen Massenmörder als Staatspräsidenten gab es in dieser Region dann doch nicht.*

Am besten: *»Pass auf!«, warnte man mich. »Kamerun ist super gefährlich.« Das Auswärtige Amt riet auf seiner Internet-Seite ausdrücklich vor Reisen in den Norden Kameruns ab, und nachts, so sagte der Reiseführer aus, sollte man nicht zu Fuß gehen, sondern Taxi fahren. So riskant sei der Urlaub in diesem Land.*

Vielleicht lassen wir auch einfach die Versuche, einen originellen Anfang zu schreiben, und beginnen einfach. Mit der Bemerkung nämlich, dass ich alle Warnungen in den Wind schoss und trotzdem fuhr. Und es keinen Tag bereute.

Ich blieb in diesem Herbst 1999 fünf Wochen in Kamerun, und ich ärgerte mich zum wiederholten Mal, dass ich zurück nach Deutschland musste, um mein Geld durch so profane Dinge wie Arbeiten zu verdienen. Aber ich kam zurück mit zwei randvoll gekritzelten Büchern voller Notizen.

Die Reise bescherte mir unbeschreiblich viele Eindrücke. Vom Süden, wo tropischer Regenwald vorherrscht, bis in den hohen Norden, an die Grenzen von Sahelzone und Sahara, ist Kamerun ein Land der Gegensätze. Das Land, vor dem Ersten Weltkrieg eine deutsche Kolonie, war jahrzehntelang in eine französische und eine englische Zone geteilt – die Sprachgrenze blieb auch nach der Unabhängigkeit erhalten.

Wie so viele andere Länder Afrikas, ist Kamerun offiziell eine Demokratie, aber eine, die in sich brüchig ist und viele demokratische Normen nicht einhält. Politische Gegner klagen über Unterdrückung, in den Gefängnissen wird wohl gefoltert, und die Polizei wird allenthalben der Korruption bezichtigt.

Als ich durch Kamerun reiste, erzählten mir die Leute nicht nur einmal, ihr Land sei »number one of corruption«. Tatsächlich war das Land auf der weltweiten Liste von Transparency International als korruptester Staat bezeichnet worden; angesichts der Tatsache, dass Beamte überall in Afrika schlecht und unpünktlich bezahlt werden, darf man sich allerdings nicht wundern, dass der eine oder andere Polizist sehr schnell die Hand aufhält, um sich ein kleines »Geschenk« in die Finger drücken zu lassen.

Was mir an Kamerun gefiel, waren tatsächlich die Gegensätze, sprachlich, religiös und kulturell. Im Norden des Landes, wo buchstäblich alle zwanzig Kilometer eine neue »Ethnie« (so der korrekte Begriff für die teilweise sehr kleinen Völkerschaften) wohnt, kann man auf den Märkten in den staubigen Kleinstädten die Menschen verschiedener Gruppen anhand ihrer Tracht erkennen.

Ich traf überall im Land auf Menschen, die erstaunlich gut über Europa Bescheid wussten. Vor allem im französischsprachigen Teil des Landes empfand ich die Schulbildung als sehr gut, und ich schämte mich nicht nur einmal für mein schlechtes Französisch. Im englischsprachigen Teil hatte ich erstaunlicherweise starke Verständnisprobleme; kein Wunder, das Englisch in Kamerun unterscheidet sich in der Betonung deutlich vom Englisch in Großbritannien und den USA, aber auch von dem in Ghana oder Südafrika.

Übrigens hatten die Leute in Kamerun trotz schlechter Verkehrswege ein System der Minibusse entwickelt, das ich anfangs gar nicht verstand – weil ich es so nicht gewöhnt war –, bei dem aber die Busse auf vielen Strecken nach regulären Fahrplänen und sehr pünktlich verkehren. Selbstverständlich fuhr ich auch in mörderisch überfüllten Minibussen mit, in denen so gut wie nichts funktionierte; auf den Straßen im Norden rollten aber Minibusse, die sauber und pünktlich unterwegs waren.

Und so kam ich von einem Landesteil in den anderen. Stundenlang durchwanderte ich die endlosen Straßen der Hauptstadt

Yaoundé, ich kletterte auf Berge im Norden des Landes, ich litt bei unendlichen Buschtaxi-Fahrten voller Pannen im äußersten Westen des Landes wirklich Durst, und ich kroch auf allen Vieren am Rand eines Wasserfalles bei Kribi die Atlantikküste hoch. Ich mietete mir Fahrräder, und ich wanderte durch die Savanne, ich fuhr hinten auf Motorrädern mit, und ich reiste mit dem Zug oder Minibussen. Und ich hatte von morgens bis abends direkten Kontakt zu den Leuten – nicht immer einfach, nicht immer konfliktfrei, aber stets bereichernd.

Während meines Aufenthaltes schrieb ich – wie oft – viel Tagebuch. Wie schon erwähnt, füllte ich zwei Notizbücher mit meinen Aufzeichnungen. Kein Wunder: Es passierte sehr viel, ich traf sehr viele unterschiedliche Menschen, und ich erlebte mehr als bei anderen Reisen – natürlich auch viel mehr als beim gewöhnlichen Dasein zu Hause. Kamerun wird deshalb sicher einmal wieder ein Thema für Geschichten sein.

Einmal Pork bitte

Eine Geschichte aus Kamerun – 1999

Das Restaurant »Hibiscus« hatte ich bereits beim ersten Streifzug durch die nähere Umgebung meines Quartiers von außen betrachtet, aber ich hatte es nicht betreten. In Yaoundé, der Hauptstadt Kameruns, gab es so viel zu tun und so viele Möglichkeiten, irgendwo am Straßenrand lecker zu essen, dass ich nicht das Bedürfnis gehabt hatte, ein Restaurant aufzusuchen, das zumindest rein optisch den europäischen Maßstäben entsprach. Nach zwei Tagen in der Metropole, durch die ich stundenlang gestromert war, wollte ich aber einmal »ausgehen«.

Von dem Hotel »La Grande Etoile«, in dem ich untergekommen war, hatte ich keine fünfhundert Meter zurückzulegen. Das Restaurant »Hibiscus« selbst fiel gar nicht auf, es lag gut zwei Dutzend Meter von der Straße entfernt, aber ein Schild am Zaun wies darauf hin. Blühende Hibiskusbüsche zogen sich den Parkplatz entlang und rings um das Haus.

Einige Augenblicke blieb ich kurz am Zaun stehen. Das Restaurant bestand aus einem einstöckigen Gebäude, aus dem verführerische Gerüche kamen, wahrscheinlich die Küche, und aus einer Art überdachtem Biergarten mit Holzbänken und Holztischen, über die Tischdecken aus Kunststoff gespannt waren. Gemächlich ging ich den Weg von der Straße zum Restaurant hinunter. Niemand war zu sehen, aber ich hörte das Klappern von Besteck aus dem Gebäude, und ich roch frisch gegrilltes Fleisch. *Na los*, redete ich mir zu, *das wird jetzt probiert!*

Ich ließ mich an einem Tisch nieder, der im Freien auf einer Veranda stand. Balken aus wuchtigem Holz stützten ein schlichtes Dach, über das Pflanzen wucherten; eine sauber gestrichene Bretterwand, die so hoch wie die Tische war, umgab die Veranda. Von meinem Tisch aus hatte ich den Parkplatz und den Weg zur Straße im Blick. Bei Tageslicht sah man von anderen Tischen auf das Tal und die Stadt hinaus, nachts bot sich kein spektakuläres Panorama. Bierplakate schmückten die Wände, die Beleuchtung war zurückhaltend, und alles wirkte sehr sauber. Afrikanische Popmusik drang in dezenter Lautstärke aus einem kleinen Lautsprecher, der an dem Querbalken rechts hinter meinem Kopf hing.

Kaum saß ich, tauchte aus dem Gebäude eine junge Frau in weißer Schürze auf und erkundigte sich lächelnd nach meinen Wünschen. Ich fragte, welche Biere sie anzubieten hätte, sie nannte mir eine ganze Reihe, und ich bestellte das mir schon bekannte »33«, an das ich mich in den letzten Tagen gewöhnt hatte. »Was gibt es zu essen?«, fragte ich höflich. Eine umfangreiche Speisekarte hing an einem Balken, keine drei Meter von mir entfernt: Zahlreiche Speisen waren mit Kreide auf eine Tafel geschrieben worden.
Die Erfahrung aus verschiedenen Reisen lehrte mich, dass man diese Speisekarten getrost ignorieren konnte. Meist zeigten diese Karten nur, was theoretisch möglich war. Die meisten Restaurants boten am Abend ein Standardgericht an, mehr nicht, weil alles andere bei Bedarf bestellt werden musste. Wer ein spezielles Gericht wollte, bekam dies unter Umständen auch, musste aber warten, bis der Wirt oder die Leute in der Küche die Grundlagen dafür irgendwo besorgt hatten.
»Porc épic«, gab die junge Frau zur Auskunft. Ich wusste nicht, was das war, und schob das fehlende Wissen auf meine schlechten Sprachkenntnisse. Die Frau erklärte es mir in fließendem Französisch, aber hinterher wusste ich auch nicht mehr. Es klang nach Schwein, und ich hatte Lust, etwas auszuprobieren, also bestellte ich porc épic. Ging ich nach den Preisen auf der Speisekarte, erwartete mich ohnehin etwas Besonderes: Das Restaurant war um ein Mehrfaches teurer als die einfachen Restaurants, die an der nächsten Straßenkreuzung die üblichen lokalen Gerichte anboten.
Dort hatte ich am Vorabend gegessen, in einem unscheinbaren Restaurant, in dem es als einziges Essen »Foufou avec Sauce Gombo« gab. Dabei handelte es sich um einen Haufen aus klebrigem, eher nach nichts schmeckendem und sehr nahrhaftem Maniokteig. Dazu bekam ich einen Teller mit einer extrem schleimig wirkenden Soße, die für meinen Geschmack nicht gerade lecker aussah, aber sehr pikant schmeckte. In der Soße schwammen einige zähe Fleischstücke.
Besteck war nicht nötig, weil man in diesen Restaurants mit der Hand aß. Mit den Fingern der rechten Hand fuhr man in solchen Fällen in den Foufou, brach sich ein Stück ab, knetete dieses Stück ein bisschen zurecht, um es dann – als Ersatz für einen Löffel –

durch die schleimige Soße zu führen, in der Gemüsefetzen schwammen. Die Soße musste deshalb so schleimig sein, damit man sie auf den Foufou bekam.
Ich mochte das, aber im Restaurant »Hibiscus« würde ich sicher etwas anderes erhalten. Dafür würde das Essen etwas mehr kosten als die gerade mal 500 CFA, also nicht mal zwei Mark, für den Foufou.
Das Bier kam recht schnell, die junge Frau stellte es ab und verschwand wieder. Am Hauseingang blieb sie kurz stehen und blickte sich lächelnd zu mir um. Ich lächelte zurück und sah ihr zu, wie sie sich in der Abenddämmerung streckte; dann trat ein Mann zu ihr, breitschultrig und massig, der eine beschmierte Schürze anhatte. Die beiden redeten einige Worte und verschwanden im Haus.
Ich saß da, trank das kühle Getränk, schrieb einige Notizen in mein Tagebuch und schaute den Eidechsen zu, die über die Werbeplakate an den Wänden krabbelten. »Les aventures de Michel Power« versprach die Bierwerbung denjenigen, die Guinness tranken; andere Biersorten warben mit schönen Frauen und sportlichen Aktivitäten. Bei diesem Anblick fragte ich mich nicht zum ersten Mal während meines Aufenthaltes in Yaoundé, wie solche Werbung auf jene Menschen wirken musste, die sich das teure Bier erst gar nicht leisten konnten ...
Das Essen kam in zwei verschiedenen Tellern. Auf einem erhob sich ein großer Berg mit Kochbananen, im anderen schwappte eine lecker riechende bräunliche Soße, in der einige Fleischstücke lagen. Das Fleisch stellte sich als ungewöhnlich heraus; es schmeckte sehr würzig und war mit einer Haut überzogen, die ebenfalls einen seltsamen Geschmack aufwies. Nach »normalem« Schwein sah es nicht aus, und ich ärgerte mich darüber, weder meinen Reiseführer noch mein Wörterbuch dabeizuhaben.
Die Soße war mörderisch scharf, und ich nahm dazu reichlich von dem roten Gewürz, das in Kamerun zu vielen Gerichten gehörte. Ich war froh über das kühle Bier, das meinen erhitzten Rachen erfrischte. Mein Gaumen und meine Zunge brannten bereits, aber das Essen schmeckte unglaublich gut, und ich verspeiste alles, sogar die zähe Haut über dem Fleisch.
Nachdem ich den letzten Rest Soße aus dem Teller gefischt hatte, lehnte ich mich zurück und nahm einen Schluck aus dem Bier-

glas. In diesem Moment kam jemand die Straße herunter: einer jener seltsamen Männer mit dem verwirrten Blick, die nur mit einem Lendenschurz bekleidet waren und durch die Straßen von Yaoundé streunten. Zielsicher steuerte er auf mich zu und blieb direkt neben mir stehen, von mir nur durch die hölzerne, dünne Außenwand des Biergartens getrennt.

Er sprach mich in holperigem Französisch an, das er nur schwer über seine Zunge brachte. »Donnez-moi!«, verstand ich. »Geben Sie.« Ob er Geld wollte oder etwas zu essen, das wurde mir nicht klar, weil er danach nur noch in einer lokalen Sprache auf mich einredete.

Ich fühlte mich völlig hilflos. Diese Art der Ansprache war in Kamerun eher selten. »Schau mal«, sagte ich zu dem Mann, wobei ich zwar deutsch sprach, aber einen möglichst ruhigen Ton anschlug. »Essen kann ich dir jetzt keins mehr geben, weil ich beide Teller geleert habe.«

Noch während ich sprach, kam ich mir selbst peinlich vor. Ich rutschte in meinem Stuhl hin und her, um unauffällig an die Geldbörse in meiner Hosentasche zu kommen. *Mit ein bisschen Geld werde ich ihn vielleicht auch los,* dachte ich mit schlechtem Gewissen.

Ich hasste diese Art von Situationen, die in Afrika einfach nicht ausblieben. Meiner Ansicht nach konnte man ihnen nur entkommen, wenn man in teuren Hotels wohnte und nicht auf die Straße ging und ebensowenig in kleine Restaurants um die Ecke. Wer sich nur in Touristen-Resorts herumtrieb, wurde von den Schattenseiten des afrikanischen Daseins verschont – aber die wollte ich sehen, wenn ich durch ein afrikanisches Land reiste. Gleichzeitig fühlte ich mich in solchen Situationen stets hilflos und peinlich berührt.

Während ich noch nach meinem Geld suchte, stürzte aus dem Haus nebenan der Mann, der sich vorhin mit der Bedienung unterhalten hatte. Seine Schürze hatte er jetzt abgelegt; trotz seiner massigen Gestalt lief er energisch auf uns zu, hielt sich aber außerhalb der Begrenzung. Mit einem Stock in der Hand eilte er zu dem Bettler, stieß ihn zur Seite, weg von mir und weg von dem Restaurant, schrie ihn an, beschimpfte ihn in seiner Heimatsprache, gab ihm mehrere Schläge mit dem Stock, schubste den Mann, stieß ihn mit dem Stock, schrie und tobte.

Meine Hilflosigkeit und das Gefühl der Peinlichkeit wuchsen gleichermaßen. Ich erhob mich langsam, sagte halblaut »Monsieur ...«, wollte dem prügelnden Mann Einhalt gebieten und ihm erklären, dass mich der Bettler nicht gestört habe.
Der Bettler flüchtete; mit wankenden Schritten ging er den Weg hoch, verfolgt von dem prügelnden Koch. Dann verschwand er hinter dem Zaun und entkam auf die Straße, wo er in der Dunkelheit wohl zwischen den Passanten untertauchte.
Ich ließ mich an meinem Platz nieder, nahm einen Schluck Bier; meine Hand zitterte, und ich fühlte mich elend. Jetzt kam ich mir schuldig vor, schuldig an der Armut des Mannes und schuldig daran, dass er Schläge bekommen hatte.
»Entschuldigen Sie bitte.« Der Mann mit dem Stock stand genau an der Stelle, von wo aus mich der Bettler angesprochen hatte. »Er darf das nicht.« Er lächelte, als ob ihm die ganze Angelegenheit ebenfalls sehr peinlich sei.
Irgendwie war mir die Laune vergangen. Bevor der Mann sich umdrehen konnte, bat ich um »La Facture«, die Rechnung. Die Bedienung stand keine dreißig Sekunden später vor mir, ich bezahlte, gab Trinkgeld, trank mein Bier aus und verließ das Umfeld des Restaurants »Hibiscus« geradezu fluchtartig.
Im Hotel schaute ich übrigens nach. »Porc épic« ist nichts anderes als Stachelschwein. Zumindest behauptete das mein Wörterbuch.

Kolanüsse für die Nacht

Eine Geschichte aus Kamerun – 1999

Die Kolanuss sah aus wie jede andere auch: ein rötlicher Knubbel, fest in seiner Substanz und mit einer dicken Haut umgeben, der auf den ersten Blick wirkte, als habe man eine verschrumpelte Zwiebel mit einer Kastanie gekreuzt. Ich kannte die Nüsse gut, denn bei meinen früheren Afrikareisen hatte ich ihre segensreiche Wirkung nicht nur einmal kennengelernt: Man konsumierte eine solche Nuss, und sie wirkte im Idealfall wie eine Kanne starken Kaffees – ein Aufputschmittel oder ein Wachhalter.

»Schauen wir mal, ob die Nüsse auch in Kamerun zünden«, murmelte ich. Mit einem Anflug von Scham stellte ich fest, dass ich schon wieder anfing, Selbstgespräche zu führen. *Kein Wunder,* dachte ich, *nachdem ich seit zwei Wochen keinen Menschen getroffen habe, mit dem ich mich in meiner Muttersprache unterhalten kann.*

Es war Samstag in Yaoundé, der Hauptstadt Kameruns, kein Tag der Arbeit für die meisten der Einheimischen, sondern ein Tag, an dessen Abend man feiern sollte. Und deshalb aß ich die Kolanuss, Stück für Stück, wenngleich ihr bitteres Fleisch mir nicht besonders schmeckte. *Die lokalen Drogen Afrikas haben etwas für sich,* dachte ich. Diese Drogen, welche die Natur bereithielt, gab es für wenig Geld auf dem Markt. Ich brauchte nicht auf die Dienste der Zauberdoktoren zurückgreifen, die zwischen Bahnhof und Innenstadt ihre Stände aufgebaut hatten, wo sie nicht nur Kräuter und Wurzeln, Tinkturen und seltsame Getränke feilboten, sondern ebenso getötete Affen, Eidechsen und Tierreste aller Art.

Sorgfältig schnitt ich die Kolanuss in feine Scheiben. Im Inneren zeigte die Nuss ein helleres Rot als an der Außenhaut. Ich fertigte kleine Stücke an, keines davon größer als zwei, drei Millimeter. Dann legte ich das Taschenmesser zur Seite, nahm das erste Stück und schob es mir in den Mund. Die Nuss schmeckte bitter und ein bisschen säuerlich, und ich kaute sie langsam und genüsslich. Speichel floss in die Mundhöhle; ich unterdrückte das Bedürfnis, ihn auszuspucken, und schluckte ihn hinunter.

Die Kolanüsse hatte ich mir erst vor einigen Stunden auf dem Markt unweit des Bahnhofs gekauft, am Stand einer Frau, den ich zwischen dem eines Zauberdoktors und eines mobilen Exorzisten angetroffen hatte. Sie würden ihre aufmunternde Wirkung hoffentlich bald entfalten, und ich war mir sicher, einen Muntermacher zu benötigen. In der Bar schräg unter mir arbeiteten einige Männer, die unter lautstarken Zurufen und gelegentlichen Schimpftiraden eine Party für die Nacht vorbereiteten. Wuchtige Hammerschläge und das Klappern von Stuhlbeinen drangen zu mir auf den Balkon, dazu das Kreischen von Metall, das über Stein gezogen wurde. Ab und zu ging einer durch den Innenhof, den ich von meinem Platz aus gut einsehen konnte, trug Werkzeug oder einen Stuhl mit sich.

Ich aß zwei weitere Stücke, lehnte mich in meinem Stuhl zurück und schloss die Augen. Von allen Seiten drangen die Geräusche der Metropole auf mich ein. Verkehrslärm ertönte als ununterbrochenes Brummen aus der Ferne, gelegentlich rollte ein Auto auf der nahe verlaufenden Straße vorüber. Hühner gackerten in den Häusern der Tagelöhner unweit des bescheidenen Hotels. Kinder spielten ein Tanz- und Singspiel auf der Straße, begleitet von ausgelassenem Lachen. Laut palavernde Männer gingen auf dem Fußweg vorbei, der vor dem Hotel verlief und auf verschlungenen Pfaden durch das Dickicht im Tal bis hinüber zum Stadtzentrum führte.

Nachdem ich die Nuss gegessen hatte, steckte ich mein Taschenmesser ein, überprüfte erneut, ob die Seitentaschen meiner Hose geschlossen waren, und verließ den Balkon. Durch das düstere Treppenhaus ging ich hinunter, vorbei an dem vergitterten Zugang zur Bar. Ich winkte dem stets müde wirkenden Rezeptionisten, dessen Name ich mir nie merken konnte, freundlich zu; er sprach gerade mit den Arbeitern in der Bar.

Auf der anderen Seite des mit Schlaglöchern übersäten Weges bereiteten zwei Burschen einen Grill aus Eisen und Blech vor: Sie zerhackten Fleisch und richteten ein Feuer her. Ich war mir sicher, dass es am Abend Brochettes geben würde, jene Fleischspieße, die man in Kamerun – und anderen Ländern Westafrikas – gerne als kleine preiswerte Mahlzeit verspeiste. Neben den Burschen war eine Frau zugange: Sie dirigierte eine Handvoll Kinder, die Holzkohle und Wassereimer herbeischleppten. Auch hier entstand ein mobiles Restaurant.

Von der Straße herunter kamen mir großgewachsene Frauen entgegen, die sofort auffielen: Sie alle trugen einheitlich grüne

Kleidung, die traditionell geschnitten war, und einen roten Kopfschmuck, der eher westlichem Design zu entstammen schien. Als sie mich näher kommen sahen, unterhielten sie sich lautstark in ihrer eigenen Sprache, lachten viel und stimmten dann ein Lied auf Französisch an. Wie so oft verstand ich nicht viel, aber es schien sich um ein spöttisches Lied zu handeln, das von einem »Monsieur le Blanc« erzählte, möglicherweise eine Anspielung auf mich. Der Anblick war amüsant: fünf tänzelnde große schwarze Frauen in grünen Kleidern, die mir ein Lied vorträllerten. Grinsend ging ich an ihnen vorüber, und hinter mir sangen sie lachend weiter.

Ich bummelte zu der Straßenkreuzung, an der die Rue Manfred Otto Fouda auf die Avenue Germaine traf. An diesem Abend pulsierte das Leben an dem Platz, kein Vergleich zu jenem Tag, als ich zum ersten Mal dort gewesen war und mein erstes Bier in Yaoundé getrunken hatte. Zahlreiche Menschen waren auf den Gehwegen und auf der Straße unterwegs, alle Bars wirkten überfüllt, und überall waren Stände mit unterschiedlichem Essen aufgebaut worden.

An einem kleinen Stand, bewirtschaftet von zwei höchstens zwölf Jahre alten Jungs, kaufte ich ein Sandwich mit Brochettes. Einer der Jungs strahlte mich nur an, während sein Kompagnon mit einer scharfen Klinge ein Baguette der Länge nach aufschnitt. Ich deutete auf vier Spieße, zwei mit Hühner- und zwei mit Rindfleisch, und er fischte sie aus der Glut, streifte sie so im Brot ab, dass er die Spieße noch einmal benutzen konnte. Das Essen glänzte vor Fett.

»Recht so, Monsieur?«, fragte er. Als ich nickte, wickelte er das Sandwich in einen Fetzen Zeitungspapier ein, den er aus einem Stapel vom Boden zog. »Ich wünsche Ihnen einen guten Appetit. Schönen Abend!«

Ich drückte seinem Kumpel die 250 CFA in die Finger, die er verlangte, also nicht mal einen halben Euro, und hob grüßend die Hand. »Bis später!« Einige Meter abseits setzte ich mich auf den Gehsteig, unweit anderer Menschen, die dort ebenfalls ihr Abendessen zu sich nahmen, und schaute dem Geschehen auf der Straße zu.

Wie ich nach dem ersten Bissen feststellte, waren die Brochettes mörderscharf gewürzt, schmeckten aber vorzüglich. Heißes Fett lief mir über die Lippen und tropfte vom Kinn auf den staubigen Asphalt hinunter. Ich wischte den Mund und das Kinn mit dem Handrücken und einem Stück Brot ab.

Auf der anderen Seite des Platzes fiel mir der Eingang zu einer kleinen Bar auf, vor der ich schon am Vorabend gestanden war. Dort gab es nichts zu essen, es wurden nur Getränke angeboten, und gerade spielte eine flott klingende Jazzband. Durch das Fenster sah ich in den hell erleuchteten Raum, in dem vielleicht zwei, drei Dutzend Menschen saßen. Sie lauschten äußerst konzentriert.

Vielleicht später noch, nahm ich mir vor. *Ein Jazz-Konzert in Kamerun, das hätte was.* Ich beendete das leckere Mahl, wischte noch einmal den Mund mit dem Handrücken ab, schmierte das Fett von den Händen in das Papier, bevor ich es zerknüllte und zu dem anderen Müll am Straßenrand warf. Langsam bummelte ich über die Straßenkreuzung, wurde noch einmal von den zwei Jungs gegrüßt, bevor ich zurück zum Hotel ging.

Im Hotel »Grande Etoile« sah es noch lange nicht so aus, als beginne gleich eine große Party. Aber immerhin lief schon Musik, die ersten Autos standen vor der Tür, und einige Gäste saßen auf Stühlen und Bänken. Ich ging durch den Hoteleingang und die Treppe hoch in mein Zimmer, holte mir ein Buch und verzog mich auf den Balkon.

An meinem ersten Abend im »Grande Etoile« hatten mich die roten Lampen am Dach und auf dem Balkon irritiert, mittlerweile hatte ich mich an sie gewöhnt. Sie gaben nur ein schummeriges Licht ab, aber es reichte zum Lesen. Von unten drang afrikanische Popmusik hoch, eher ruhige Klänge, nicht so hektisch wie am Vortag, was mir deutlich besser gefiel. Ich hörte zu, wippte mit dem Kopf und mit den Beinen, las in meinem Buch, und irgendwann ging ich hinunter, um mir ein Bier zu holen.

Am Durchgang zwischen dem Hotel und der Bar saß Jacko, wie er sich nannte, einer der Helfer des Rezeptionisten. »Viel Spaß, Monsieur Klaus«, wünschte er und grinste. »Es wird bestimmt ein schöner Abend.«

»Später«, sagte ich, »ich werde erst später kommen.«

Der eigentliche Gastraum war nach wie vor fast leer. An den Tischen waren einige Menschen in angeregte Gespräche vertieft, und auf der Tanzfläche bewegten sich zur langsamen Musik einige Frauen, schätzungsweise zwischen 30 und 40 Jahren alt, die traditionelle Kleidung trugen. Ich kaufte mir eine Flasche »33« – das lokale Bier – und ging zurück auf den Balkon, wo ich unter den roten Lampen die Ereignisse des Tages in mein Notizbuch schrieb.

Als ich zu meinem Zimmer zurückging, stand die Tür zum Zimmer gegenüber offen. Drei junge Männer gammelten auf dem Bett herum, und einer von ihnen winkte mir zu. Ich grüßte zurück und blieb stehen. Zwei von ihnen rauchten, kümmerten sich nicht darum, dass Aschekrümel auf das Laken fielen. Das Zimmer war so groß wie das meine. *Übernachten die alle drei drin?,* überlegte ich.

»Wir wollen heute Abend noch etwas unternehmen«, erzählte mir der eine, nachdem wir Floskeln ausgetauscht hatten. »Wir haben die ganze Woche hart gearbeitet, und jetzt wollen wir die freie Zeit nutzen.«

»Kommt ihr nachher auch in die Bar, zur großen Party?«

»Das wohl nicht.« Er schüttelte den Kopf, grinste mich direkt an. »Wir wollen irgendwohin, wo mehr junge Mädchen sind, du weißt schon.«

Ich nickte. Sie fragten mich über meine Heimat aus, ob ich verheiratet sei und welchen Beruf ich hätte. Das Übliche eben, die Fragen, die einem fast jeder Afrikaner stellte, wenn sich die Gelegenheit dazu bot.

»Ich bin Geschäftsmann«, sagte der Mann, der am meisten sprach. »Ich handle mit verschiedenen Waren, Kleidung und Früchte beispielsweise, und ich will unbedingt einmal nach Deutschland, um auch dort Geschäfte zu machen.« Ob ich ihm nicht helfen könne, ein Geschäft in Deutschland aufzubauen, und ob ich ihm nicht meine Adresse von zu Hause geben könne.

Es war der schätzungsweise hundertste Versuch im Verlauf dieser Woche, meine Adresse zu erhalten. Für die Menschen in Kamerun war Deutschland eine Art Paradies. Bevor das Land zwischen den Kolonialmächten England und Frankreich aufgeteilt worden war, hatte es für kurze Zeit zum Kolonialreich Deutschland gehört. Bizarrerweise verherrlichten viele Menschen diese Zeit, schoben all ihre Probleme auf die Kolonialmächte danach und auf die ausbeuterische Politik ihrer aktuellen Regierung.

Die Deutschen galten als diejenigen, die die ersten Straßen und Schulen gebaut und überhaupt erst das Land Kamerun geformt hatten, und aus diesem Grund schlug mir immer wieder Sympathie entgegen, die mich manchmal verwunderte, manchmal amüsierte, manchmal aber auch abstieß.
Meine Anschrift rückte ich allerdings nie heraus. Das hätte nur falsche Hoffnungen geweckt, die ich nicht erfüllen konnte. Auch die drei jungen Männer erhielten sie nicht. Ich redete mich heraus, machte einige alberne Witze, wir lachten gemeinsam, und dann ging ich in mein Zimmer.
Zwischen dem Klo und der Dusche stand noch ein Rest des Wassers, das am Morgen beim Duschen übergelaufen war. Es würde im Verlauf der Nacht endgültig verdunsten. Ich legte mich aufs Bett, wo ich mein eigenes Leintuch über die Bettwäsche des Hotels ausgebreitet hatte, blickte zur fleckigen Decke hoch und döste ein wenig vor mich hin.
Schlafen konnte ich nicht, ich war hellwach. Möglicherweise die Wirkung der Kolanuss. Sicherheitshalber kaute ich weitere Stücke der Nuss, die ich auf einem Stück Papier aufbewahrt hatte, und schluckte sie mit viel Speichel hinunter. Von unten drang Musik zu mir hoch; es gab in diesem Hotel nicht die geringste Schallisolierung. Mein Zimmer besaß ein Fenster zum Hof, das mit Brettern vernagelt war, und direkt darunter befand sich die Bar. Für mich gab es in dieser Nacht keine Chance, der Party zu entkommen.
Unternehmungslustig grinste ich den zerkratzten Spiegel neben der Zimmertür an.

Eine Stunde später hatte ich mein Bier ausgetrunken; mit der leeren Flasche in der Hand ging ich in die Bar hinunter. Wieder nahm ich die Zwischentür, die das Hotel mit der Bar verband. Im Inneren waren jetzt alle Sitzplätze belegt. Auf der Tanzfläche herrschte starkes Gedränge, in dem die Tänzer kaum Platz hatten. Außerhalb des Gebäudes, wo ebenfalls Tische und Bänke standen, saßen viele Menschen, und ständig kamen weitere hinzu.
Als ich Jacko sah, ging ich zu ihm. Ich zeigte ihm meine Uhr. »Kannst du mir sagen, wie spät es ist? Das Ding geht nicht richtig.«

Er hob die Schultern und grinste mich an. *Kein Problem,* dachte ich und wandte mich zur Seite.
Auf einmal stand ein großer Mann neben mir. Sein dunkelhäutiges Gesicht blickte auf mich herunter, und der Geruch von Alkohol und Speiseresten traf mich, als er mich ansprach.
»Was wollen Sie hier?«, fragte er mit schwerer Zunge in einem akzentbehafteten Französisch. »Sie sind ein Weißer. Das ist eine Veranstaltung für Schwarze.«
Ich starrte ihn an. *Rassismus?,* schoss es mir reflexhaft durch den Kopf. Zum ersten Mal überhaupt während meiner Reisen in Afrika wurde ich damit konfrontiert, dass mich jemand wegen meiner Hautfarbe negativ anging. Wie sollte ich mich verhalten? Eine Diskussion brauchte ich nicht anzufangen; der Mann wirkte entschlossen und betrunken gleichermaßen.
Jacko ging dazwischen, sagte etwas in der örtlichen Sprache, das ich nicht verstand, und zog mich zur Seite und durch die Tür zum Hotel. Hinter mir verriegelte er die Tür, so dass uns der Mann nicht folgen konnte.
»Er ist betrunken und gefährlich, er ist ein Rassist«, sagte er. »Bitte entschuldigen Sie, aber solche Menschen gibt es auch bei uns. Wir kennen ihn, er heißt Arnaud und ist eigentlich ganz in Ordnung. Nur wenn er getrunken hat, wird er zu einem bösen Menschen. Seien Sie bitte vorsichtig, wenn Sie wieder kommen.«
Ich nickte nur, und Jacko ging zurück. Streit wollte ich in der Tat keinen, vor allem nicht mit einem Kerl, der größer als ich war und garantiert stärker.
Kurzfristig fühlte ich mich ernüchtert. Das gefiel mir nicht, auch wenn ich wusste, dass es sich bei diesem Mann um einen absoluten Einzelfall handelte. Ich fühlte mich ausgestoßen und von den Feiernden weggeschubst.
Mit dem Rücken lehnte ich neben der Zwischentür; direkt vor mir war die Rezeption, in der um diese Zeit niemand Dienst tat. Eigentlich war ich in bester Partystimmung. Zu dieser Party wollte ich allerdings nicht zurück.
Also schlug ich erneut den Weg zur Straßenkreuzung ein. Dort drängten sich die Menschen auf den Gehsteigen: Männer in Anzügen und Frauen in teils traditionellen, teils europäischen Kleidern, dazwischen immer wieder Jugendliche. Sie unterhielten sich laut und wirkten ausgelassen. Autos bewegten sich langsam

zwischen den Passanten. Die Jazzkapelle spielte mittlerweile vor ausverkauftem Haus; in der Bar fand niemand mehr auch nur einen Stehplatz. Sogar vor den Fenstern drängten sich Leute, um einen Blick zu erhaschen.
Vor der Kneipe, wo ich vor zwei Abenden leckeren Foufou – ein regionales Teiggericht – gegessen hatte, tanzten einige Leute zu der Musik, die aus dem Lautsprecher des nebenan liegenden Musikladens drang. Neben parkenden Autos urinierten Männer und auch Frauen direkt auf den Gehsteig. Öffentliche Toiletten gab es keine in dieser Stadt, zumindest hatte ich noch keine gesehen, und in den einfachen Bars und Restaurants fehlten die sanitären Anlagen sehr häufig. Überall standen und lagen leere Bierflaschen, die von einigen älteren Männern eingesammelt wurden, die ärmlich aussahen und sich auf diese Weise wohl ein kleines Zubrot verdienten.
Ich ließ mich eine Weile durch die bunte Stimmung des Platzes und seiner Umgebung treiben. Einige verwunderte Blicke registrierte ich, die wohl mir galten. Als einziger Weißer an diesem Platz war ich sicher ein Exot.
Zurück in meinem Zimmer aß ich den Rest der angebrochenen Kolanuss. *Das sollte für den Rest der Nacht reichen,* dachte ich, als ich das Messer sowie die anderen Nüsse in meine Reisetasche steckte.
Auf der Hotelterrasse stehend, ließ ich erneut den Anblick des nächtlichen Yaoundé auf mich wirken. Die Lichter der Häuser zogen sich wie feine Punkte aus gelb und rot über die Hügel, im Tal bewegten sich die Autos über die Brücke beim Bahnhof wie kleine Ameisen, und über der Stadt brummte ein Hubschrauber, der vielleicht gerade eine Gruppe von Regierungsbeamten transportierte. Die Luft war warm, und sie roch nach Bratenfett und Menschen, nach Tieren und dampfenden Pflanzen im Tal. Ich fühlte mich in Yaoundé schon fast wie zu Hause.
Vielleicht ist es an der Zeit, endlich weiterzureisen, dachte ich. Aber an diesem Abend wollte ich noch ein bisschen Spaß haben.

In der Bar hatte sich das Gedränge auf der Tanzfläche weiter gesteigert. Ich quetschte mich zwischen den Tanzenden hindurch, höflich nach allen Seiten nickend. Hinter dem Gitter, das vom hölzernen Tresen bis zur Decke reichte, arbeitete eine Frau; Pulks schwitzender Männer und Frauen umlagerten sie und riefen ihre Bestellungen. Eine weitere Frau arbeitete offensichtlich als Ausschank draußen: Sie kam ab und zu, holte neue Flaschen und verließ mit schnellen Schritten den eingegitterten Bereich.

Zwei junge Männer winkten mich nach vorne, als ich mich ganz hinten in einen Pulk einreihen wollte, einer klopfte mir aufmunternd auf die Schulter, und dann stand ich auch schon an der Theke, bestellte mein Bier, bezahlte es, bekam eine Flasche und quetschte mich wieder hinaus ins Freie.

Auf einer Bank im Außenbereich war ein Platz frei; ich setzte mich und lehnte mich gegen die Mauer. Über mir schimmerte der Himmel in samtigem Schwarz mit hellen Punkten, links davon sah ich die roten Lampen des Balkons, auf dem ich vorher gesessen war. Rechts von mir war der Eingang, von zwei Türstehern bewacht, durch den immer wieder neue Gäste strömten. Auf der Straße hinter mir hielten Autos, andere fuhren ab. Türen wurden lautstark zugeschlagen, Menschen unterhielten sich lachend. Am Rand des Gastbereichs fühlte ich mich mehr als Beobachter denn als Teilnehmer und genoss die Situation.

Ein junger Mann, der eine rote Zipfelmütze trug, stach mir ins Auge. Er wirkte sportlich und durchtrainiert, und er tanzte mit ausladenden Bewegungen vor einzelnen Frauen. Er drehte sich hin und her, wackelte mit den Armen und drehte den Kopf, als ob dieser in einem lockeren Gewinde steckte.

Ich war nicht der einzige, der ihm zuschaute: Männer betrachteten ihn kritisch, Frauen lächelten ihn gelegentlich an. *Ob er wohl eine abbekommt?,* überlegte ich, als er vor einer jungen Frau seinen Balztanz aufführte. Allerdings war ich mir bei seiner Taktik nicht sicher, ob sie funktionierte: Zu häufig wechselte er das Objekt seiner Begierde.

Mein Bier war rasch leer, kein Wunder bei den immer noch hohen Temperaturen. Irgendwann, so überlegte ich, würde ich die richtige Bettschwere haben, um trotz der Tanzmusik gut zu schlafen. *Oder ich futtere noch eine Kolanuss und bleibe länger wach,* dachte ich.

Vier junge und sehr fröhlich wirkende Leute steuerten die Bank an, auf der ich mich niedergelassen hatte: zwei Mädchen und zwei junge Männer, allesamt sehr europäisch aufgemacht und mit Bierflaschen in den Händen. Die Mädchen hatten künstlich geglättete Haare und lange lackierte Fingernägel, sie trugen für meinen Geschmack ein bisschen arg viel Schminke. Die zwei jungen Männer wären mit ihrem schicken Outfit in einer deutschen Nobel-Diskothek kaum aufgefallen.

Das Mädchen, das sich neben mich setzte, hieß Patrice; sie machte einen munteren Eindruck und verwickelte mich sehr schnell in ein Gespräch. Wegen meiner mangelnden Sprachkenntnisse verlief es anfangs sehr umständlich und langsam. Sie fragte mich, woher ich sei, und ich musste ihr von Deutschland erzählen. Sie wiederum berichtete von ihrem Job – alle vier arbeiteten in einer Bank, wo sie gut verdienten. Immer wieder lachten wir, weil mir irgendwelche französischen Worte nicht einfallen wollten. Wir stießen mit den Bierflaschen an und amüsierten uns über den Mann mit der Zipfelmütze.

Patrice trank nur wenig; sie blieb bei der einen Flasche, mit der sie gekommen war. Jedesmal, wenn ich mir eine neues »33« holte, fragte ich, ob ich ihr ein Bier mitbringen sollte. Und jedesmal lächelte sie nur und lehnte dankend ab.

Wahrscheinlich hält sie mich für einen Alkoholiker, fiel mir irgendwann auf. Ich trank ein Bier nach dem anderen und zeigte bislang keine Anzeichen von Betrunkenheit. Damit unterschied ich mich tatsächlich von manchem Besucher, der bereits durch die Reihen schwankte. Manche Männer tranken sehr schnell, schienen aber nicht so viel zu vertragen. Trotzdem gab es nicht das geringste Anzeichen dafür, dass sich Leute vor der Tür verprügeln wollten. Ein großer Unterschied zur Aggressivität, die mir bei alkohollastigen Veranstaltungen in Deutschland immer wieder aufgefallen war.

»Wollen Sie mit mir tanzen?«, fragte mich Patrice irgendwann. Verwundert schaute ich sie an; damit hatte ich nicht gerechnet. Die Bankangestellte sah gut aus, und ich fühlte mich geschmeichelt. In jeder deutschen Lokalität hätte ich gern mit ihr getanzt. An diesem Abend aber fühlte ich mich eher wie Falschgeld: Mit meinen schweren Stiefeln, meinem verwaschenen T-Shirt, den abstehenden Haaren und den verwaschenen Hosen würde ich zwischen den zahlreichen gut aussehenden schwarzen Menschen auf der Tanzfläche aussehen wie eine weiße Wurst, die sich zwischen Menschen in Badelatschen und Sandalen bewegte wie ein Trampeltier.

»Nein, ich tanze nicht so gern«, behauptete ich verlegen.
»Können Sie dann auf unsere Taschen aufpassen?«, gab sie zurück.
Ich nickte, und sie ließen ihre Getränke sowie einige Jacken und Tücher zurück, bevor alle vier auf die Tanzfläche stürzten. *Ganz schöner Abstieg,* dachte ich griesgrämig, *vom Weltreisenden zum Garderobenmann.*

Zwar hatte ich keine Uhr, aber ich schätzte, dass es jetzt gut zwei oder drei Uhr war. Die Party kochte immer weiter hoch. Schweiß waberte unter der Decke, vermischt mit Zigarettenqualm, drang in dichten Schwaden heraus in den Innenhof und stieg von dort nach oben, angestrahlt von den roten Lampen auf dem Balkon.
Auf einmal sah ich den großen Schwarzen, der mich vorher fast in einen Konflikt verwickelt hätte. In angetrunkenem Zustand schob er sich durch die Menge; rücksichtslos drückte er Menschen voneinander weg, um an die Theke zu kommen. Ich sah ihm nach, bis er wieder aus meinem Blickfeld verschwunden war. Arnaud hieß er, fiel mir jetzt ein – sicherheitshalber sah ich mich nach Jacko um, aber ich konnte den Burschen nirgends sehen.
Notfalls haue ich eben ab, dachte ich und versuchte die Anspannung zurückzudrängen, die mich unvermittelt gepackt hatte. Ich kramte in meiner Tasche und fischte einige kleine Brocken Kolanuss heraus, die ich mir in den Mund steckte. Mit einem kräftigen Schluck Bier spülte ich sie hinunter. Zwar war ich immer noch hellwach, aber die zusätzlichen Nüsse konnten nicht schaden.
Mein Blut schien stärker zu pulsieren; ich merkte, wie sich in meinem Bauch wohlige Wärme ausbreitete. Vielleicht sollte ich etwas essen, um den Magen zu beruhigen? Überall tanzten nun die Leute, in beiden Tanzsälen ebenso wie auf den Treppen, zwischen den Stühlen und Tischen. An der Tür herrschte ein stetes Kommen und Gehen, am Bierstand war ebenso viel los wie an der Kasse am Eingang.
Einige Jungs und Mädchen, vielleicht acht Jahre alt, arbeiteten in der schwülwarmen Nachtluft: Sie verkauften Eier und andere Kleinigkeiten. Ich vermutete, dass sie zu der Frau gehörten, die vor dem Hotel ihren Stand aufgebaut hatte.
Mit verschüchtertem Gesichtsausdruck ging ein kleines Mädchen an mir vorbei, höchstens sechs oder sieben Jahre alt. Kin-

derarbeit war in Kamerun etwas sehr Normales; ich sah es nicht zum ersten Mal, und ich wusste, dass diese Kinder häufig halfen, das Grundeinkommen einer kleinen Familie zu sichern. Es traute sich nicht, die Besucher der Veranstaltung anzusprechen. In einem Korb trug es hartgekochte Eier, auf einem kleinen Teller lag Kleingeld.

Ich stoppte das Kind, indem ich es an der Schulter antippte. Erschrocken blickte mich die Kleine an. »Ich will nur ein Ei«, sagte ich und lächelte.

Die französischen Worte verstand das Mädchen wahrscheinlich nicht, aber es lächelte mich verschüchtert an. Es reichte mir ein Ei, ich bezahlte den geringen Betrag, umgerechnet nur wenige Cent. Ich schälte das Ei, ließ die Schalen einfach auf den Boden fallen. Das Mädchen träufelte aus einer verschmierten Flasche etwas rote Soße über das Ei, lächelte noch einmal und ging weiter.

Die scharfe Soße brannte, das Ei schmeckte sehr gut. Es beruhigte sogar den Magen, aber die Soße zwang mich geradezu, gleich wieder zur Flasche zu greifen. Mittlerweile war ich zum »Baobab« übergegangen, ein anderes lokales Bier; es war preiswert und schmeckte gut gekühlt lecker. Und ich spürte den Alkohol immer stärker.

Patrice und ihre Begleiter kamen zurück, vom Tanzen ganz erhitzt, und setzten sich auf die Bank. »Ich komme wieder«, sagte ich und stand auf. Mit der Flasche in der Hand drängte ich mich vorsichtig zwischen den Tischen hindurch. Überall tanzten die Menschen, es war so voll, dass ich keinen geraden Weg gehen konnte.

Ich wurde aufgefordert, mich an einen Tisch zu setzen und mitzufeiern, aber ich verwies immer auf meine neu gewonnenen Bekannten in der anderen Ecke der Bar. Mangels Platz zwischen den Sitzgelegenheiten tanzten immer mehr Leute auf den Tischen. Flaschen klirrten im Takt der Bewegung, fielen zu Boden, wurden wieder aufgehoben oder blieben liegen. Überall sah ich nur lachende Gesichter und fröhliche Mienen, eine Masse aus glänzenden Augen und weißen Zähnen.

Weil ich sehen wollte, was sich außerhalb abspielte, verließ ich das Hotelgelände. Vor den Mauern standen mehrere Autos, meist sehr schöne Fahrzeuge, die offensichtlich regelmäßig ge-

pflegt wurden. Ein Chauffeur in dunklem Anzug polierte eben den Rückspiegel seines Wagens, der auffallend dunkle Scheiben besaß. Noch immer waren viele Menschen im Licht der Scheinwerfer unterwegs; sie unterhielten sich lebhaft und lachten viel. Die Musik drang über die Mauern des Hotels und schien alle zu beflügeln. Selbst die dickbäuchige Frau, die in einem improvisierten Verschlag Fische brutzelte, tanzte zur Musik und sang mit, während sie Brot aufschnitt, Fett auf ihren Grill träufelte oder die Fische wendete.
Die Burschen am Nachbarstand, die Brochettes anboten, leisteten in verschwitzten und fettverschmierten T-Shirts wahre Schwerarbeit. Mehrere Paare standen an und warteten auf ihr Essen, weitere saßen daneben auf provisorischen Bänken und aßen. Vor den Hütten der Tagelöhner urinierten betrunkene Männer gegen Bäume. Einige Hunde liefen orientierungslos durch die Gegend.
Und über allem knallte ein grandioser Sternenhimmel, ohne jegliche Begrenzung, mit Sternen ohne Zahl. Ich blickte zum Himmel hoch, ging in angenehmer Betrunkenheit über den Vorplatz und genoss den warmen Wind, der aus dem Tal kam und den feinen Geruch der Bananen mit sich brachte, die dort wuchsen.
Am Eingang zur Bar standen zwei Türsteher, die mich lachend begrüßten. »Zurück vom Spaziergang, Monsieur?«, scherzte der eine, der an der Kasse stand. Der andere, bei dem die Gäste einen Bon für ein Freigetränk erhielten und der die Eintrittskarten aushändigte, klopfte mir freundschaftlich auf die Schultern. Sie winkten mich durch, anscheinend hatten sie mich als Hotelgast erkannt.
Langsam ging ich zu meinen Platz zurück. Patrice strahlte mich an. Wenn ich mich nicht irrte, hatte sie immer noch dieselbe Bierflasche in der Hand. »Wollen Sie nun mit mir tanzen?«, fragte sie.
»Warum nicht?« Wahrscheinlich war ich schon zu betrunken, um ablehnen zu können.
Die junge Frau nahm mich an der Hand und zog mich auf die rappelvolle Tanzfläche. Im Gedränge brauchte ich mich kaum zu bewegen, also schaukelte ich im Takt der Musik hin und her, hob mal den einen, mal den anderen Fuß.
Patrice und ich bewegten uns auf die Weise, wie ich sie von anderen Ländern Afrikas kannte: Zum afrikanischen Pop tanzte man

zwar eng zusammen, fasste sich aber nicht an. Wir lächelten uns an, ab und zu versuchte Patrice gegen den Lärm der Lautsprecher anzusprechen, aber ich verstand nie etwas, und als das Lied zu Ende war, blieben wir für das nächste und das übernächste.
Ich war nach wie vor der einzige Weiße im »Grande Etoile«. Seit mich Arnaud, der große Schwarze, vor Stunden angesprochen hatte, fühlte ich mich komplett wohl. Wenn andere Tänzer an mir vorüberkamen, lächelten sie mir häufig zu.
Da ich nicht mehr sehr frisch war und mich ohnehin nie als guten Tänzer bezeichnet hätte, blieb es nicht aus, dass ich gelegentlich einen anderen Tänzer oder eine Tänzerin anrempelte. In diesen Fällen entschuldigte ich mich sofort dafür, was mit freundlichen Handbewegungen quittiert wurde. Es hätte stundenlang weitergehen können, aber ich wurde langsam doch müde. Vielleicht wurde die Wirkung der Kolanuss langsam von der des Biers überdeckt.
Mit Patrice an der Hand kämpfte ich mich zur Theke, wo ich ein neues Bier kaufte. Der Andrang hatte deutlich nachgelassen, aber ich sah die Spuren des Abends: Berge von Kronkorken lagen auf dem Tresen und auf dem Fußboden, dazwischen Zigarettenkippen und Essensreste.
Gemeinsam gingen wir zu den anderen zurück. Als hätten sie darauf gewartet, drängten die zwei jungen Männer auf einmal zum Aufbruch. Mit mir redeten sie nicht viel, aber sie sprachen hektisch auf ihre Begleiterinnen ein. Patrice schaute mich verlegen an und hob entschuldigend ihre Schultern.
Mit einem strahlenden Lächeln verabschiedete sich meine Tanzpartnerin von mir, auch ihre Freundin wirkte sehr freundlich, während die jungen Männer deutlich distanziert blieben. Ich begleitete sie zum Ausgang und sah, dass einem der zwei Männer eine Limousine japanischer Bauart gehörte. Sie stiegen nacheinander ein, unterhielten sich noch kurz mit dem Chauffeur, der mittlerweile die Stoßstange seines Fahrzeugs polierte, dann fuhren sie. Ich winkte ihnen nach, aber ich wusste nicht, ob man mich im Licht der Scheinwerfer überhaupt erkannte.

Es reichte. Mit einem leichten Anfall von Melancholie stand ich im Hof, die Bierflasche in der Hand. Sollte ich noch einmal zurück gehen? Die Kolanuss hielt mich nach wie vor wach; ich war nicht

müde, ich war nicht erschöpft, aber ich hatte auch keine große Lust, allein und ohne Gesprächspartnerin am Rand der Party zu sitzen.
Kurz entschlossen ging ich zur Hoteltür. Der Rezeptionist saß auf den Stufen der kleinen Treppe und rauchte eine Zigarette. Langsam stand er auf, als ich näherkam. »Haben Sie sich gut amüsiert, Monsieur Klaus?«
Ich nickte. »Ja, sehr.« Mit der Linken wies ich auf die Bierflasche, die ich in der rechten Hand trug. »Das ist der gemütliche Rest.«
Mit einem Geräusch, das wie eine Mischung aus Lachen und Seufzen klang, trat er zur Seite. Ich trat durch die offene Tür, durchquerte den Rezeptionsbereich und ging durch die dunkle Treppe nach oben. Ich fühlte mich aufgewühlt und hellwach, die von unten hoch dröhnende Musik pulsierte in meinen Adern.
Wieder setzte ich mich auf die Terrasse. Ich stellte meinen Stuhl direkt an die Brüstung, blickte auf die nächtliche Stadt und das bunte Treiben zu meinen Füßen hinunter. Nur noch wenige Autos standen auf dem Platz. Die dicke Frau baute ihren Stand ab, während die zwei Burschen mit ihren Brochettes unentwegt weiter wirbelten.
Zwei müde wirkende Kinder kamen die Straße herunter, Körbe mit Eiern in den Händen. »Ob die um diese Zeit noch was verkaufen?«, überlegte ich halblaut.
Der Verkehr auf der Straße hatte nachgelassen, viele Lichter der Stadt waren längst erloschen. Yaoundé kam langsam zur Ruhe. In kleinen Schlucken trank ich die Flasche leer.
Als ich irgendwann ins Bett kroch, betrunken und verschwitzt, schimmerte es am Horizont bereits hell, und zwischen den Tischen und Stühlen tanzten immer noch Dutzende von Männern und Frauen.

Unterm Sonnendach

Eine Geschichte aus Kamerun – 1999

In Deutschland galt ich als ungeduldiger Mensch, aber in Afrika veränderte sich mein Zustand recht schnell. Warten machte mir seltsamerweise nichts aus, und ich gewöhnte mich schnell daran, dass manche Dinge einfach eine Stunde länger dauerten als in der kühlen Heimat. Auch an diesem Sonntag hatte ich mich auf eine lange Wartezeit eingestellt, ebenso darauf, dass ich mich langweilen würde. Aber die Zeit verlief quälend – und langsamer, als ich es mir zuvor ausgemalt hatte. Ein Blick auf die Uhr überzeugte mich davon, dass es kurz nach zwölf Uhr war. »Viel zu früh«, murmelte ich.

Unter meiner Baseballkappe sammelte sich der Schweiß, und wenn ich die Kappe anfasste, merkte ich, dass sie feucht war. Und es würde noch dauern, bis es losging. Seufzend lehnte ich mich gegen die Wand.

Seit über einer Stunde wartete ich im Bahnhof – dem Gare des Voyageurs – in Yaoundé darauf, dass mein Zug nach Ngaoundéré einlief. Ich wollte die Hauptstadt Kameruns, in der ich mich vier Tage lang aufgehalten hatte, verlassen und nach Norden fahren, und als einzig brauchbare Verbindung empfahlen sowohl der Reiseführer als auch Einheimische den Zug: Dieser war schnell und einigermaßen preiswert, und er bot eine direkte Verbindung an, die es mit Minibussen über die Straße gar nicht gab.

Ich hatte eine Fahrkarte erster Klasse gebucht, was umgerechnet zwei Euro mehr gekostet hatte als die zweite Klasse. In der ersten Klasse bekam ich ein Bett im Schlafwagenabteil, und das war mehr an Komfort als eine Holzbank, die ich mit ganzen Familien teilen musste, mit quengelnden Kindern, mit lebenden Tieren und Gepäck.

Auf diese Familien konnte ich schon jetzt hinunterschauen: Als Passagier der ersten Klasse saß ich auf einer Art Galerie im ersten Stock, von der aus ich in die Bahnhofshalle blickte. Die Halle war erst kürzlich umgebaut worden und sah nach wie vor aus wie eine Baustelle: Der Boden ähnelte einem festgetrockneten Acker, und überall standen Werkzeuge. Der feine Geruch von Schweiß stieg von unten zu mir hoch, aber ich wusste, dass ich bei diesem trockenen und heißen Wetter ebenfalls nicht gut roch.

Einige Dutzend Menschen warteten schon, ständig kamen neue hinzu. Sie saßen auf ihren Gepäckstücken und redeten wenig miteinander – sie warteten einfach; das Summen von Stimmen drang leise zu mir. Viele von ihnen trugen die traditionelle Kleidung, die ich mit den Bewohnern Nordkameruns assoziierte. Andere standen in Schlangen vor den Schaltern für die zweite Klasse oder vor den Zugängen zum eigentlichen Bahnsteig. Überall waren Wachleute zu sehen, die Ordnung schaffen sollten; sie trugen Knüppel, die sie gelegentlich dazu nutzten, Menschen zur Seite zu schieben.

Nachdenklich ging ich hinaus ins Freie. Von einem großen Balkon, über dem ein Sonnendach ausreichend Schatten spendete, überblickte ich das Geschehen auf der Straße vor dem Bahnhof. Die Hitze ließ die Luft flimmern, und wer konnte, hielt sich im Schatten auf.

An den zahlreichen Ständen – meist waren es bescheidene Bretterbuden – wurde wie immer gearbeitet und gehandelt, Menschen kauften ein, andere saßen vor kleinen Restaurants und aßen. Hier hatte ich selbst schon einmal ein Mahl zu mir genommen, und es hatte nicht einmal schlecht geschmeckt. Einige Buden waren verriegelt und verschlossen, anscheinend hielten sich manche Händler und Gastwirte an die Sonntagsruhe.

Neben mir, auch im Schutz des Sonnendaches, kauerte ein Mann, dessen Alter ich auf etwa vierzig Jahre schätzte. Sicher war ich mir nicht: Seine Gesichtszüge schienen für vierzig zu glatt, aber seine Haare waren weiß. Auf seinen extrem dünnen, verkrüppelten Beinen konnte er nicht stehen; ich nahm an, dass es sich um Folgen der Kinderlähmung handelte. So schleppte er sich auf den Händen und auf den Knien voran und kroch zu mir.

Bettelnd hob er die offene Hand zu mir hoch. Ich gab ihm ein 50-CFA-Stück und fühlte mich ziemlich schäbig, ihm nur so wenig Geld zu geben. Er bedankte sich und kroch in seine Ecke zurück, wo er sich gegen die Wand lehnte, den Hintern auf einem Stück Pappe. Später lag der Mann auf dem Rücken und stierte gegen das Sonnendach, die Augen geöffnet und den Mund geschlossen.

Gelegentlich kamen Menschen, vielleicht ebenfalls Passagiere der ersten Klasse, die vom Balkon aus über die Straße blickten. Jedesmal kroch der Gelähmte zu ihnen und bettelte sie an. Keiner gab ihm etwas, die meisten würdigten ihn keines Blickes.

Nach einiger Zeit verließen die Menschen stets wieder den Balkon. Ich hörte ihre Schritte, wenn sie die Treppe hinuntergingen und sich in den Wartesaal begaben. Der Bettler blickte ihnen eine Weile nach, bevor er seinen Oberkörper wieder auf den Boden senkte, zurück an seinen Platz kroch und dort wieder auf dem Rücken lag.
Fliegen tanzten auf dem Balkon in der Luft. Wenn sie sich auf meinen Oberarmen, meinen Händen oder in meinem Nacken niederließen, ignorierte ich sie. Nur wenn sie auf meiner Nase oder den Ohren herumkrabbelten, verscheuchte ich die Tiere.
Der Gelähmte schien mit ihnen weniger Schwierigkeiten zu haben: Er ließ zu, dass sie über sein Gesicht und seine nackte Beine krochen. Fliegen liefen über seinen Mund, über seine Wangen und über seine Augenbrauen, ohne dass er sich rührte.
Mehrmals überlegte ich mir, ob ich zu ihm gehen und die Tiere verscheuchen sollte. Aber aus einer Mischung aus Scham und Hilflosigkeit blieb ich an der Balkonbrüstung stehen, setzte mich so auf sie, dass ich die Straße beobachtete, ohne ihn im Blick zu halten.
Was soll ich auch tun, um ihm zu helfen, versuchte ich mein schlechtes Gewissen zu beruhigen.
Ab und zu kroch der Bettler zu der Brüstung, keine eineinhalb Meter von mir weg, schaute mich aber nicht an. Dort richtete er sich auf seinen verkrüppelten Beinen auf, so dass sein Kopf gerade über die Brüstung reichte. Als ein Mann über die Straße ging, den er anscheinend kannte, rief er ihm ein »Ça va?« zu, gefolgt von einem Namen. Ein Gruß anscheinend, ein Versuch, Kontakt mit den Menschen außerhalb seines beschränkten Bereichs aufzunehmen. Aber niemand reagierte auf sein Schreien, und nach zwei, drei Versuchen legte er sich wieder in seine Ecke und stierte zum Sonnendach hoch.
Eine halbe Stunde später waren wir zu dritt auf dem Balkon: Ein junger Mann in einer beigen Uniform gesellte sich zu uns. Mich grüßte er, als er aus der Tür trat, den Bettler sah er nicht an.
Interpretierte ich die Abzeichen auf der beigen Jacke richtig, gehörte er zum Sicherheitsdienst der Bahn. Ich hätte ihm bei einer heftigen körperlichen Auseinandersetzung keine ernsthafte Chance eingeräumt; den Knüppel trug er lässig am Gürtel, sein Körper wirkte schlacksig und wenig trainiert.

Der Uniformierte setzte sich auf die Balkonbrüstung, ebenfalls rund eineinhalb Meter von mir entfernt, und schaute möglichst lässig in die Gegend. Während er das Treiben auf der Straße betrachtete, versuchte er ganz eindeutig, mich weitestgehend zu ignorieren. Sein Blick war stur geradeaus gerichtet, und er kaute, als beiße er auf etwas herum.
Der Bettler schaute ihn an, sagte aber kein Wort. Er blieb in seiner Ecke liegen und blickte mal zur Decke, dann auf den Uniformierten.
Stattdessen ging dieser zu ihm hinüber. Er schaute auf den Bettler hinunter und stieß ihn sachte mit dem Fuß an. Dann sagte er in barschem Tonfall einige Worte zu ihm. Ich verstand nichts, wahrscheinlich sprachen die beiden Ewondo oder Bulu, die Sprachen der Region rings um Yaoundé.
Der Behinderte lag auf dem Boden, während er seinen Blick auf den Uniformierten gerichtet hatte, und gab leise und sehr ruhig Antwort. Der junge Mann schnauzte ihn erneut an, ging dann mit locker schwingendem Schritt zu der Brüstung, um von dort aus auf die Straße zu gucken.
Dort saß er ziemlich lange. Wir waren eine seltsame Dreiergruppe: ein Tourist aus Deutschland, der nicht recht wusste, was er mit dem angefangenen Tag anfangen sollte, ein Bettler und ein Wachmann. Gesprochen wurde nichts, und alle blickten in eine Richtung, die sie sich selbst ausgesucht hatten.
Ich überlegte, ob ich ein Gespräch anfangen sollte, rein aus Höflichkeit, ließ es aber sein. Ich mochte den Uniformierten nicht, selbst wenn es dafür keinen direkten Grund gab. Vielleicht war er ein ganz sympathischer Kerl, der sich nicht wohl fühlte, der vielleicht mit seiner eigenen Rolle unzufrieden war – ich wusste es nicht.
Dann zog der junge Uniformierte einen Schlüssel aus seiner Hosentasche und zerkratzte mit diesem die metallene Oberfläche der Brüstung. Striche, die er nebeneinander setzte, kleine Kreise und Zickzacklinien – alles, was ihm einfallen wollte. Es knirschte und kreischte, und das Geräusch nervte mich.
Wollte er mich vertreiben? Fast hätte er es geschafft. Ich überlegte mir, in die Innenstadt zu gehen und dort ein wenig durch die Seitenstraßen zu gehen. Ziellos und ohne viel Sinn – mein Seesack stand bei der Concierge im unteren Stock des Bahnhofs und

würde kaum gestohlen werden. Gleichzeitig hielt mich meine Trägheit davon ab, den Platz unter dem Sonnendach zu verlassen.
Der Uniformierte kratzte weiter, dann ging er hin und her und spielte mit seinem Knüppel. Er schob seine Mütze mal nach hinten in den Nacken, mal nach vorne ins Gesicht, eine Bewegung nach der anderen, die aussah, als suche er nach einer halbwegs sinnvollen Beschäftigung. Er kratzte sich an der Vorderseite seiner Hose, bevor er sich eine Zigarette in den Mund steckte. Er zünderte sie nicht an, sondern ließ sie im Mundwinkel hängen.
Das hast du wohl aus einem Hollywood-Film, dachte ich, und ich stellte fest, dass ich tatsächlich wütend auf den Kerl wurde. Es wurde Zeit, dass ich verschwand, bevor ich mit ihm einen Streit anfing. Es gab ohnehin nichts zu tun für mich, und ich bekam langsam Durst.
In meinem kleinen Rucksack trug ich bei Reisen durch Afrika stets eine Wasserflasche mit mir. Als ich mich jetzt nach vorne bückte, um den Rucksack zu durchwühlen, stellte ich fest, dass ich am Morgen zwei Flaschen eingepackt hatte: eine aus Metall, die ich stets mit mir führte, und eine dieser Flaschen aus Kunststoff, die man in jedem Laden kaufen konnte und in denen sich normalerweise »Tangui« befand, das gute Kamerun-Wasser.
Ich hatte, wie ich das immer tat, morgens beide Flaschen mit Leitungswasser gefüllt. Sicherheitshalber hatte ich es mit den Micropur-Tabletten, die ich bei jeder Reise mit mir führte, trinkbar gemacht. Unschlüssig betrachtete ich die zwei Flaschen in meinen Händen.
Kurz zögerte ich und überlegte, ob ich etwa peinlich wirken könnte. Ich wollte nicht wie ein reicher Europäer wirken, der huldvoll einem armen Mann etwas gab. *Du bist auf jeden Fall ein reicher Europäer,* machte ich mir klar und stand auf.
Mit meinem kleinen Rucksack in der Hand ging ich zu dem Bettler hinüber, der auf dem Rücken lag und zum Sonnendach hochschaute. Er wandte seinen Blick zu mir, sagte aber kein Wort.
»Hier«, sagte ich auf Französisch und reichte ihm die Plastikflasche, die noch halbvoll war. »Möchten Sie?« Es war mir unangenehm, weil es nur so wenig war, aber ich wollte nicht ohne eine Geste des guten Willens verschwinden. *Gewissensberuhigung,* spottete ich in Gedanken über mich selbst.

Rasch griff der Bettler nach der Flasche. »Merci, merci, Monsieur«, stammelte er und zog sie hektisch an sich.
Aus den Augenwinkeln sah ich, wie mich der Uniformierte anstarrte, als sei ich verrückt. Ich beachtete ihn nicht.
»C'est bon«, sagte ich, lächelte auf den behinderten Mann hinunter, fühlte mich noch einmal völlig unwohl und ging. Es reichte mir vorerst unter dem Sonnendach.

Rollend gen Norden
Eine Geschichte aus Kamerun – 1999

Yaoundé, die Hauptstadt Kameruns, war eine Metropole der Hügelketten; wer sich zu Fuß oder mit dem Taxi durch die Stadt bewegte, ging immer wieder einen Hügel hoch, dann ein Stück weit die Straße auf der Kuppe entlang, bevor es auf der anderen Seite wieder hinunter ging. Und wer sich Zeit nahm, hatte von manchen Stellen der Hügel aus einen faszinierenden Blick über das Häusermeer in den Tälern, das sich kilometerweit in alle Richtungen erstreckte.

Hinter mir lag die Innenstadt, in der ich gerade eben einen kleinen Imbiss zu mir genommen hatte, vor mir lagen die Ausläufer des großen Marktes und der Bahnhof. Vom Hügel aus wirkte alles klein und überschaubar: die Schienen, das Bahnhofsgebäude, der Platz davor, die Buden mit Friseuren und Restaurants auf der anderen Seite. Kofferträger in grünen Jacken eilten zwischen parkenden Autos und dem Bahnhofsgebäude hin und her, sie kamen mir von meinem Platz aus wie kleine Ameisen vor.

Ich trank den letzten Schluck der eiskalten Cola und trug die leere Flasche zu der Tankstelle zurück, wo ich sie gekauft hatte. Der Verkäufer bedankte sich, wünschte mir einen schönen Tag, und ich ging. Es war wohl das letzte Mal, dass ich bei ihm ein kühles Getränk erstanden hatte; in den letzten Tagen war die Tankstelle auf dem Hügel, der Bahnhof und Innenstadt trennte, in kurzer Entfernung zu dem Bankgebäude, das wie eine Festung auf dem Hügel thronte, zu meiner beliebten Station geworden.

Langsam folgte ich der Straße, die in einer sanften Kurve auf den Bahnhof zuführte. Hinter dem Bahnhof kamen einige Häuser, daneben sumpfig-grünes Buschland, das einen mitten in der Stadt seltsam anmutete, und dahinter kamen weitere Häuser, zwischen denen ich ein rotes Gebäude ausmachen konnte: das Hotel »Grande Etoile«, in dem ich die letzten Tage verbracht hatte.

Ein Auto rollte an mir vorüber; der Fahrer war schwarz, seine Passagiere aber Asiaten. Ich wunderte mich, weil ich während meines Aufenthaltes in Kamerun bislang zwar ganz selten Europäer gesehen hatte, aber keine Chinesen, Japaner oder Koreaner. *Vielleicht Leute aus einer Botschaft,* überlegte ich und richtete meinen Blick wieder auf den Bahnhof.

Ein Pfiff ertönte, er kam von links, sicher noch mehr als einen Kilometer entfernt. Das war die Richtung aus Douala, aus der anderen Hauptstadt des Landes – das System der getrennten Hauptstädte hatte ich bislang nicht verstanden. Der Zug kam – aber ich beschleunigte meinen Schritt nicht. Andere Reisende hatten mir erzählt, dass es stets mindestens eine Stunde dauerte, bis der Zug über den Bahnhof rangiert war und weiterrollte.

Ich ging auf dem Gehsteig der linken Straßenseite; auf der anderen Seite waren die Zugänge zum Markt. Die Buden mit allerlei Waren quollen geradezu aus den Gassen heraus und auf die Plätze. Wo ich ging, konzentrierte sich ein besonderer Ausläufer des Marktes: Hier hatten einheimische Doktoren und Zauberer ihre Stände aufgebaut. Flaschen mit wenig vertrauenerweckendem Inhalt standen auf wackeligen Tischen, dahinter alte Frauen mit dünnen Spinnenfingern. An anderen Tischen wurden Kräuter und Wurzeln angeboten, wieder an anderen Tierknochen und Kadaver.

Immerhin wurde mir der Anblick der »Schwabbelfrau« erspart. Ich schämte mich stets für diesen Gedanken, hatte sie aber so für mich abgespeichert. Beim ersten Mal hatte die unbekannte Frau zwischen Affenkadavern im Straßendreck gelegen, und ich hatte sie nicht gleich als ein menschliches Wesen erkannt. Ihr halb nackter Körper war aufgedunsen und glänzte in der Sonne wie eine Speckschwarte, eine Brust war entblößt, und ihre Oberschenkel waren dicker als mein Bauch; sie lag auf dem Boden, stierte die Vorübergehenden mit einem seltsamen Gesichtsausdruck an und aß eine schmierig aussehende Pampe aus Reis und Soße.

Bei weiteren Begegnungen hatte sie an anderen Stellen des Marktes gelegen, für mich ein quälender Anblick, weil ich nicht einmal eine Ahnung hatte, was man möglicherweise tun konnte, um der Frau zu helfen. Eine unangenehme Situation, und ich fühlte mich stets rat- und hilflos.

Ich erreichte den Bahnhofsvorplatz. Noch einmal schaute ich die Buden an, vor denen einige Leute saßen, die anscheinend auf Reisende aus Douala warteten, noch einmal blickte ich hoch zum Sonnendach, wo ich mehrere Stunden verbracht hatte – dann betrat ich die Wartehalle des Bahnhofs.

Mindestens zweihundert Menschen drängten sich hier. Viele von ihnen trugen die traditionellen Kleidungsstücke der Menschen

aus dem Norden Kameruns, die sehr denjenigen ähnelten, die ich aus anderen Ländern der Sahelzone kannte: Weit waren sie, ideal für die hohen Temperaturen und die schreckliche Trockenheit der Region. Es waren Männer und Frauen, dazwischen Kinder aller Altersklassen, und viele von ihnen führten viel Gepäck mit sich, angefangen von Koffern und großen Tragetaschen bis hin zu kunstvoll verschnürten Kochtöpfen, schwer wirkenden Bastkörben und Bündeln voll Kleidung.
Zwischen den Reisenden drängten sich Kofferträger mit Gepäckstücken nach vorne. Die Männer in Uniform waren kräftig genug und brachten ausreichend Energie mit, um gewöhnliche Reisende zur Seite zu schubsen; so kämpften sie sich Meter und Meter weiter in das Gedränge hinein. Ich nahm die Eisentreppe zur linken Seite, die auf die Empore hoch führte, in den Wartebereich der ersten Klasse, zu der ich ein Ticket besaß.
Erneut ertönte von der Strecke her ein Pfiff, diesmal viel näher. Auf einmal brach das Chaos in der Wartehalle aus. Die Reisenden drückten und schoben, und überall dazwischen waren die Kofferträger, die sich derb nach vorne kämpften, ohne Rücksicht auf Frauen und Kinder, die sie zur Seite stießen.
In der zweiten Klasse konnten keine Plätze reserviert werden. Nur wer weit genug vorne stand, erreichte schnell den Zug. Und nur so war ein Sitzplatz garantiert. Die gemieteten Träger waren in so einer Situation extrem nützlich: Sie trugen das Gepäck, und sie waren in der Lage, einem Reisenden einen guten Platz zu erkämpfen.
Von meinem Platz aus sah ich nun zu, wie der Zug in den Bahnhof einrollte. Er hielt, einige Reisende stiegen aus und verließen durch eine Seitentür das Gelände, dann fuhr der Zug mehrfach hin und her. Irgendwann stand er so am Bahnsteig, dass es zu passen schien.
Für die Menschen in der Wartehalle das Zeichen, dass es bald losgehen sollte: Das Gedränge und Geschrei nahm erneut zu. Vorne standen mittlerweile nur noch die Kofferträger. Sie hatten Männer in traditioneller Kleidung nach hinten geschoben und nur einige Männer in europäisch aussehenden Hosen und Jacken stehen lassen, als ob es eine informelle Rangordnung gäbe.
Die Ausgänge zum Bahnsteig waren noch verriegelt. Zudem standen uniformierte Wachmänner mit verschränkten Armen

vor den Türen, um die Menge zurückzuweisen. Das Geschrei in der Wartehalle nahm zu, als die Wachmänner plötzlich zu ihren Knüppeln griffen und auf einige Menschen in den ersten Reihen eindroschen. Wütendes Gebrüll brandete auf. Fast wäre eine Schlägerei ausgebrochen, doch dann stellten sich weitere Wachleute dazu, und die Situation beruhigte sich. Leiser wurde es nicht: Die Kofferträger rüttelten an den verschlossenen Türen, als wollten sie mit Gewalt durchbrechen.

Als sich die Türen endlich öffneten, prügelten die Wachleute erneut los. Ich sah, wie einige Männer heftige Schläge auf die Köpfe bekamen und vor Wut und Schmerz schrieen. Es traute sich aber niemand, gegen die Wachmänner vorzugehen: Sie durften prügeln, aber die anderen konnten sich nicht wehren.

Zuerst wurden die Kofferträger durchgelassen. Wie eine Lawine rannten die Männer in ihren grünen Uniformen auf den Zug zu, manche von ihnen mit Gepäck beladen, manche aber ohne jegliche Last, und stürmten die offenen Türen zu den Waggons der zweiten Klasse.

Die ersten Reisenden wurden gründlich kontrolliert, mussten ihre Tickets bei zwei verschiedenen Wachmännern vorzeigen, bevor sie sich durch die engen Türöffnungen schieben konnten. Auch die Reisenden rannten, sobald sie auf dem Bahnsteig waren.

An den Waggons war nun buchstäblich der Teufel los; ich erinnerte mich an meine erste Reise nach Marokko. In den frühen 80er Jahren hatte ich mich auf einem Umsteigebahnhof zwischen Tanger und Marrakech ebenso um den Eingang zum Waggon geprügelt, wie es jetzt die Menschen auf dem Bahnhof von Yaoundé taten. Männer und Frauen drängten sich an den Türen, kämpften sich in das Innere; dazwischen tummelten sich die Kofferträger. Kleinere Gepäckstücke wurden durch die Fenster hineingereicht; diese ließen sich nicht weit genug für größeres Gepäck öffnen.

Zahlreiche Säcke wurden im Eilschritt zu den Waggons getragen, dazu schwere Traglasten, die offensichtlich Waren für die Märkte im Norden des Landes enthielten. Die Träger schwitzten unglaublich; bei diesen Temperaturen um die Mittagszeit war das eine mörderische Arbeit.

Niemand kümmerte sich im Augenblick um die Passagiere der ersten Klasse. Ich ging die Treppe hinunter und ging zum Schalter der »Concierge« – der Gepäckaufbewahrung – auf der anderen Seite des Wartesaals. Dort hatte ich bereits am Morgen meinen Seesack abgegeben, nachdem ich vom Hotel gekommen und dann, um der langen Warterei zu entrinnen, durch die Innenstadt spaziert war. Ich unterhielt mich mit der Dame hinter dem Tresen, gab ihr meinen Gutschein, den sie mir vor Stunden ausgehändigt hatte, und konnte dann die kleine Abstellkammer hinter ihr betreten.
Leere Körbe, Berge von Müll, einige verstaubte Bretter, dazu angeschmuddelte Gepäckstücke – die Kammer wirkte wie ein Haufen Chaos. Ich stöberte ein wenig, bis ich meinen Seesack unter einem Haufen von Gerümpel fand.
Im Warteraum herrschte nach wie vor starke Unruhe. Ich entschied mich für einen Umweg, dieser schien bequemer, stieg die Treppe zum Wartebereich hoch, den Seesack auf meinem Rücken, und betrat erneut den Erste-Klasse-Bereich. Auf der anderen Seite des Bahnhofsgebäudes stieg ich die schmale Eisenleiter hinunter.
Unten stand der Wachmann, mit dem ich mich schon vor Stunden kurz unterhalten hatte. Er kontrollierte oberflächlich meine Tickets – eines für die Fahrt, eines für den Schlafplatz – und wünschte eine gute Reise.
Den Weg zu meinem Waggon fand ich anhand der Nummer auf meinem Reservierungsschein. Vor dem Wagen empfing mich eine Frau in hellblauem Kleid mit freundlichem Lächeln. Sie verglich den Namen auf meinem Reservierungsschein mit einer Liste, die sie in der Hand hielt.
»Sie sind der Erste, Monsieur Frick«, sagte sie und hakte meinen Namen auf ihrer Liste ab. »Kommen Sie doch bitte gleich herein.«
In dem Wagen stand die Hitze wie eine dicke Suppe; im Nu brach mir der Schweiß aus allen Poren. Im Freien herrschte dagegen kühle Luft, weil der heiße Wind wenigstens Bewegung mit sich brachte. Und sofort stolperte ich über eine Panne: Mitten im Gang war der Boden aufgebrochen. Das Loch besaß die doppelte Größe eines Fußes; eine echte Stolperfalle.
Die junge Frau sah meinen Blick und lächelte. »Entschuldigen Sie, aber der Wagen ist eben schon sehr alt.«

Sie führte mich zu einem kleinen Abteil mit dem Buchstaben »E« an der Tür. Das Etagenbett nahm gut zwei Drittel des schmalen Raumes ein, und aus dem Hahn für das Waschbecken in der Ecke neben dem Fenster kam kein Wasser. Probeweise drückte ich den Schalter für den Ventilator an der Decke; nichts rührte sich.
Die junge Frau schaute nach oben, und meinte mit entschuldigendem Lächeln: »Die funktionieren leider nicht. Der Wagen ist schon sehr alt.« Dann ging sie.
Da ich das obere Bett reserviert hatte, packte ich meinen Seesack auf die breite Ablage, die sich hinter dem Kopfteil meines Bettes befand. Der Sack war mit einem Vorhängeschloss verriegelt, so dass jemand schon eine gewisse kriminelle Energie aufbringen musste, wollte er an mein Eigentum gelangen. Die Wasserflasche, meinen Schreibblock und – sicher war sicher! – meine Papiere nahm ich mit, als ich das Abteil verließ.
Im Freien setzte ich mich auf die Steine direkt am Bahngleis und schaute zu, wie sich die Waggons der ersten Klasse langsam füllten. Ich hätte mir mehr Zeit lassen können: Viele Einheimische kamen erst, nachdem der Sturm auf die zweite Klasse vorüber war. Vor allem Männer fuhren mit der ersten Klasse, viele von ihnen wirkten wie Geschäftsleute, einige trugen Jacketts und Krawatten; dazwischen gab es einige junge Männer in traditioneller Kleidung.
Ich sah erneut zwei Asiaten, die an mir vorübergingen. Sie trugen helle Bundfaltenhosen und Jacketts, ihre schwarzen Halbschuhe glitzerten in der Sonne und klapperten über den betonierten Bahnsteig.
Kinder rannten über den Bahnsteig und versuchten Wasser aus Plastikflaschen zu verkaufen. Ein Blick genügte, und ich wusste: Für mich wäre das Wasser nichts. Die Verschlüsse waren aufgebrochen. Die Kinder hatten leere Mineralwasserflaschen genommen und diese mit Leitungswasser aufgefüllt. Würde ich davon trinken, wäre Durchfall die harmloseste Reaktion.
Eine Reihe von moslemischen Männern in weiten hellen Gewändern, den sogenannten Boubous, und mit kleinen Kopfbedeckungen wusch sich mit dem Wasser, das die Kinder verkauften, die Füße. In Reihen saßen sie nebeneinander in der Sonne, ließen die Beine vom Bahnsteig auf das Gleisbett hinunter baumeln, und gossen immer wieder Wasser darüber. Sie unter-

hielten sich in einer Sprache, die sich nicht nach einer der Sprachen im Süden Kameruns anhörte. Viele rollende und für meine Ohren krächzende Laute ließen die Sprache eher nach Arabisch klingen.

Die hübschen Zugbegleiterinnen in ihren Uniformen standen nach wie vor am Eingang zu »meinem« Waggon und wiesen die einzelnen Plätze an. Kritisch musterten sie die Reisenden, gründlich schauten sie die Listen durch, einmal, zweimal, manchmal sogar dreimal. Dann erst wurden die Passagiere in den Waggon gelassen.

Zahlreiche Soldaten in Uniform und mit Schnellfeuergewehren standen auf dem Bahnsteig; mit verschlossenen Mienen und stumm, einige von ihnen rauchten. Die Waffen waren allerdings ohne Munition und trugen aufgeschraubte Mündungsschoner. Vielleicht waren die Männer Angehörige der nördlichen Völker und gingen in ihren Heimaturlaub.

Auf einmal ging alles ganz schnell. Es gab eine Durchsage über einen blechern klingenden Lautsprecher, man möge in die Abteile gehen, der Zug fahre gleich ab. Ich schaute auf die Uhr: Es war kurz nach 18 Uhr, die Mannschaft des Zuges hielt den Fahrplan einigermaßen ein.

Als ich einstieg, sagte die junge Frau im blauen Kleid ein freundliches »Bon voyage« und verließ den Waggon. Ihre Arbeit war anscheinend getan, sie blieb in Yaoundé und fuhr nicht mit. Kaum stand sie auf dem Bahnsteig und hob grüßend die Hand, rollte der Zug auch schon aus dem Bahnhof.

Der Waggon hatte sich in der Zwischenzeit gefüllt. Überall standen Menschen, direkt vor mir hüpften zwei Kinder über das Loch im Boden. Einige Mitreisende versuchten die Schiebefenster im Gang zu öffnen; sie ließen sich nur mit großer Mühe nach unten bewegen und dann auch nur um wenige Zentimeter.

Ich betrat Abteil »E«, und dort traf ich meinen Mitreisenden, der gerade zwei Reisetaschen auspackte. Es war ein Asiate; ich konnte nicht erkennen, ob es einer der Männer war, die ich vorhin gesehen hatte. Offensichtlich hatten die Verantwortlichen der Bahngesellschaft gedacht, es sei vernünftig, die beiden einzigen nicht Schwarzen im ganzen Zug zusammenzupacken.

Jegliche weiterführende Kommunikation mit dem Mann war allerdings unmöglich. Ich reichte ihm die Hand, sagte; »Bon jour«,

er reagierte mit einer Karikatur des Grußes, und danach sagte er nichts mehr; er blieb allerdings stets freundlich.
Unglaublich!, dachte ich. *Ich habe jemanden getroffen, dessen Französisch noch schlechter ist als das meine.*
Der Reisende packte die Reisetaschen unter das Bett, zog seine Schuhe aus, legte sich sofort hin, ohne ein Wort zu sagen. Ich fand den Asiaten seltsam, aber immerhin machte er einen netten Eindruck. »Ich gehe wieder hinaus«, sagte ich, aber er verstand mich nicht, lächelte nur kurz.
Im Abteil stand die Luft, es war nach wie vor schwülheiß. Selbst direkt am Fenster, das ich um etwa zehn Zentimeter herunterziehen konnte, ging kein Wind. Die Ventilatoren drehten sich nicht. Immerhin ließ sich der Lichtschalter betätigen, und das Deckenlicht verbreitete grelle Neonhelligkeit.
Im Gang standen an jedem Fenster die Reisenden, um ein bisschen Frischluft abzubekommen. Schneller als ein Fußgänger war der Zug nicht, man konnte wohl bequem neben ihm hergehen. Immerhin brachte der leichte Luftzug, der entstand, ein wenig frischen Wind in den Gang.
Mit zwei jungen Männern in traditioneller Kleidung, die nur schlechtes Französisch sprachen, teilte ich mir ein Fenster. Abwechselnd legten wir unsere Gesichter an die Öffnung, um Kühlung zu erhalten. Langsam rollte der Zug zwischen den Hügeln von Yaoundé hindurch, immer durch ein kleines Tal. Gelegentlich hielten wir an, ohne dass ich einen Grund dafür erkannte. Niemand stieg ein oder aus, und die Stopps waren stets sehr kurz. Ich vermutete, dass an diesen Stellen das Gleisbett nicht ideal war und man deshalb stoppen musste.
Als es schnell dunkel wurde, wie immer in Kamerun, hoffte ich auf kühlere Luft. Während der Zug durch die Ausläufer von Yaoundé rollte, schwitzte ich jedoch weiterhin, trank gelegentlich aus meiner Wasserflasche. *Jetzt eine gekühlte Cola!*, dachte ich und erinnerte mich an die Tankstelle auf dem Hügel in Yaoundé.
Im Abteil war der Asiate bereits halbnackt und las ein Buch mit chinesisch aussehenden Schriftzeichen. Seine Unterhose war gigantisch: Andere Menschen hätten das Ding als Zelt benutzen können, und die farbigen Karos auf dem weiß-beigen Stoff sahen zum Schreien aus. Ich entschied mich, den Mann künftig als Chinesen zu betrachten.

Ich kletterte in mein Bett, wollte dort ebenfalls lesen. Sofort merkte ich, wie unsinnig das war: Unter der Decke war es widerlich warm, schlimmer als unten am Boden. Da das Deckenlicht direkt neben meinem Kopf brannte und durch die offenen Fenster zahlreiche Insekten angelockt worden waren, verschlechterte das die Situation: Keine fünf Zentimeter über meinem Gesicht kreisten unzählige Insekten um die Lampe und immer wieder starteten sie kleine Angriffe auf mein Gesicht. Ich schmierte mich mit einer Flüssigkeit ein, die Insekten abschrecken sollte, aber das half gar nichts.

Meine Laune sackte ab. Ich schnappte mir das Buch und stellte mich neben das Waschbecken, wo durch das Fenster zumindest eine Andeutung von frischer Luft drang. Lesen war unmöglich: Der Schweiß tropfte von der Stirn auf die Seiten hinunter, meine Finger klebten am Umschlag fest.

Nach einiger Zeit gab ich auf. Frustriert blieb ich neben dem Fenster stehen, den Rücken gegen das trockene Waschbecken gedrückt, und starrte hinaus in die Dunkelheit. Müde war ich noch nicht, und ich malte mir mit Schrecken aus, wie ich diese Nacht verbringen sollte. Stehend am Waschbecken oder gegen die Insekten kämpfend im Bett?

Als ich pinkeln musste, schnappte ich die kleine Taschenlampe, die ich neben dem Kopfkissen deponiert hatte, und verließ das Abteil. Auf dem Gang war es stockfinster. Männer standen schweigend an den Fenstern, einige rauchend, und starrten hinaus in das dunkle Buschland, durch das der Zug rollte. Würzige Luft drang durch die Fenster, immer wieder unterbrochen vom Dieselgestank des Zuges. Ich drängte mich an den Männern vorbei.

Der viereckige Raum am Ende des Waggons besaß als Mobiliar eine Toilette in der Ecke sowie ein Waschbecken. Dummerweise hatte irgend jemand seinen Haufen direkt auf den Fußboden gesetzt, keine fünfzig Zentimeter von der Kloschüssel entfernt. Andere hatten immerhin die Schüssel benutzt. Da aber die Wasserspülung auch hier nicht funktionierte, stank es in dem Raum schon heftig. Toilettenpapier gab es keines.

Die reisenden Frauen taten mir leid, und ich wollte mir nicht vorstellen, wie es in der überfüllten zweiten Klasse aussah. Ich

machte, dass ich in die Schüssel pinkelte und so schnell wie möglich rauskam.
Vorsichtig tappte ich durch den stockfinsteren Gang zurück, wobei ich immer mal wieder den Schein der Taschenlampe auf den Boden richtete. Ich wollte nicht über das Loch im Boden stolpern und mir den Fuß übertreten.
Am Fenster blieb ich stehen und blickte hinaus in die Dunkelheit. Wir durchfuhren große Waldstrecken, riesenhafte Bäume reckten sich als schwarze Schatten in den düsteren Himmel. Mittlerweile hatte der Zug an Geschwindigkeit zugelegt; ich schätzte, dass wir gut achtzig Stundenkilometer schnell fuhren.
Im Gang entwickelte sich langsam eine gute Stimmung. Ich redete und scherzte mit den anderen Männern, die an den Fenstern standen. Frauen waren keine auf dem Gang; sie hielten sich wohl alle in den Kabinen auf. Vielleicht kamen sie besser mit der schwülheißen Luft zurecht als ich.
Zwei Burschen zogen durch den Gang, sie boten Getränke und Essen an. Man konnte bei ihnen bestellen und bekam die Ware eine halbe Stunde später geliefert. Ich bestellte bei den beiden eine Cola; vielleicht konnten sie mir eine kühle Flasche besorgen.
Als der eine der beiden – er nannte sich Sergé – eine halbe Stunde später auftauchte, erwies sich das Getränk als lauwarm. Die Flasche fühlte sich in meiner Hand an, als habe sie einen halben Tag in der Sonne gestanden. »Die Kühlanlagen sind ausgefallen«, sagte der junge Mann entschuldigend. »Und ...«
»Ich weiß«, unterbrach ich ihn. »Der Zug ist eben schon ein bisschen alt.«
Er lachte laut, weil er den Spruch garantiert oft zu hören bekam, und ging, und ich stand da mit einer lauwarmen Cola. Sie schmeckte widerlich, aber ich trank sie in kleinen Schlucken.
Nach und nach zogen sich die anderen Reisenden in ihre Abteile zurück, bis ich allein am Fenster stand. Langsam herrschten erträgliche Temperaturen, und die frische Luft am Fenster verbesserte meine Laune. Und jetzt kehrte die Ruhe ein, die ich bei Reisen schätzte. Alles bewegte sich, alles verlief irgendwie nach Plan, und ich hatte das seltsam beschwingte Gefühl, das ich bei Fahrten durch Afrika so liebte.
Wenn der Zug an einer Station hielt, meist in kleinen Städten und Landgemeinden, deren Umrisse ich in der Dunkelheit nur erah-

nen konnte, sah ich Männer, die Lampen in der Hand hielten und zu den Waggons eilten. Schaulustige standen am Rand, Kinder blickten mit großen Augen auf die Fenster, einige wenige neue Reisende stiegen jedesmal ein. Sogar die Erste Klasse bekam weitere Passagiere, die sofort in ihren Abteilen verschwanden.

Der Zug von Yaoundé nach Ngaoundéré, der Stadt im Norden, war die wichtigste Nord-Süd-Verbindung in Kamerun. Die Bahnlinie durchquerte die dürre und fast menschenleere Landschaft im Zentrum des Landes und überwand den Aufstieg zum Hochplateau, auf dem die Städte des Nordens lagen. Wer die Strecke mit dem Buschtaxi zurücklegen wollte, so verriet der Reiseführer, brauchte viel Zeit und noch mehr Geduld; vor allem musste er weite Umwege in Kauf nehmen. Für die Rückfahrt nahm ich mir aber schon jetzt vor, diesen Weg zu wählen.

Als Sergé ein weiteres Mal vorbeikam, gab ich ihm die leere Flasche und wünschte eine gute Nacht. Ich ging in das Abteil, wo der Chinese immer noch im Bett lag und las, zog mich bis auf die Unterhose aus und legte mich in meine dünne Bettdecke, die ich in solchen Fällen als Schlafsack benutzte. Immer noch war es zu warm, eine Decke wäre nicht nötig gewesen, aber ich hatte keine Lust, von den Insekten am ganzen Körper gestochen zu werden. Der Wagen schaukelte unryhthmisch, und ich war sicher, nie einschlafen zu können.

Ich las ein bisschen, ließ es aber bald sein, weil ich mich nicht konzentrieren konnte. Nach wie vor schwirrten unzählige Insekten zwischen der Deckenlampe und meinem Gesicht; sie summten nervenzerfetzend und immer wieder flogen einige von ihnen zu meiner Nase, um sich darauf niederzulassen. Ich schlug nach ihnen und tötete einige, aber das war zwecklos.

Frustriert legte ich das Buch zur Seite, wickelte mich in die Decke und zog sie mir über das Gesicht. Die Deckenlampe war sogar dafür zu grell, sie leuchtete durch die Decke, und das Summen und Brummen der Fliegen nervte weiterhin. Obwohl ich hundemüde war, konnte ich nicht schlafen.

Irgendwann reichte es mir. Ich schlug die Decke zurück und beugte mich über den Rand des Bettes. Mein Mitreisender lag auf dem Rücken, sein Buch aufgeschlagen neben dem Kissen, und schnarchte leise vor sich hin. Ich ärgerte mich darüber, nicht früher geschaut zu haben, und löschte das Licht.

So lag ich im Bett, den Kopf unter die Decke gesteckt, damit mich die Insekten in Ruhe ließen, schaukelte irgendwann trotz all dem Radau, den der Zug auf den alten Geleisen machte, in einen angenehmen Schlaf. Ich träumte viel, wachte immer wieder kurz dazwischen auf und konnte mich bei jedem Aufwachen an Reste meiner Träume erinnern. Unter anderem traf ich ausgerechnet den Schauspieler und – zu jener Zeit noch – angehenden amerikanischen Politiker Arnold Schwarzenegger beim Essen.

Gelegentlich hielt der Zug an, weil wir eine Station erreicht hatten; zweimal legte die Mannschaft sogar eine längere Pause ein, weil wahrscheinlich auf einen Gegenzug gewartet wurde. Jedesmal wurde ich wach und lag im Bett, starrte gegen die Decke, wo die Fliegen langsam ruhiger wurden, döste ein wenig vor mich hin, bis ich wieder einschlief. Und zweimal sah ich grelles Wetterleuchten außerhalb unseres Abteils, das wie eine zuckende helle Linie über den düsteren Horizont lief, ohne dass es ein Geräusch gab.

Als ich irgendwann wieder aufwachte, war es vor dem Abteilfenster nicht mehr dunkel und schwarz, sondern düstergrün. Langsam hellte sich das Grün auf, wurde heller; es wurde langsam Morgen. Nachdem wir die ganze Nacht durch Hochwald und ausgedehnte Waldstücke gefahren waren, hatten wir jetzt das Buschland erreicht. Nebelschwaden tanzten über feucht glänzenden Gräsern und Büschen, und über alledem erhob sich langsam ein zitternder, gelber Ball – die Sonne. So erlebte ich einen wunderbaren Sonnenaufgang über dem Hochland von Kamerun.

Ich drehte mich im Bett um, so dass mein Kopf zum Fenster blickte und meine Füße auf dem Kopfkissen lagen, betrachtete verträumt die sich immer weiter aufhellende Landschaft, ließ mich vom Zug durchrütteln und fühlte mich so richtig glücklich. Ich wünschte mir, die Fahrt könnte ewig so weitergehen, und mit diesem Gedanken schlief ich irgendwann wieder sanft ein.

In einem sanften Ruckeln wurde ich wach; der Zug wurde langsamer. Jetzt sah ich gelegentlich Häuser. Der Chinese im Bett unter mir wurde wach; er benutzte ein Deospray, um sich frischzumachen. Ich versuchte mit ihm zu sprechen, was sich erneut als

schwierig herausstellte. Immerhin wusste er, dass der nächste Halt bereits Ngaoundéré war.
Ohne große Ankündigungen hielt der Zug. Ich schaute auf die Uhr: Wir hatten uns um einige Stunden verspätet. Gemütlich packte ich meine Siebensachen und machte mich marschfertig. Auch der Chinese ordnete seine Reisetaschen.
Auf einmal ging die Tür zum Abteil auf, einige Männer standen im Eingang, davon zwei Asiaten. Sie unterhielten sich in rasender Geschwindigkeit mit meinem Mitreisenden, in einer Sprache, die nach Chinesisch klang, dann nahmen zwei schwarze Männer das Gepäck des Mannes, offensichtlich die Träger meines Reisepartners, und alle verschwanden, ohne mich eines Blickes gewürdigt zu haben.
Als ich mit meinem Seesack im Gang des Wagens stand, sah ich, dass auf dem Bahnsteig wilde Hektik herrschte. Überall eilten die Menschen von den Waggons zum Ausgang; auch hier musste man durch eine Wartehalle den Bahnsteig verlassen, während hohe Zäune die Geleise gegen die Stadt absicherten. Von dieser sah ich noch nicht viel; ich erkannte einige geduckte Gebäude und Bretterbuden hinter dem Bahnhof. Wenn mich mein Reiseführer nicht täuschte, lag der Bahnhof von Ngaoundéré am Stadtrand, und in der Nähe gab es eine preiswerte Herberge.
Einige Kofferträger gingen durch die Wagen; einer fragte mich, ob er mir helfen solle. Als ich verneinte, bedankte er sich höflich und ging weiter. Kein Vergleich zu seinen lauten und unhöflichen Kollegen in Yaoundé. Die hatten nicht eingesehen, dass jemand sein Gepäck selbst trug, und einer hatte mich dafür beschimpft, weil ich ihm so sein Geschäft zerstören würde.
Ich verspürte das Kribbeln, das immer auftrat, wenn ich in einer fremden Stadt eintraf. In solchen Fällen musste ich mich so schnell wie möglich bewegen, um diese fremde Stadt für mich selbst »zu erforschen« und ein Gefühl für sie zu bekommen.
Im Strom der Menschen bewegte ich mich über den Bahnsteig. Je näher man dem Ausgang kam, desto schlimmer wurde das Gedränge. Direkt am Ausgang entwickelte sich ein Engpass, durch den nur eine Person nach der anderen gehen konnte. Ein bärtiger Unsympath mit Krawatte und Jackett drückte mich vor dem Ausgang aus dem Weg, wurde aber von einem Beamten mit einer

Kaskade von Beschimpfungen und einem kräftigen Stoß gegen die Brust zurückgedrängt.
Durch das eigentliche Bahnhofsgebäude, von dem ich nicht viel mitbekam, ging es recht schnell. Vor der Tür kamen zahlreiche Burschen zu den Reisenden. Von allen Seiten wurde ich angesprochen, die Jugendlichen hielten mir Werbezettel vor die Nase, in denen sie verschiedene Unternehmen anpriesen. Sie wollten die aus dem Zug aussteigenden Menschen gleich zu den Bussen bringen, die in den Norden fuhren – diese Minibusse warteten wahrscheinlich schon mit laufendem Motor auf die deutlich verspäteten Reisenden.
Ich wimmelte die Jugendlichen schnell und mit einem freundlichen Lächeln ab; niemand schien mir böse zu sein. Auch die Jugendlichen, die mit Mopeds oder Lastkarren auf Reisende warteten, wirkten aufgeweckt und fröhlich, kein bisschen aufdringlich. Gegenüber dem Bahnhof erhob sich eine Reihe von kleinen Bretterbuden mit Wellblechdach; es waren Restaurants und Läden für Reisebedarf und Kosmetik, Getränke und Schuhe.
Ich hielt mich rechts, wobei ich mich an der Beschreibung des Reiseführers orientierte: Zuerst ging ich die Teerstraße hoch, vorbei an zahlreichen kleinen Ständen, wo es Brochettes und andere Leckereien gab. Burschen mit Handkarren halfen den Reisenden, ihre Gepäckstücke zu transportieren; Minibusse füllten sich mit Menschen und fuhren los. Rings um mich herum wuselte ein Strom von Fußgängern, Radfahrern und teilweise abenteuerlich beladenen Mopeds in Richtung Innenstadt.
Ich überquerte einen von der Sonne ausgedörrten Schulhof, in dessen Zentrum wuchtige Bäume standen, schaute in die Klassenzimmer, wo zahlreiche Schüler auf hölzernen Stühlen saßen. Dahinter erhob sich die »Auberge de la Gare«, ein von einer Mauer umgebenes Areal aus flachen Gebäuden und einem Innenhof, in dessen einer Ecke sich ein großer Sandhaufen erhob.
Das Einchecken ging schnell und formlos über die Bühne; ich bezahlte meine 5000 CFA pro Nacht – rund acht Euro – in einem geräumigen Vorraum, in dem Dutzende von Stühlen und ein Fernseher auf Publikum warteten, und wurde von dem jungen Rezeptionisten durch einen Gang geführt.
Er gab mir freundlicherweise das erste Zimmer: quadratisch und gut vier auf vier Meter groß, relativ hoch und sehr sauber; dane-

ben ein ebenso sauberes Badezimmer mit Toilette und Dusche. Nach dem »La Grande Etoile« in Yaoundé empfand ich dieses Zimmer in einem einfachen Gasthaus als zivilisatorischen Aufstieg ersten Ranges.
Ich ließ meinen Seesack in einer Ecke des Raumes auf den Boden sinken, verschloss die Tür, legte mich aufs Bett und stierte gegen die Decke. Jetzt war ich in Ngaoundéré, dem Tor zum Norden. Mit diesem Gedanken schlief ich ein.

Seminar für Pyromanen

Eine Geschichte aus Kamerun – 1999

Ich verabschiedete mich von den freundlichen Menschen in der »Auberge de la Gare« und ging über den ausgedörrten, rot und staubig in der Sonne liegenden Schulhof zur Straße hinüber. Sie verband den Bahnhof der Stadt Ngaoundéré, wo ich vor einigen Tagen erst angekommen war, mit der Innenstadt, eine wahre Rennstrecke für Mopeds und Lastwagen, für Autos und gelegentliche Fuhrwerke.

Am Straßenrand blieb ich stehen, aber nicht lange. Ein Moped hielt neben mir; der Fahrer war ein vielleicht 16 Jahre alter Jugendlicher. »Wo soll's denn hingehen, Monsieur?«, fragte er und grinste mich mit blitzenden Zähnen an.

In Ngaoundéré ersetzten Mopeds zu weiten Teilen den Taxiverkehr, und nachdem ich mich einmal daran gewöhnt hatte, fragte ich mich nicht nur einmal, warum das System nicht in anderen Städten übernommen wurde. Die Mopedfahrer kamen überall hin, sie umfuhren die zahlreichen Schlaglöcher ohne Probleme, und sie fuhren über miese Pisten hinaus in die Dörfer des Hochlands.

Der Junge, mit dem ich rasch handelseinig wurde, packte meinen Seesack auf seinen Tank, rüttelte den Sack einmal kräftig durch, bis er richtig lag und er ihn mit seinen Ellbogen halten konnte. Dann schwang ich mich auf den Beifahrersitz hinter ihm, vergewisserte mich, dass mein kleiner Rucksack gut saß, und hielt mich mit beiden Händen an der Griffleiste hinter meinem Po fest. Der Fahrer schrie ein fragendes »D'accord?« nach hinten, ich brüllte ihm ein »Oui« zurück, und schon fuhr er los.

In rasantem Tempo ging es an den vielen Geschäften vorbei, die sich an der Hauptstraße aneinander reihten. Die Schreinerei, in der wunderschöne Schränke hergestellt wurde, hatte ich schon am ersten Tag bewundert, ebenso die Eisenwarenhandlung, bei der es fein gestaltete Eingangstore aus Metall gab. Schon zu dieser frühen Stunde lungerten vereinzelte Männer im Schatten von Mauern oder unter Bäumen herum und schauten mit ausdruckslosen Mienen dem Verkehr nach; im Lauf des Tages würden es mehr werden. Die Männer waren arbeitslos oder arbeitssuchend, und weil sie es in den Häusern nicht aushielten, warteten sie am Rand der Straße.

Der Busbahnhof lag zentral, unweit des Lamido-Palastes, dem alten Herrschaftssitz der Region, und der großen Höfe, in denen die alteingesessenen Familien der Stadt wohnten. Der Lamido, der traditionelle Herrscher über das sogenannte Lamidat von Ngaoundéré, lebte eindrucksvoll: Hohe Lehmmauern umgaben das weitläufige Gelände, hinter ihnen erhoben sich die Häuser. Den Eingangsbereich bildete das wohl größte Strohdach, das ich jemals gesehen hatte.
Auch die umliegenden Höfe waren von hohem Mauerwerk umgeben, hinter dem sich die teilweise mit Stroh bedeckten Häuser erhoben. Die Atmosphäre zwischen den Höfen war ruhig, wie ich von meinem ersten Rundgang her wusste. Überall bewegten sich Männer und Frauen mit gemessenem Schritt, nur die spielenden Kinder störten ab und zu die Ruhe. Kein Vergleich zu dem Getümmel auf der Straße und am Gare des Routières, dem Busbahnhof. Von hier aus wollte ich starten. Aufgrund meiner Erfahrung in verschiedenen afrikanischen Ländern ging ich davon aus, dass der zentrale Busbahnhof der beste Platz war, um einen Minibus zu finden, der den hohen Norden Kameruns ansteuerte.
Der Bursche setzte mich an der Tankstelle ab, die unweit einer Straßenkreuzung den Rand des Busbahnhofs markierte. Von dort aus fragte ich mich durch. Erstaunlicherweise benötigte ich einige Zeit, bis ich herausbekam, wo das Buschtaxi nach Garoua abfahren sollte. Eine Händlerin verwies mich auf einen weißen Minibus, der am Rande des staubigen Platzes stand, schon an der Ausfahrtsstraße. Der Fahrer saß daneben auf einer Bank, wir begrüßten uns mit Handschlag.
»Kann ich mit Ihnen nach Garoua fahren?«, fragte ich höflich.
Er lächelte. »Mit mir?«
Ich lächelte zurück. »Wenn Sie nichts dagegen haben, Monsieur.«
Der Fahrpreis kam mir mit 3500 CFA – also etwa sechs Euro – sehr korrekt vor, zudem wollte der Fahrer keinen Aufpreis für mein Gepäck. Ich nickte und willigte ein.
Gemeinsam verstauten wir meinen Seesack im Wagen, direkt unter der letzten Sitzreihe; meinen kleinen Rucksack behielt ich in der Hand. Um halb neun Uhr werde es bereits losgehen, behauptete der Fahrer. Ich glaubte ihm kein Wort: *Buschtaxis fahren nie pünktlich los,* dachte ich, durch jahrelange Erfahrung schon negativ eingestellt.

Der Fahrer hatte seinen Toyota-Minibus zentral abgestellt, direkt an einer Kreuzung. Die Texaco-Tankstelle und eine kleine Moschee waren in direkter Sichtweite. Ich setzte mich auf die kleine Bank im Schatten eines großen Baumes, keine drei Meter von dem Bus entfernt, und schaute den Leuten zu.
Ein kleines Mädchen kam vorbei. Es trug einen geflochtenen Korb auf dem Kopf, in dem kleine Gebäckstücke lagen. Ich kannte sie, es handelte sich um sogenannte Beignets, eine Art Krapfen oder Fasnetsküchle, die in Öl ausgebacken wurden. Beignets waren fettig und nahrhaft, und ich mochte sie. Mein Magen meldete sich mit hörbarem Knurren; ich hatte nichts gefrühstückt, weil ich zeitig am Busbahnhof sein wollte.
Ich hielt das Mädchen an. Der Preis war extrem niedrig, ich kaufte dem Kind gleich zehn Beignets ab. Gemütlich verspeiste ich das erste Stück, dazu trank ich Wasser.
Der Fahrer setzte sich neben mich, und ich gab ihm eines der Beignets ab. Er bedankte sich, wir kamen ins Gespräch. »Ich fahre erst los, wenn ich einige Passagiere mehr bekommen habe«, sagte er. Das konnte ich verstehen, denn außer mir warteten bisher nur vier weitere Männer auf die Reise in den Norden, viel zu wenig für einen Minibus, in den man 15 bis 20 Menschen quetschen konnte. »Wahrscheinlich kommt der Zug heute erst um halb zehn. Dann habe ich neue Passagiere, und dann können wir losfahren.« Es klang vernünftig.
Wir unterhielten uns über meine Reise, und er meinte, ich solle während der Fahrt vorne neben ihm sitzen, da könne er mir einiges über das Land erzählen. Er riet mir, nie in die kleinen Herbergen zu gehen. Diese seien oft »sehr schmutzig und gefährlich«. Für weiße Menschen sei es immer besser, in ein gutes Hotel zu gehen und einige Francs mehr zu bezahlen. Die Herberge am Bahnhof, in der ich zwei Nächte verbracht hatte, sei die absolute Ausnahme.
Während wir miteinander redeten, näherte sich ein Jugendlicher. Der Bursche war schätzungsweise 16 Jahre alt und spindeldürr; ich fürchtete schon, der Wind, der Sand und Unrat durch die Straßen trieb, würde ihn über die Mauer des nahe gelegenen Gehöftes schleudern. Er war barfuß, trug eine zerschlissene Arbeitshose, die für einen doppelt so breiten Mann geschneidert worden war, und ein ehemals rotes Hemd, dem die Hälfte der

Knöpfe fehlte und das in der Sonne schimmerte, als habe er in einem Fass mit Schmierseife geschlafen. Abwartend blieb er am Straßenrand stehen, gut hundert Meter von uns entfernt, bewegte sich unruhig hin und her, als führe er einen seltsamen Tanz nur für sich selbst auf, und blickte zu uns herüber.

»Ich werde Ihnen unterwegs einige Worte Fulfulbe beibringen«, versprach der Fahrer. »Das brauchen Sie im Norden, wenn Sie mit dem Minibus unterwegs sind.« Er lachte. »Und wenn Sie auf dem Markt einkaufen, werden Sie die Zahlen bis zehn benutzen können.«

Im Prinzip erklärte er mir das, was auch im Reiseführer stand: Für die zahlreichen kleinen Stämme und Völkerschaften im Norden Kameruns galt nach wie vor Fulfulbe als Umgangssprache, und das sprachen die Leute in den Dörfern, während nur Händler und Beamte das Französisch der ehemaligen Kolonialherren benutzten. »En dilla« war das erste, was er mir beibrachte. Es hieß so viel wie »wir fahren« oder »wir gehen«, und es war der Ruf eines Fahrers im Buschtaxi, dass es jetzt endlich losgehe. »Das müssen Sie wissen«, erläuterte er mir grinsend. »Wenn das der Fahrer ruft, müssen Sie rennen, sonst lässt er Sie sitzen.«

Während der Fahrer das Öl wechselte und dann an seinem Anlasser herumschraubte, der seltsame Geräusche von sich gab, beobachtete ich das bunte Treiben. Dutzende von Mopeds rasten an mir vorüber, dazwischen Autos und Lastwagen; ich wunderte mich immer wieder, dass es keinen Unfall gab. Gemütlich bummelten Männer über die Straße, viele grüßten mit ernster, aber höflicher Miene. Frauen mit ihren Traglasten grüßten meist nicht, sondern wandten den Blick zur Seite. Ich nahm an, dass dies mit den Sitten in dieser stark vom Islam geprägten Stadt zu tun hatte. Kinder sah ich kaum, die waren wohl in der Schule.

Nach einiger Zeit ließ sich der dürre Bursche in meiner Nähe nieder, den Rücken lehnte er an eine Steinmauer. Unverwandt schaute er zu mir herüber, lächelte, wobei ein Mundwinkel weit nach unten hing, und entblößte ein lückenhaftes Gebiss.

Er zog eine Schachtel Streichhölzer aus einer Tasche seiner Arbeitshose und zündete Papierfetzen an, die er vom Boden aufhob, wo sie vom Wind in einer Ecke der Mauer aufgehäuft worden waren. Mit fasziniertem Grinsen starrte er auf die brennenden Streifen, ließ sie nach einiger Zeit auf den staubigen Boden fallen und schaute zu, wie sie vergingen. Dann nahm er brennende Streichhölzer, steckte sie sich mit der Flamme voraus in den Mund und zog sie zwischen den Lippen wieder heraus. Ich kam mir vor wie in einem Privatunterricht für angehende Pyromanen.

Auf der anderen Straßenseite hielt ein Lieferwagen, Rinderhälften auf der offenen Ladefläche, die anscheinend direkt von einer Schlachtung kamen. Der Anblick des Fleisches faszinierte mich mehr als der Junge mit seinem Feuerfimmel. Riesige Fliegenschwärme kreisten: Tausende oder gar Millionen Tiere bildeten wahre Wolken, ließen sich als Pulk auf dem Fleisch nieder und stieben wieder in Scharen auf.

Arbeiter in verschmierter Kleidung zerrten das Fleisch herunter, es fiel direkt in den Staub. Dann schleppten sie die Rinderhälften und Ziegenstücke, die noch feucht vom Blut waren, über den Gehsteig und warfen sie auf Holzklötze. Dort standen weitere Arbeiter, die die Rinderhälften mit Äxten in Portionen zerhackten. Diese wiederum wurden in Zeitungs- und Packpapier eingewickelt und nach hinten in den Verkaufsraum getragen. Ich sah, dass dort Frauen in Kittelschützen standen, die das Fleisch sofort verkauften.

Hier wurde die Ware vorbereitet, die man hinterher an den kleinen Ständen auf dem Markt und am Straßenrand als Brochettes kaufen konnte. Der deutsche Wirtschaftskontrolldienst würde angesichts der hygienischen Zustände einen völligen Kollaps erleiden.

Ich schaute wieder zu dem Jugendlichen hinüber. Er schien das Interesse an mir verloren zu haben. Auf allen Vieren kroch er über den Boden und suchte Zigarettenstummel zusammen. Aus ihnen und aus Papierfetzen drehte er neue Zigaretten, die er hektisch rauchte, den Blick in die Sonne gerichtet, die ihm ins Gesicht schien. Ständig flackerte ein leicht verwirrtes Lächeln über sein Gesicht.

Irgendwann saß ich auf meiner Bank und schrieb einen Brief an meine Eltern, die sich garantiert schon wieder Sorgen machten. Seit ich im Alter von 19 Jahren nach Marokko gereist und mich erst nach drei Wochen wieder gemeldet hatte, bekam meine Mutter Angst, wenn ich zu einer Afrikareise aufbrach. Die einzi-

ge Methode, ihr diese Angst zu nehmen, war, viele Postkarten zu schreiben, in denen ich über Land und Leute berichtete.
Wobei ich mich stets bemühte, die schönen Seiten zu schildern. Ich beschrieb die hübsche kleine Moschee mit den weißen Mauern und den grünen Verzierungen, und ich ignorierte die Bettler, die an mir vorbeigingen, geführt von kleinen Mädchen oder Jungen. Ich schrieb vom leckeren Essen und ließ die hygienischen Zustände in den Beschreibungen einfach weg, die meiner schwäbisch-korrekten Mutter sicher das Entsetzen ins Gesicht getrieben hätten.
Auf einmal sah ich, wie der Junge mit dem seltsamen Lächeln über die Straße hinüber zu der Metzgerei stromerte. Er bückte sich an einer mit Blut verschmierten Stelle, ohne sich um die Mopedfahrer zu kümmern; sie hupten wütend, weil sie ihm ausgerechnet in der Kurve ausweichen mussten. Der Junge steckte seinen Finger in die Mischung aus Sand, Blut und Dreck, erhob sich lächelnd und hielt den Finger in die Sonne, betrachtete ihn, als wolle er mit ihm sprechen. Dann ging er einige Schritte zur Seite, stellte sich neben die Männer, die das Fleisch mit ihren Werkzeugen zerteilten, und steckte den verschmierten Finger in den Mund. Er lutschte intensiv, als gelte es, die Seligkeit zu erwerben.

Irgendwann war der Fahrer offensichtlich der Meinung, dass wir losfahren sollten. Ich glaubte es fast nicht. Es war halb elf Uhr, nach nur zweieinhalb Stunden Wartezeit. Für afrikanische Verhältnisse war das gar nichts; mein Rekord war Niamey gewesen, die Hauptstadt des Niger. Damals hatte ich rund zehn Stunden gewartet, bis der Lastwagen losfuhr, mit dem ich nach Ouagadougou reisen wollte, der Hauptstadt von Burkina Faso.
»Der Zug hat mir nicht genügend Passagiere gebracht«, sagte der Fahrer. »Wir sind immer noch so viel wie heute morgen, aber wir fahren los.« Er winkte dem Jugendlichen, der jetzt wieder eine Zigarette im Mund hatte und damit vor der Tankstelle herumstand, und rief ihm einen Namen zu. »Den nehmen wir mit«, sagte der Fahrer. »Ich bringe ihn zu seinen Eltern, ich habe ja noch Platz im Bus. Die wohnen am Stadtrand, kurz hinter dem Bahnhof, es ist also nicht weit.«
Mit grotesken Sprüngen eilte der Junge herbei. Er grinste, und ein dünner Speichelfaden lief ihm über das Gesicht. Der Fahrer

winkte ihn nach vorne und gab mir mit einer Geste zu verstehen, dass ich näher zu ihm rücken sollte. Ich nickte.
Während ich mich in die Mitte der vorderen Sitzreihe drückte, bis ich fast mit meinem Hintern auf der Handbremse zu sitzen kam, ließ sich der Junge neben mir nieder. Er roch nach einer Mischung aus altem Schweiß, Zigarettenqualm und irgend etwas Saurem, bei dem ich mir nicht vorstellen wollte, was es genau war. Mit seinem seltsamen Lächeln sagte er etwas zu mir, das ich nicht verstand. Der Mundgeruch, den er verströmte, war schlimmer als sein Körpergeruch. Ich atmete so flach wie möglich, um nicht so viel davon mitzubekommen.
»Er mag Sie«, sagte der Fahrer und lachte. Dann betätigte er den Anlasser und lenkte seinen Bus langsam auf die Hauptstraße hinaus. Hinter mir hatten es sich die anderen vier Reisenden bequem gemacht; sie genossen sichtlich die Annehmlichkeit, einen fast leeren Bus für sich zu haben. Spätestens wenn dicke Frauen mit kreischenden Kindern oder Bauern mit Hühnern einsteigen, würden sie mich um meinen Platz neben dem Fahrer beneiden.
Es hätte mich gewundert, wären wir sofort aus der Stadt gekommen. Der Chauffeur lenkte sein Fahrzeug erst einmal durch einige Gassen, bis er in einem staubigen Hof eine Frau mit einem Kind abholte. Wir fuhren weiter, und er hielt an einer Werkstatt, wo zwei Arbeiter am Anlasser seines Wagens herumschraubten. Und es war etwa elf Uhr, bis wir endlich richtig unterwegs waren.
Langsam fuhren wir an der Herberge vorbei, in der ich übernachtet hatte. Im Hof der Schule trieben die Kinder gerade Sport. Seufzend machte ich mir klar, dass ich die 100 CFA – keine zwanzig Cent – vor drei Stunden hätte sparen können, die ich für den Mopedfahrer und seinen rasanten Fahrstil bezahlt hatte. *Und länger schlafen hätte ich können, dachte ich und ärgerte mich über meine Blödheit.*
Erst als wir an der Kreuzung danach links abbogen, den Bahnhof auf der rechten Seite, war mir klar, warum wir so lange umsonst auf Reisende vom Zug gewartet hatten. Unweit des Bahnhofs hatte eine Reihe kleiner Firmen ihre Anlaufstelle, wo man die Tickets am Schalter kaufen und direkt losstarten konnte. Mehrere Minibusse standen in ummauerten Höfen, ich erkannte offizielle Preislisten, die aushingen und auf besondere Angebote hinwiesen, und ich ärgerte mich erst recht.

Die sogenannten Agences waren keine Reisebüros, wie ich in meiner Naivität bei der Ankunft gedacht hatte, sondern Busunternehmen, mit denen man problemlos und vor allem fahrplangerecht reisen konnte. Mir fiel ein, dass ich von der Hauptstadt Douala in die Küstenstadt Kribi mit genau so einer Agence gereist war, ebenso von Kribi in die zweite Hauptstadt Yaoundé. Hätte ich ein bisschen nachgedacht und mich nicht auf Erfahrungen verlassen, die ich schon vor Jahren gesammelt hatte, wäre ich schon seit Stunden unterwegs. Seufzend lehnte ich mich im Sitz zurück und blickte an die Decke des Busses. *Wie blöd!*, beschimpfte ich mich in Gedanken.

Neben mir grinste der Junge und sagte wieder etwas zu mir, das ich nicht verstand. Jedes Wort von ihm brachte einen Schwall stinkender Luft mit sich, die er mir ins Gesicht blies. Ich stöberte in meinem Rucksack, bis ich die Bonbons fühlen konnte, die ich am Vortag auf dem Markt gekauft hatte. Ich zog eines aus dem Rucksack und gab es ihm. Der Junge strahlte mich an, als habe er noch nie in seinem Leben ein Bonbon geschenkt bekommen, schälte es aus der Verpackung, die er achtlos zu Boden fallen ließ, und steckte es in den Mund.

»Hoffentlich hilft's was«, sagte ich halblaut und im sicheren Wissen, dass ohnehin niemand verstand, was ich auf Deutsch von mir gab. »Zumindest hab' ich einen neuen Freund.« Ich nahm mir vor, meinen Ärger zu ignorieren, schließlich war ich selbst schuld.

Was soll's?, dachte ich und lehnte mich zurück. *Das hier ist ein richtiges Buschtaxi, das hält an jedem Misthaufen von hier bis Garoua. Das braucht garantiert länger als ein Expressbus, aber es ist ebenso garantiert unterhaltsamer.*

Ich schaute auf den Berg zur Rechten, den ich vor zwei Tagen erstiegen hatte, spürte den ruckelnden Motor unter meinem Sitz, roch den Jungen an meiner Seite und sah die Straße, die sich vor dem Bus geradewegs hinaus ins Buschland erstreckte, wo sie in einiger Entfernung als flimmernde Erscheinung zwischen Gestrüpp und Steinen verschwand.

Ich war unterwegs in den Norden von Kamerun und ich freute mich.

Das Tier von Garoua

Eine Geschichte aus Kamerun – 1999

Der Ventilator an der Decke rasselte asthmatisch, ein Geräusch, als ob jemand lauthals seine letzte Luft ausröchelte. Er bewegte die Luft in dem kleinen Raum langsam und mit wenig Erfolg, aber am Morgen sorgte er für ein bisschen Kühlung. Ich blickte zum Fenster, durch das Morgenlicht fiel, und sah dem Vorhang mit seinen roten und blauen Streifen zu, dessen Saum in leichten Wellen vor dem Metallrahmen des Fenstergitters tanzte.

Obwohl es noch früh am Morgen war, schwitzte ich bereits wieder. Garoua empfand ich bislang als eine in der Hitze brutzelnde Pfanne, und das Fett, das in dieser Pfanne gebraten wurde, war ich. Gnadenlos brannte die Sonne auf die Häuser der Stadt herunter, so dass sogar der enge Raum zwischen den Häusern unerträgliche Temperaturen erreichte. Wahrscheinlich hätte ich mir die Morgentoilette zum Teil sparen können; der Schweiß würde bald die Spuren des Deodorants beseitigen, das ich reichlich benutzt hatte.

Noch einmal ging ich in das Badezimmer, das aus einer schlichten Toilette, einer ebenso schlichten Dusche und einem Wasserhahn bestand, der rund zwanzig Zentimeter über dem Betonboden angebracht war. Daneben stand eine der kleinen Gießkannen, wie sie von den Moslems in diesem Land zum Waschen der Füße benutzt wurden. Meinen Kulturbeutel hatte ich auf ein Holzbrett gestellt, das mit zwei Nägeln an der Wand befestigt war. Kurz dehnte ich meinen Oberkörper, dann beugte ich mich nach unten. Ich drehte den Wasserhahn auf und füllte beide Handflächen mit Wasser, spritzte es mir dann ins Gesicht. Es erfrischte, und ich fühlte mich schlagartig besser.

Mit dem Handtuch, das ich über den äußerst wackeligen Stuhl im Zimmer geworfen hatte, trocknete ich mich ab. Vom Bett fischte ich ein halbwegs sauberes und vor allem noch nicht durchgeschwitztes T-Shirt, bevor ich meinen kleinen Rucksack vom Tisch hob. Das Entfernen des Rucksacks genügte, das wackelige Ding in Bewegung zu versetzen.

Es wurde Zeit, dass ich auf die Straße kam. *Das seltsame Tier sehen,* überlegte ich und grinste voller Vorfreude. Ich schob den Vorhang zur Seite, der die Türöffnung bedeckte, und trat ins Freie.

Hinter mir zog ich die Metalltür zu und schloss ab. In meiner Abwesenheit würden die herrschenden Temperaturen eine Backofenstimmung in meinem Zimmer erzeugen, aber anders ging es nicht.

Blinzelnd blickte ich auf die weißen Mauern der Herberge. Eine verschleierte Frau huschte in gebückter Haltung vorbei, sie schaute mich von unten her an und war um die Ecke verschwunden, bevor ich grüßen konnte. In der »Auberge Le Salam« galten strenge Regeln, und vielleicht widersprach es den religiösen Gebräuchen ihrer Familie, mit einem fremden Mann zu sprechen.

Ich hätte wahrscheinlich sowieso Probleme gehabt, mich mit ihr zu verständigen. In der Herberge schienen zumeist Menschen abgestiegen zu sein, die kein Wort französisch sprachen oder sich eben weigerten, die Sprache der ehemaligen Kolonialherren zu benutzen. Offizielle Staatssprachen in Kamerun waren Englisch im Westen und Französisch im Osten des Landes – nach den zwei Zonen, in die nach dem Ersten Weltkrieg die ehemalige deutsche Kolonie aufgeteilt worden war. Die Leute im Gasthaus unterhielten sich in einer Handvoll verschiedener Idiome und einigten sich größtenteils auf Fulfulbe, wenn ich es richtig verstanden hatte.

Kein Wunder, denn im Norden Kameruns lebten gut drei Dutzend verschiedene Ethnien. Das ehemals herrschende Volk dieser Region waren die Fulbe gewesen, bevor die deutschen Kolonialherren ihre Grenzen gezogen hatten. Und die Sprache der ehemaligen Herrscher hatte sich als Lingua franca für die kleinen Völkerschaften der Region erhalten. Mir blieb seit Tagen nichts anderes übrig, als meinen Reiseführer zu benutzen, der immerhin grundlegende Kenntnisse der Fulbe-Sprache vermittelte. Dass »en dilla« so viel bedeutete wie »los geht's« oder »fahren wir«, hatte ich während der Fahrt nach Garoua zu Genüge mitbekommen – diese Vokabel kannte ich also schon.

Ich kam zu dem kleinen, vielleicht zwei mal drei Meter großen Platz, der das Zentrum der Herberge markierte. Die Frauen benutzten ihn zum Aufhängen der Wäsche, und ich hatte am Vorabend für einiges Aufsehen gesorgt, als ich selbst schmutzige T-Shirts im Zuber wusch, um sie anschließend an die Leine zu hängen. Männer taten so etwas nicht, zumindest wurde mir die-

ser Eindruck vermittelt. Auch jetzt kauerten zwei Frauen an einem Zuber und tauchten ihre Hände in das Seifenwasser.
Ich murmelte ein höfliches »Bon jour« und bekam ein leises Murmeln zurück, von dem ich nur das Wort »Nasssara« verstand, das so viel wie »weißer Mann« bedeutete. Beide Frauen vermieden den Blickkontakt mit mir – irgendwelchen strengen Sitten folgend –, während ich mit den Fingern meine aufgehängten T-Shirts betastete. Sie waren so gut wie trocken, aber ich ließ sie hängen; ins Zimmer konnte ich sie später noch bringen.
Ein wuchtiger Mann mit grauen Haaren und einem buschigen Schnauzbart bog um die Ecke. Ich hatte seinen Namen vergessen, aber wir hatten uns am Abend gut unterhalten. Höflich tauschten wir Begrüßungen aus.
»Gehen Sie jetzt zum Fluss?«, fragte er mich dann in schlechtem Französisch. »Wollen Sie nach dem großen Tier sehen?«
»Wahrscheinlich«, gab ich ausweichend zur Antwort. In der Tat hatte ich mir noch keine Vorstellungen darüber gemacht, wie ich den Tag verbringen wollte. Ein kleiner Bummel durch die Stadt, später vielleicht ein spätes Frühstück in einem kleinen Restaurant am Straßenrand – ich wusste es nicht.
Angesichts der drückenden Hitze, die jeden Schritt zur Anstrengung werden ließ, hielt ich meine Pläne lieber auf geringem Niveau. Während mir das Klima im südlichen Kamerun aufgrund der hohen Luftfeuchtigkeit zu schaffen gemacht hatte, fühlte ich mich in Garoua, als würde mir jeder Tropfen Wasser aus meinen Poren gesaugt und in den strahlend blauen Himmel gezogen.
»Sie sollten sich das große Tier anschauen«, erinnerte mich der Mann. »Das riesige Maul ist sehenswert, und Sie können schöne Fotos machen.« Nicht nur er hatte mir erzählt, dass ich entweder in der Morgen- oder in der Abenddämmerung an den Fluss sollte, denn zu dieser Zeit stünden die Chancen am besten, das Tier zu sehen.
Ich lächelte ihm zu. »Heute ist ein schöner Tag. Ich werde auf jeden Fall zum Fluss gehen, dann schaue ich nach dem Tier.«
»Guten Tag«, sagte er in einem seltsam klingenden Deutsch und hob – militärisch grüßend – die flache Hand an den Kopf.
Er empfand die Handbewegung sicher als freundliche Geste. Wie er mir am Abend erzählt hatte, war sein Großvater Soldat gewesen und hatte für die Deutschen gegen die Franzosen gekämpft

– während des Ersten Weltkriegs also. Und da man die französischen Ex-Kolonialherren für vieles verantwortlich machte, was in der Region schief lief, erhielt die »gute alte Zeit« der deutschen Herrschaft für manche Menschen einen verklärten Anstrich.
»Guten Tag«, grüßte ich zurück und wandte mich zum Ausgang. Während ich mich zur Seite wandte, sah ich, wie sich der Weißhaarige neben die Frauen setzte, die immer noch mit ihren Händen im Wasser arbeiteten.

Die Rezeption war ein schmuckloser Raum mit Wänden in einem schmutzigen Gelb. Der Schriftzug »Auberge Le Salam« prunkte in einer imposanten Schriftgröße über einem breiten Schreibtisch und einem Stuhl, beides unbesetzt. Arabische Schriftzeichen – für mich unverständlich – zogen sich in Kopfhöhe einmal rings um den Raum.
Mein Blick streifte die Hausordnung, die als Plakat an der Wand hing. Trotz des Dämmerlichtes war sie gut zu lesen. Die schlichte Ordnung enthielt im wesentlichen nur zwei kritische Punkte: In der Herberge war der Konsum von Alkohol verboten, und ebensowenig durften sich unverheiratete Frauen in den Zimmern aufhalten. An Sex wagte ich in einer so strengen moslemischen Umgebung nicht einmal zu denken, und Bier gab es außerhalb der Herberge überall – also musste ich es nicht einschleppen.
Der junge Mann, der sonst an der Rezeption saß, eilte zur Tür herein. Wahrscheinlich hatte er von der Straße aus den Verkehr beobachtet.
»Bonjour, Monsieur Klaus«, sagte er freundlich, »haben Sie gut geschlafen?«
Ich nickte, und mir fiel ein, dass ich seinen Namen vergessen hatte. »Sehr gut. Und wie geht es Ihnen?«
»Ebenfalls sehr gut.« Mit Schwung ließ er sich auf dem Stuhl nieder. Die Sitzgelegenheit knirschte hörbar. *Irgendwann kracht das Ding,* dachte ich. »Haben Sie besondere Wünsche?«, fragte er.
»Nein, danke. Ich wollte Ihnen nur sagen, dass ich die Herberge verlasse.«
»Sie gehen zum Fluss?«
Ich bejahte und ging. Der Rezeptionist hatte mich gestern auf der Straße angesprochen, als ich aus dem Buschtaxi gestiegen war, von der Hitze ermüdet und gargekocht. Er hatte in sehr höflichem

Französisch gefragt, ob ich ein Zimmer wollte, und ich hatte ja gesagt. Das Zimmer kostete 2500 CFA, umgerechnet etwa vier Euro, ein Preis, mit dem ich sofort klar kam, und die erste Nacht hatte ich gut überstanden. Ich hatte ein gutes Gefühl bei den freundlichen Leuten von der Rezeption, und die Gäste hatten mich als »Bruder« in ihrer Mitte willkommen geheißen.

»Garoua ist eine Hafenstadt.« Das hatten mir bereits am Vortag einige Reisende im Bus erzählt. Der Bénoué war der wichtigste Fluss der Region, und für das nördliche Kamerun stellte er eine bedeutende Verkehrsader dar, auf der Schiffe verkehrten. Allerdings nicht zu jeder Jahreszeit: Wenn die Trockenzeit zu lange dauerte, sank der Wasserspiegel so weit ab, dass keine Schifffahrt mehr möglich war.

Aber dieser Umstand erklärte, warum die Straße, der ich nach links folgte, tatsächlich den Namen Rue du Pont trug, die Hafenstraße einer Stadt am Rand der Sahelzone. *Jetzt will ich doch wissen, von welchem Tier die Leute die ganze Zeit reden,* dachte ich, während ich meinen kleinen Rucksack strammer zog und einige junge Männer grüßte, die auf einer Treppe saßen.

Langsam erwachte die Stadt und schwang sich zu pulsierendem Leben auf. Der Verkehr wurde stärker: Schwere Lastwagen rollten durch die Straße, viele von ihnen so hoch mit Getränkekisten beladen, dass in Europa garantiert die Polizei eingeschritten wäre. Laut Reiseführer gab es eine große Brauerei am Ortsausgang, in direkter Nähe zum Fluss. Die Brasserie du Cameroun versorgte von Garoua aus den islamischen Norden Kameruns mit Bier. Die gut gekühlt lecker schmeckenden Biere der Brasserie wurden sogar nach deutschen Rezepten gebraut.

Ich fand die Existenz dieser Brauerei recht amüsant, belegte sie doch, wie locker die Moslems in Westafrika größtenteils ihren Glauben auffassten. Westafrikanische Moslems hatten nichts von der Strenge, die man ihren Glaubensbrüdern in Arabien nachsagte und von der ich bei meiner ersten Reise nach Marokko 1983 einige Kostproben erlebt hatte.

An einem kleinen Musikgeschäft hielt ich kurz an. »Mister Bum's Superstore« stand in grellen Lettern über dem Eingang, die Eingangstür war noch verschlossen. Durch das getönte Glas sah ich nicht viel vom Inneren. *Vielleicht schau' ich da nachher vorbei,* überlegte ich. Lokale Musik interessierte mich schon immer, und möglicherweise hatte Mister Bum oder wer immer das Geschäft wirklich führte, die eine oder andere Platte oder Kassette, die mich interessierte.

Entlang der Straße zogen sich die üblichen Verkaufsstände, wie ich sie aus anderen afrikanischen Städten kannte. Frauen, die offensichtlich aus den Dörfern der Umgebung gekommen waren, kauerten hinter kleinen Häufchen mit Obst, Gemüse oder selbst gemachten Beignets, wie man die in Fett gebackenen Teigwaren nannte. Hinter Ständen aus Brettern boten Männer ihre Dienste als Friseur, Schuhputzer oder Fahrradmechaniker an.

Interessierte Blicke folgten mir, einige Scherzworte wurden gerufen, und manche Leute grüßten mich, während ich vorüberging. Ich schaute einem Mann zu, der mit zwei Frauen verhandelte: Er hielt zwei Hühner hoch; sie waren an den Beinen zusammengebunden und schrieen fürchterlich vor sich hin. Ich gab mir Mühe, die Tiere zu ignorieren, und nahm mir vor, an diesem Abend garantiert kein Fleisch zu essen.

Dreck wurde vom Wind durch die Straße gewirbelt; er biss in den Augen. Ich war froh, dass ich meine Brille trug. Rollte ein Lastwagen vorbei, tanzten Staub, Abfälle und Blätter über dem Asphalt in der Sonne, bevor sie in engen Wirbeln zur Seite flogen. In den Abfallkanälen sammelte sich der Dreck, dazu Abfälle aller Art, und irgendwann würde das alles im Fluss landen. Ich bummelte am Straßenrand weiter in Richtung Fluss, wobei ich mich um besonders langsame Bewegungen bemühte, um nicht stärker zu schwitzen.

An einem Kreisverkehr, von dem aus eine Straße nach links zur Brasserie führte, ballten sich die kleinen Marktstände geradezu. Direkt über Frauen in bunter traditioneller Kleidung, die große Säcke mit Getreide und Erdnüssen vor sich hatten und verkaufen wollten, hing ein riesiges Plakat. Ausnahmsweise machte es keine Werbung für die regierende Partei oder den Staatspräsidenten, sondern wies darauf hin, dass »Sida« – so die französische Bezeichnung für Aids – eine große Gefahr sei. Nur mit der Hilfe von Kondomen könne man sich dagegen schützen. *Respekt!*, dachte ich, *so eine klare und mutige Aussage, und das in einer Region, die derart stark vom Islam geprägt ist.*

Auch an der Brücke über den Bénoué gab es einige kleine Marktstände. Ein grimmig blickender Polizist sprach gerade mit einer

Frau. *Vielleicht hat sie versucht, direkt auf dem Bauwerk einen Verkaufsstand zu eröffnen,* überlegte ich. Die Brücke war breit genug, dass zwei Autos aneinander vorüberkamen; man durfte sie aber nicht durch die Aktivität der Marktfrauen verengen.
Viele Menschen standen am Brückengeländer, die meisten von ihnen sehr jung. Die Frauen und Männer starrten angestrengt in das Gewässer und redeten wild durcheinander. Als ich auftauchte, grinsten mich einige Leute an.
»Na, wollen Sie auch das Tier sehen, Monsieur?«, rief ein Jugendlicher.
»Ich kann Ihnen den Weg zeigen, Monsieur!«, bot sich ein anderer an.
Ich verhielt mich freundlich und zurückhaltend und überquerte die Brücke. Wenn ich schon mal einen Spaziergang unternahm, wollte ich auch mehr von der Umgebung sehen. Der Bénoué, ein breites, träge dahinfließendes Gewässer, das in der Morgensonne schlammig glänzte, schien im Lauf der Jahrzehnte und Jahrhunderte ein breites Schwemmland angelegt zu haben. Nach der Brücke kam eine Ebene, die fruchtbar wirkte.
Bauern schufteten in Gruppen auf weiten Äckern; sie schwangen die Hacken oder arbeiteten mit Ochsenpflügen. Während ich dem Verlauf der Teerstraße folgte, schaute ich den Menschen zu. Radfahrer und Fußgänger kamen mir entgegen, immer wieder wurde ich freundlich gegrüßt.
Ich verließ die Straße und folgte einem schmalen Fußweg durch das Schwemmland. Über diesen Weg kam ich direkt an den Fluss heran. An einer kleinen Anlegestelle fuhren gerade einige Männer mit einem schmalen Boot auf den Fluss hinaus, andere reparierten ein Boot. Über einer Feuerstelle brutzelten Fische in einer Blechschale. Einige Frauen kauerten direkt an der Anlegestelle, wo sie den Fischern Gebäckstücke und Früchte verkaufen wollten.
Auch Kinder wurden eingespannt: Vier Jungs, keiner älter als zehn Jahre, hievten gemeinsam eine schwere Schale als Traglast auf den Kopf eines anderen Jungen. Die Schale war mit einem Berg von Fischen gefüllt, ein silbrig glänzender Haufen, der in der Sonne schillerte und sich teilweise noch bewegte. Ein Fisch schnellte aus der Schale heraus und landete im Staub des Weges, wo er verzweifelt zappelte. Kreischende kleine Kinder sprangen

herbei und fingen ihn ein, brachten ihn zu einer lachenden Frau, die ihn in einen Eimer steckte.

Der Junge mit der Schale auf dem Kopf verhielt sich ruhig, als wolle er die Traglast noch ausbalancieren. Seine zitternden Beine verrieten die gewaltige Anstrengung, unter der er stand. Dann nahm er Anlauf und wankte auf die Böschung zu, an der ein schmaler Fußpfad bis auf die Brücke hoch führte.

Bewundernd sah ich zu, wie er es schaffte, den Abhang zu bewältigen, ohne dass er stolperte oder seine Ladung verlor. Einige Frauen warteten an der Brücke auf ihn und halfen ihm. Spontan nahm ich dieselbe Strecke. Mit meinen Stiefeln trat ich auf Steine, die der barfüßige Junge genommen hatte; ein seltsames Gefühl wieder einmal, weil mir auf diese Weise klargemacht wurde, um wie viel wohlhabender ich war.

Frauen sortierten die Fische aus seiner Schale in Tragekörbe. Die teilweise zappelnden Tiere glitschten aus den Händen, fielen manchmal auf den Asphalt der Straße – doch rasch schnappten sie die Frauen wieder und warfen sie in die Körbe. Ein Transporter rollte heran, hielt mit laufendem Motor. Zwei Männer wuchteten die Tragekörbe mit routinierten Bewegungen auf die Ladefläche des Transporters, dann fuhr der Transporter sofort ab. *Wahrscheinlich auf den Markt,* dachte ich.

Als sich der grimmig blickende Polizist näherte, zerstreute sich die Gruppe der Frauen und Männer, während die Kinder rasch die Böschung hinuntersprangen. Unter Garantie war es nicht legal, diese Arbeiten direkt auf der Brücke zu verrichten. Dass der Polizist mit gemütlichem Schlenderschritt auf den Schauplatz zuging, machte mir aber klar, dass er keinen Ärger wollte.

Ich stellte mich an das Brückengeländer, direkt neben eine Gruppe junger Männer. Von meinem Standort aus sah ich weit über den Fluss. Am linken Ufer hatten einige Fischer große Reusen aufgebaut: Gestelle aus dünnem Holz, zwischen denen feinmaschige Netze hingen. Ich sah einem Mann zu, wie er das Gestell ins Wasser absenkte, es eine Weile im Fluss ließ, bevor er es dann wieder hochzog. Im Netz befand sich außer einigen Holzstücken nichts, das sah ich sogar von der Brücke aus. Der Mann entfernte das Gerümpel und senkte die Reuse erneut ins Wasser.

»Wollen Sie Fotos machen, Monsieur?«, fragte einer der Jugendlichen, ein schlaksiger Kerl mit einem verwaschenen Fußball-

Obstverkäuferin in Bafoussam, westliches Kamerun; im Vordergrund eilen Kinder von der Schule zum Busbahnhof

Eingangstor zum Campement Boussou in Maroua im Norden Kameruns; der Autor des Buches zusammen mit Angestellten des Campements und einem Nachbarn.

Traditionelles Gericht in Foumban im Westen Kameruns; ein jugendlicher Übeltäter muss sich vor den Ältesten, einer Auswahl von Frauen und Jugendlichen und im Beisein des Sultans verantworten.

Fischer am Fluss Bénoué bei Garoua in Nord-Kamerun; man benutzt unter anderem Reusen, um die Tiere zu fangen.

Bafoussam im westlichen Kamerun; das Stadtzentrum mit der Hauptstraße und dem Rand des quirligen Marktes.

Busbahnhof in Banyo, westliches Kamerun; morgens um sechs Uhr ist das Bergland an der Grenze zu Nigeria eine kalte Region.

Moremi-Nationalpark in Botswana; zu Fuß unterwegs im ausgetrockneten Okavango-Delta – in direktem Blickkontakt zur Tierwelt des Parks.

Viehhirten in den Usambara-Bergen von Tansania; Ziegen und Kühe in dieser hügeligen Gegend werden vor allem von Jungen im schulpflichtigen Alter gehütet.

Okawango-Delta in Botswana; in den riesigen Sümpfen bewegt man sich mit einem Mokoro fort, einem schmalen Einbaum, der mit Hilfe einer Stange vorangetrieben wird.

Tansania-Küste bei Dar-es-Salaam; während der Überfahrt mit der Fähre nach Sansibar.

Nkhata-Bay am Malawi-See in Malawi; auf der einen Seite der Bucht erstreckte sich ein kleiner Markt unter farbenprächtigen Büschen und Bäumen.

Fischer im Dorf Yof in Senegal; unweit der Hauptstadt Dakar und des internationalen Flughafens erstreckt sich das kleine Fischerdorf, von dem aus die Einbäume ins Meer starten.

Ghanzi in Botswana; ein seltener Anblick ist es, wenn ein fürchterlicher Regensturm über die Kalahari hereinbricht und eine Wüstenstadt unter Wasser setzt.

Dixcove in Ghana; der Fischerhafen unweit der alten Sklavenburg.

T-Shirt, der höchstens 15 Jahre alt war. »Wir warten alle nur darauf, dass das Tier erscheint.«
»Im Augenblick nicht«, wich ich aus. »Ich habe meine Kamera in der Tasche.« Mit der Hand wies ich auf meinen schmuddeligen kleinen Rucksack, der nicht nach einer Tasche aussah, in der man eine Spiegelreflexkamera vermuten könnte. »Möglicherweise mache ich Fotos«, sagte ich nach weiteren Fragen, ließ die Kamera aber weiterhin in der Tasche.
Wie immer war ich mir nicht im Klaren darüber, was ich fotografieren durfte und was nicht. Ich selbst mochte es nicht, wenn man mich ungefragt ablichtete, weshalb ich bei Reisen mit meiner Kamera immer vorsichtig blieb. Dabei boten sich meinem Auge unendlich viele Motive: die Fischer am Ufer, der Polizist auf der Brücke, die Kinder und Jugendlichen mit der Beute und den Tragekörben an der Böschung. *Vielleicht später, wenn man mich nicht mehr so beachtet,* hoffte ich.
Der Junge präsentierte mir ein Kuvert, aus dem er verschiedene Fotos zog. »Schauen Sie mal, Monsieur«, sagte er stolz. »Die habe alle ich gemacht.« Offensichtlich hatte er die Bilder schon oft gezeigt, sie waren bereits ausgebleicht, zeigten aber sehr eindeutig, dass es sich bei dem »großen Tier« im Fluss um ein Flusspferd handelte, ein »Hippo«, wie man die Tiere im Allgemeinen in Westafrika nannte. Ausgerechnet bei der Brücke über den Bénoué ging das längst zutrauliche Tier gelegentlich an Land, wo es sich manchmal sogar von Kindern streicheln ließ.
»Schauen Sie, Monsieur«, sagte der Junge, »das Hippo ist sehr friedlich.« Er zeigte mir ein Foto, auf dem Kinder auf dem Flusspferd ritten. Erwachsene hatten sie auf das Tier gesetzt und hielten die vor Begeisterung schreienden Kinder an den Händen fest.
Ich lachte. »Sehr schön.« Grinsend gab ich ihm die Bilder zurück. »Ich hoffe, ich sehe das Tier nachher auch.«
Der Junge steckte die Fotos wieder ein. Mit seinen Gefährten eilte er in Richtung des Kreisverkehrs. Dort entstieg gerade ein wohlhabend wirkendes Ehepaar einem Taxi. Der beleibte schwarze Mann, in einen guten Anzug gekleidet, schob dem Fahrer des Wagens das Geld in die Finger, erhob sich dann und reichte seiner Frau den Arm. Die Frau, die teuer wirkende traditionelle Kleidung trug, schaute lächelnd auf die Jungs, die das Paar umringten, sagte aber kein Wort. Gemeinsam ging das Paar über einen

Pfad hinunter an das Flussufer; dabei sprach der Mann unaufhörlich auf seine Frau ein.
»Von dort unten haben die beiden einen tollen Blick auf das Tier«, sagte ein weißhaariger Mann in zerschlissener Bauarbeiterkluft, der neben mir stand. »Sie sollten auch dorthin gehen. Das lohnt sich.«
Ich bedankte mich, blieb aber erstmal stehen. Zwar nahm die Anspannung und die Aufregung der Menschen um mich weiter zu, aber es sah nicht so aus, als wolle das Flusspferd ausgerechnet hier aus dem Bénoué klettern.
In diesem Augenblick sah ich einen Mann, der mit einer Kamera in der Hand am Geländer lehnte. Er trug eine leichte helle Sommerhose und ein weites Hemd, seinen Kopf bedeckte er mit einer Baseballkappe. Ich ging zu ihm hinüber.
»Darf man hier eigentlich Fotos machen?« fragte ich ihn.
Er lachte und zeigte strahlende Zähne, die in dem schwarzen Gesicht wie in einem Klischeefilm blitzten. »Natürlich, Monsieur. Ich mache Fotos, also dürfen Sie das auch.« Er wies auf den Fluss. »Das Tier kommt hoffentlich bald aus dem Wasser. Aber vielleicht hat es Angst, weil so viele Menschen hier sind.«
Ich stellte mich neben den Mann, zog meine Kamera aus der Tasche und schraubte gleich das Teleobjektiv darauf. Wieder näherten sich einige Jugendliche; einige von ihnen hatten bereits vorher zu der Gruppe gezählt, mit der ich mich unterhalten hatte.
»Sie haben aber eine schöne Kamera«, sprach mich ein vielleicht 18 Jahre junger Mann an, der einen runden Strohhut trug. »Damit können Sie bestimmt tolle Bilder machen.«
Ich winkte skeptisch ab und ließ die Kamera sinken. »Ich bin kein guter Fotograf«, beteuerte ich, »das mache ich nur aus Spaß.«
Doch die Jugendlichen sahen das anders. »Schauen Sie da!«, rief einer, zog an meinem T-Shirt und zeigte aufgeregt auf die Fischer am Flussufer. »Sie müssen diese Männer fotografieren, das gibt wunderbare Bilder.«
Na super!, dachte ich. *Das war's dann wohl mit dem Versuch, Leute bei der Arbeit in aller Gemütsruhe zu knipsen.* Spätestens jetzt bekamen die Fischer mit, dass unter den zahlreichen Schaulustigen, die auf das Flusspferd warteten, auch ein weißer Mann mit Kamera war.

»Das gibt schöne Bilder aus Kamerun, die Sie in Ihrer Heimat an die Zeitung verkaufen können«, argumentierte der Typ mit dem Hut. »Aus welchem Land sind Sie?«

»Aus Deutschland.«

Er strahlte übers ganze Gesicht. »Ah, ein Djamman!« rief er. Danach sprach er mich nur noch mit dem Fulfulbe-Wort für »Deutscher« an, und dieser Begriff wurde von den anderen Jugendlichen aufgegriffen. Sie riefen durcheinander und machten einen derartigen Lärm, dass mittlerweile alle Fischer zu mir hochschauten. Einige winkten mir zu, und keiner wirkte in irgendeiner Art aggressiv, aber ich mochte es nicht, dass jetzt plötzlich jeder von meiner Anwesenheit wusste.

Das war nicht die Art »unauffälligen Verhaltens«, die ich sonst schätzte. Ich mochte es normalerweise, wenn ich mich im Hintergrund aufhielt und in aller Gemütsruhe dem zuschaute, was sich rings um mich abspielte.

Als weiter hinten im Fluss ein grauer Schatten sichtbar wurde, war ich auf einmal unwichtig. Alles schrie durcheinander, einige der jungen Männer rannten sofort los und eilten den schmalen Pfad hinunter zum Flussufer.

»Kommen Sie, Djamman!«, rief mein neuer Freund mit Hut und zog erneut an meinem T-Shirt. »Kommen Sie, das müssen Sie sehen!«

Kurz überlegte ich, kurz überwog das Gefühl, die Szenerie lieber von der Brücke aus zu beobachten, aber dann rannte ich doch lieber mit. In der Gruppe junger Männer, die vor Begeisterung riefen und lachten, eilte ich zum Flussufer, rannte mit den anderen den Fluss entlang, vorbei an Männern, die ihre Netze und Boote reparierten.

Es ging nicht sehr weit. Ein Seitenarm des Bénoué versperrte den Weg. Um ihn zu überqueren, hätte man einen großen Umweg bis zu einem kleinen Steg gehen müssen; dieser Steg sah nicht sonderlich vertrauenserweckend aus Ich hielt an. »So wichtig ist das blöde Flusspferd dann doch nicht«, murmelte ich.

Am Gambia im mittleren Senegal hatte ich vor Jahren einmal die Gelegenheit gehabt, Flusspferde in freier Wildbahn zu beobachten. Nie würde ich diese Szene vergessen: Vor mir der stille Fluss, in dem sich die großen Tiere bewegten, hinter mir der dichte Buschwald, in dem die Affen kreischten, tobten und schrieen. Und dann der unglaubliche Moment, als ein Flusspferd tatsächlich aus dem Wasser sprang, sich gut einen Meter über der Oberfläche des Gambia bewegte und dann wieder im Fluss untertauchte. Selbstverständlich hatte ich bei dieser Gelegenheit die Kamera nicht zur Hand gehabt, ein Umstand, über den ich mich noch Tage danach ärgerte.

Auf einmal stand der junge Mann mit Hut neben mir. »Wenn Sie das Hippo fotografieren wollen, müssen Sie sich eine Piroge mieten«, erläuterte er. »Dann rudern wir auf den Fluss hinaus ...« Er wies auf das Gewässer, wo ich tatsächlich kurz einen dunklen Schatten unter der Wasseroberfläche wahrnehmen konnte. »... und dort können Sie das Hippo aus der Nähe sehen.« Als ich den Kopf schüttelte, lachte er und sagte: »Sie müssen keine Angst haben, das ist nicht gefährlich, die Hippos greifen nicht an. Es kostet auch nur tausend CFA, die Piroge ist nicht teuer, und Sie können sie selbst aussuchen.«

Kurz dachte ich über das Angebot nach; es klang verführerisch und nicht zu teuer. Ich stand an dem Seitenarm des Flusses, schaute hinüber ins Schwemmland und zurück zur Brücke. Sollte ich eine Piroge mieten? Die zwei Euro würden mein Reisebudget nicht belasten, und mit geschickter Verhandlung könnte ich den Preis locker drücken.

Aber dazu verspürte ich gar keine Lust. *So sehr reizt mich das Flusspferd doch nicht,* dachte ich und drehte mich um. Der Mann mit Hut blieb stehen, während ich in Richtung Brücke ging, und schrie mit schriller Stimme auf den Fluss hinaus. Es klang, als wollte er damit das Tier anlocken. Einige Fischer in seiner Nähe lachten ihn aus, einer ahmte ihn sogar nach. Grinsend ging ich weiter.

Von der Brücke aus beobachtete ich weiter den Fluss und seine Umgebung. Zwei Männer in den Uniformen der Gendarmerie rollten mit einem Moped an und gesellten sich zu den Wartenden. Aufgeregt redeten sie mit den anderen Schaulustigen, mit Hilfe eines Fernglases suchten sie den Fluss nach dem mysteriösen Tier ab.

Auf einmal brandete Geschrei auf. Zahlreiche Finger reckten sich in eine Richtung; auch ich schaute flussabwärts. Tatsächlich sah ich einen grauen Schatten im Wasser, mehr aber nicht. *Das kann genauso gut eine optische Täuschung sein,* dachte ich.

Den jungen Mann mit Hut brachte diese Sichtung erst recht in Bewegung. Unaufhörlich rannte er am Ufer entlang, schrie, pfiff und lockte das Tier. Die Fischer lachten ihn aus, Kinder rannten ihm schreiend nach, die Polizisten schauten mit ernster Miene über die gesamte Szenerie hinweg. Ich kam mir vor wie in einem großartigen Theater.

Weil ich durstig war, setzte ich mich auf der anderen Seite der Brücke aufs Geländer. Die Sonne stand mittlerweile hoch am Himmel und brannte mir direkt auf den Kopf; ich war froh, dass ich meine Baseballkappe aufhatte, deren Schirm zumindest das Gesicht ein wenig schützte. Genussvoll setzte ich die Wasserflasche an und nahm einen kräftigen Schluck; das Leitungswasser schmeckte kühl und erfrischend.

Dann ertönte hinter mir lauter Gesang. Ich drehte mich um. Im Wasser stand ein Mann, offensichtlich ein Prediger. Sein weißes Hemd, das er im unteren Teil aufgeknöpft hatte, schwamm wie das Segel eines gestrandeten Schiffes neben ihm im braunen Wasser; er trug einen breitkrempigen Hut auf dem Kopf.

In sauber artikuliertem Französisch predigte er seiner Gemeinde, die aus vier Menschen bestand, zwei Männern und zwei Frauen. Er sang mit volltönender Stimme einen Choral, bevor er eine Ansprache hielt, in der er eine Reihe von biblischen Gleichnissen verarbeitete: Fischer und Menschenfischer und alles andere, was er auf seine eigene Mission bezog.

Mutig, mutig, dachte ich, *mitten im streng islamischen Norden des Landes eine christliche Mission zu betreiben.* Der mangelnde Erfolg war allerdings eindeutig, wenn nur vier Menschen seine Gemeinde bildeten. Sie standen bis zu den Knien im Wasser; manchmal sangen sie mit, seufzten ein inbrünstiges Amen oder hoben die Hände.

Weder der Prediger noch seine kleine Gemeinde kümmerte sich darum, dass neben ihnen eine Gruppe von Männern ihrem weltlichen Vergnügen nachging: Sie standen ebenfalls im Wasser, ausgezogen bis auf die Unterhosen, und wuschen sich mit Seife. Die schwarzen muskulösen Körper bildeten mit den Streifen weiße Seife, die sich überall gebildet hatten, einen seltsamen Kontrast zu dem Prediger und seiner kleinen Gemeinde.

Der Mann mit Hut, der immer noch auf der Suche nach dem Flusspferd war, während viele Schaulustige – wie auch ich – langsam ihr Interesse an dem Spektakel des Nichterscheinens verloren, eilte jetzt zu dieser Seite der Brücke. Auch hier schrie er auf den Fluss hinaus, pfiff auf beiden Fingern und gab Schmatzlaute von sich, die wohl alle dazu dienen sollten, das große Tier von Garoua anzulocken.

Einer der halbnackten Männer im Wasser tippte sich mit dem Finger an die Stirn, aber das schien weder den Prediger noch den Hutträger zu stören. Während der eine nicht damit aufhörte, seine Gebete über den Fluss zu schmettern, pfiff und schrie der Mann mit Hut unaufhörlich weiter.

Mittlerweile gefiel mir das Schauspiel auf dieser Seite der Brücke besser als dort, wo man immer noch nach dem Flusspferd Ausschau hielt. Ein großer Peugeot rollte auf das Ufer zu; ein schwarzer Fahrer hielt für zwei dickbäuchige Weiße mit »Abenteurer«-Hosen und breitkrempigen Hüten die Tür auf. Die beiden Weißen trugen große Kameras um den Bauch, die sicher einige Tausender gekostet hatten; synchron gingen sie auf das Ufer zu, langsam einen Schritt vor den anderen setzend. Der Fahrer hielt sich schräg hinter ihnen und schien ihnen etwas zu erzählen.

Ich betrachtete sie von unten nach oben: Ihre Schuhe hatten wahrscheinlich so viel gekostet wie meine gesamte Ausrüstung zusammen. An der Hand des einen blinkte ein goldener Ring auf, als er die Kamera hochriss. Er richtete sie auf den Fluss, obwohl dort nach wie vor kein geheimnisvolles großes Tier zu sehen war, und schoss einige Bilder. Er hatte den Apparat offensichtlich auf Automatik eingestellt: Immer wieder flackerte das Blitzlicht über das Gewässer.

Und dann überschlugen sich die Ereignisse: Der Prediger nahm laut singend den Kopf eines Mannes aus seiner Gemeinde, tauchte ihn unter, als ob er ihn segnen wollte, hob ihn aus dem Wasser, strich ihm übers Haupt, während Tränen über die Wangen des Mannes liefen, während seine kleine Gemeinde lauthals dazu sang, und auf einmal kletterte auf der anderen Seite des Flusses ein großes graues Flusspferd aus dem Wasser, bewegte sich erstaunlich schnell die rutschige Böschung hinauf und war zwischen den Büschen verschwunden, bevor auch nur ein Mensch darauf reagieren konnte.

Ich wusste nicht, ob ich lachen oder mich ärgern sollte. Mit weit aufgerissenen Augen starrte ich auf die Büsche, wo ich das Tier zuletzt gesehen hatte; meine Finger tasteten nach der Kamera, obwohl die jetzt auch nichts mehr nutzte. Rings um mich brach ein mittlerer Aufruhr aus: Menschen rannten von der Brücke zu dem Ufer, wo das Flusspferd aus dem Wasser gestiegen war, Erwachsene ebenso wie Kinder.

Sogar die Polizisten verloren ihre aufgesetzte Würde und bewegten sich schnell in dieselbe Richtung. Nur der Prediger im Wasser, seine kleine Gemeinde und die sich waschenden Männer änderten nichts an ihrem Verhalten.

»Recht haben die«, murmelte ich und schaute den Rennenden nach. Es änderte jetzt nichts mehr. Ich hatte das Tier gesehen, ich wusste zumindest, wie sein Hinterteil aussah, und jetzt reichte es mir. Mein Magen meldete sich und verkündete, dass es Zeit für ein verspätetes Frühstück war. Ein letztes Mal blickte ich über den Fluss, dann wandte ich mich um und ging wieder in Richtung Stadt.

Ein Lastwagen fuhr an mir vorüber, eine Ladung mit silbrig glitzernden Fischen auf der Ladefläche, eine Ladung, die in der Sonne wie verschmierter Schmuck wirkte, nur eben nicht so roch. Auf einmal bekam ich Lust darauf, eine eiskalte Cola zu trinken.

Im Puff bei Schmiergesicht
Eine Geschichte aus Kamerun – 1999

Die letzte Stunde meiner Fahrt nach Bafoussam war schrecklich: Ich saß neben einer Mutter mit Kleinkind, die ununterbrochen futterten und mich mit Erdnussschalen, Weißbrotkrümeln, Eierschalen und Orangenschalen bewarfen. Damit es mir nicht langweilig wurde, kippte mir von hinten ein weiteres Kleinkind eine streng riechende Flüssigkeit über mein T-Shirt. Und der Fahrer, der eine Mütze mit der Aufschrift »Megastars of Tennis« trug, ließ eine Kassette laufen, die er wohl unter dem Titel »Worst of African-Pop« im miesesten Musikgeschäft Kameruns gekauft hatte. Als der Bus endlich anhielt, war ich komplett erledigt.

Ermattet quälte ich mich aus dem Toyota-Minibus und blinzelte in die Sonne, die fast senkrecht auf die Straße und die sehr schlichten Häuser herunterbrannte. Ein Blick auf die Uhr: Es war ziemlich genau zwölf Uhr mittags. Ich schaute mich um. Rechts zogen sich staubig-rote Straßen einen Hügel hoch, links erkannte ich Autowerkstätten und eine Reifenhandlung. Direkt vor mir verlief sich die Teerstraße in einer Piste, und wenn ich nach hinten blickte, sah ich ein großes Gebäude, das ziemlich modern aussah und sich wie ein mehrstöckiger gelber Turm aus der Umgebung der höchstens zweistöckigen Häuser erhob.

Der Gehilfe des Fahrers, ein kleiner dünner Mann, in dessen Mund nur noch wenige Zähne steckten, kam zu mir. Mit theatralischem Stöhnen setzte er meinen Seesack vor meinen Füßen ab, der zwischen den Sitzen des Busses auf dem Boden verstaut gewesen war. »Wo wollen Sie jetzt hin, Monsieur?«, fragte er und legte sein Gesicht in tausend Falten. »Sind Sie zum ersten Mal in Bafoussam?«

Ich nickte. »Ich suche eine Herberge oder ein billiges Hotel, nichts Teures«, sagte ich. Der Reiseführer verzeichnete zu Bafoussam nur relativ hochpreisige Hotels, worauf ich wenig Lust hatte. Nach den Erfahrungen der letzten Wochen wusste ich allerdings, dass es überall in Kamerun Herbergen gab, die preiswerter waren als jedes Hotel, das der Reiseführer auflistete.

Wieder zeigte mir der Mann sein zerklüftetes Gebiss; ich nahm an, dass dies ein Lächeln sein sollte. »Da weiß ich etwas sehr Gutes für Sie, Monsieur«, behauptete er. »Folgen Sie mir, ich bringe Sie hin. Das kleine Hotel liegt mitten in der Stadt, aber ein bisschen versteckt, und Sie würden es nie allein finden.«

Ohne ein weiteres Wort nahm er den Seesack, den er mir eben vor die Füße gestellt hatte, und wuchtete ihn auf seinen Rücken. Ich wollte ihm noch Einhalt gebieten, weil ich eigentlich Durst hatte, etwas trinken wollte und erst einmal Lust hatte, mich ein wenig umzusehen.

Zudem war der Mann sehr schmächtig, und eigentlich traute ich ihm nicht zu, dass er mein Gepäck wirklich schaffte. Aber nach einem kurzen Blick auf mich marschierte er los, schnurstracks auf eine staubige Straße zu, die den Hügel hinaufführte. Ich winkte dem Busfahrer zu, der die Szene grinsend betrachtet hatte, und folgte dem Mann, der den Seesack mit überraschendem Tempo die Straße hochtrug.

Es war mir unangenehm, denn normalerweise weigerte ich mich stets, von anderen Leuten mein Gepäck tragen zu lassen. Solche Verhaltensweisen empfand ich als kolonialistisch, außerdem wollte ich mir selbst beweisen, dass ich fit genug war. Doch es war heiß, ich fühlte mich von der Fahrt immer noch wie betäubt, und der Mann hatte mich geradezu überrumpelt.

Noch einmal drehte ich mich zu dem Toyota um. Der Fahrer und sein Gehilfe hatten ihn derart vollgestopft, dass ich es kaum hatte glauben wollen. Schätzungsweise zwanzig Erwachsene und drei Kinder hatten sich auf den Sitzplätzen gedrängt, und zeitweise hatte der Gehilfe noch weitere Reisende in den Bus geschoben, die zwischen den Bankreihen gestanden waren.

Der Mann mit meinem Seesack führte mich durch weitere Nebenstraßen, die ebenso staubig waren wie die erste, entlang einer Vielzahl kleiner Restaurants, Bars und Nightclubs bis zu einem versteckt liegenden Haus: ein einstöckiger Bau, umgeben von einer Mauer. Am Mauerdurchgang hing ein Schild: »Delice Café Ahwa«.

Das also sollte mein Quartier für die Nacht sein. Die Bars und Nightclubs versprachen eine unruhige Nacht. *Hübsche Nachbarschaft,* dachte ich skeptisch.

Mein Helfer rief einen Namen, den ich nicht verstand. Ein Junge in kurzen Hosen und Polohemd, vielleicht zwölf Jahre alt, kam um die Ecke; er öffnete die Tür. Gemeinsam betraten wir den Hof.

Nach dem engen Eingang erstreckte sich ein Gang zwischen der eineinhalb Meter hohen Außenmauer und dem Gebäude. Hinter der Mauer kam bereits das rostige Blechdach eines anderen Gebäudes. Es ging nach rechts, vorbei an einem kleinen Verschlag, über dem ein Schild mit der Aufschrift »Reception« hing, und durch eine weit offen stehende Tür.

Der Flur war eng, und es roch muffig. Das störte mich nicht so sehr. Ich hatte schon in mieseren Absteigen mein Quartier aufgeschlagen, sogar in Südfrankreich und Spanien. Auf der linken Seite kam ein Zimmer; durch die offene Tür sah ich ein Bett, auf dem drei junge Männer herumlungerten, schätzungsweise zwanzig Jahre alt, die mich grinsend grüßten.

Der Junge führte mich zu einem anderen Zimmer. »Das ist Ihres, Monsieur«, sagte er. Mein Helfer wartete nicht meine Reaktion ab, sondern wuchtete meinen Seesack ins Innere des Zimmers und setzte ihn auf dem Boden ab. Abwartend blieb ich stehen, immer noch wie betäubt von der Fahrt. Der Raum war klein und stickig, es gab nur ein Bett, das allerdings mit sauberer Bettwäsche bezogen war, und einen Schrank, der wurmstichig aussah und dem ich den Inhalt meines Seesacks nicht anvertrauen würde.

»Ich zeige Ihnen das Badezimmer«, sagte der Junge. Das Badezimmer entpuppte sich als roh verputzter Raum mit kleinem Fenster in der Ecke, in dem sich eine Dusche und ein Klo befanden. Die Dusche hätte als Experimentierfeld für die Züchter moderner Schimmelpilze durchgehen können, und das Klo starrte nur so von Dreck. Der Junge sah mich entschuldigend an. »Das Badezimmer ist ein bisschen alt«, sagte er. »Wir werden es heute noch gründlich putzen.«

Und hier soll ich bleiben?, dachte ich. Aber mein Widerspruchsgeist war noch lange nicht erwacht; ich kam mir vor, als sei ich in Watte gehüllt, die meine Empfindungen betäubte.

Nachdenklich ging ich zurück zu dem Zimmer, das man mir zugeteilt hatte und wo mein Helfer auf mich wartete. Der Mann wollte ein Trinkgeld dafür haben, dass er mich in die schmuddelige Unterkunft geführt hatte. Das System war üblich, aber normalerweise bekamen solche Helfer ihr Geld von dem Lokal. Wie der Mann mich aber anschaute, schien er davon auszugehen, dass ich ihm sein Geld gab.

»Was soll das Zimmer kosten?«, fragte ich den Jungen.
»5000 CFA, Monsieur«, sagte er.
»Wieviel?« Dieser Betrag entsprach rund acht bis neun Euro, und dafür hatte ich in Ngaoundéré ein sauberes großes Quartier bekommen. Ich schaute ihn an, dann wies ich auf das Bett. »Das ist viel zu teuer für so ein kleines Zimmer!«
Mein Helfer mischte sich ein und redete in der örtlichen Sprache schnell mit dem Jungen. Ich verstand kein Wort, nur gelegentlich meinte ich den Begriff »CFA« wahrzunehmen.
»Für Sie kostet das Zimmer nur viertausend CFA«, sagte mein Helfer nach der kurzen Diskussion. »Weil ich mich für Sie so eingesetzt habe, reduziert der Patron sicher den Preis, wenn der Junge ihm das ausrichtet.«
Ich überschlug die Summe im Kopf. 4000 CFA, das waren nach damaligem Kurs exakt 40 französische Francs, also rund siebeneinhalb Euro. Für diesen Preis sollte ich etwas Besseres bekommen. Oder ich schaute nach einem »richtigen Hotel« – aber da fiel mir ein, dass der Reiseführer recht hohe Preise für die gewöhnlichen Hotelzimmer verzeichnet hatte.
»Höchstens zweitausend CFA«, beharrte ich.
Mein Helfer mischte sich erneut ein. »Glauben Sie mir, Monsieur, es gibt nichts Preiswerteres in der ganzen Stadt. Und sehen Sie es doch so: Sie sind hier mitten in der Stadt, in direkter Nähe zu den Nightclubs und Restaurants. Zum Busbahnhof ist es auch nicht mehr weit.«
Nach wie vor fühlte ich mich zermatscht, das Verhandeln und Feilschen zermürbte mich, und die Enge in dem Raum überforderte mich. Langsam nickte ich und schaute den zahnlückigen Mann an. »Na gut. Wenn es nicht anders geht.«
Der Junge zeigte mir, wie ich mein Zimmer mit einem Vorhängeschloss verriegeln konnte. Ich folgte seinem Beispiel und zog den Schlüssel ab, ließ ihn in meine Hosentasche rutschen. Gemeinsam gingen wir in Richtung Rezeption.
Nach rechts ging ein Flur ab in einen dunklen Teil des Gebäudes, den ich vorher nicht wahrgenommen hatte; von dort kam eine junge Frau, die sich vor mich stellte. Die Frau, die ein enges Kleid aus blauem Jeans-Stoff trug, hielt eine auffallend zerfranste Zahnbürste in den Händen und strahlte mich an. »Oh, guten Tag, Monsieur«, säuselte sie, als ich an ihr vorüberging.

Der Verschlag aus Brettern und Fensterglas, der als Rezeption diente, war mit Bildern und Autogrammkarten geschmückt, die verschiedene Boygroup-Stars und drittklassige Schauspielerinnen aus Europa und den USA zeigten. Dort drückte ich meinem Helfer ein 200-CFA-Stück in die Finger.

Mit enttäuschtem Gesichtsausdruck steckte der Mann das Geldstück in die Tasche und zog ab, wobei er vor sich hinmaulte. Wahrscheinlich hatte er sich mehr von mir erhofft, aber ich war zu zerschlagen, um in meinen Taschen nach weiterem Kleingeld zu suchen.

»Der geht jetzt sofort in eine Bar«, sagte eine Stimme neben mir. Jetzt erst sah ich, dass ein junger Mann in der Rezeption Platz genommen hatte. Er lümmelte sich in dem altertümlichen Drehstuhl und sah mich interessiert an. Er hatte ein volles Gesicht, das speckig glänzte; unter dem rechten Auge zog sich eine hässliche Narbe über die Wange. »Ich bekomme jetzt 4000 CFA von Ihnen, Monsieur.«

Ich nickte und schob ihm einen 5000-CFA-Schein über die Theke. »Hier bitte.«

Er nahm einen linierten Schmierzettel, auf den er »Facture« schrieb und dass er 4000 CFA von mir erhalten habe. »Ich habe kein Rausgeld«, sagte er und hob entschuldigend die Hände. Er gab dem Jungen den Fünftausender; dieser rannte sofort los.

Während ich an der Rezeption auf den Jungen wartete, schaute ich mir die Bilder an den Wänden an: blonde Frauen mit auffallend geschminkten Gesichtern, die Mikrofone in der Hand hielten, oder schwarzhaarige Männer mit muskulösen Oberarmen, die neben Motorrädern oder mit Gitarren posierten. Die Bilder sahen aus, als hätten die Burschen in dem Café einfach zwei, drei Jugendzeitschriften, die einer französischen Ausgabe der »Bravo« am nächsten kamen, auseinandergenommen und alle Ausschnitte einzeln an die Wand geklebt. Keiner der Namen, die auf den Bildern standen, sagte mir etwas.

Dazwischen hing eine Preisliste für die hauseigene Wäscherei. »Kann ich hier meine Kleidung waschen lassen?«, fragte ich.

Der dicke Kerl schüttelte den Kopf. »Die Liste gilt nicht mehr. Sie können Ihre Kleidung selbst waschen, Monsieur, und dann auf dem Dach trocknen.« Er wies auf das schräge Wellblechdach, das an der Außenmauer begann, und ich vergaß den Gedanken so-

fort. Das stellenweise angerostete Dach war dreckig und schmierig zugleich. Ein frisch gewaschenes T-Shirt würde auf diesem Dach sofort wieder aussehen, als hätte ich damit alle Toiletten dieser staubigen Stadt geputzt.
Der Junge kam zurück und reichte mir einen 1000-CFA-Schein. Ich bedankte mich, steckte den Schein ein und ging nachdenklich zurück zu meinem Zimmer. Nach wie vor hatte ich Durst, war ich erschöpft, aber schon jetzt fühlte ich mich nicht wohl in diesem »Café«. *Ein seltsamer Ort,* dachte ich, *aber wenn es kein preiswertes Quartier in der Stadt gibt ...*
Als ich die Tür zu meinem Zimmer aufschloss, war die junge Frau wieder da, die mir schon im Flur begegnet war. Eine andere junge Frau begleitete sie, gekleidet in ein enges rotes Kleid mit tiefem Dekolleté. Ihre riesigen Brüste drohten ihr fast aus dem Ausschnitt zu fallen.
»Bonjour, Monsieur«, sagte sie fröhlich und lachte laut. »Es ist schön, dass Sie heute unser Gast sind.«
Ich entfernte das Schloss von der Tür, und mit der sich öffnenden Tür stürmten die zwei jungen Frauen in mein Zimmer. Die Frau in dem blauen Kleid, die mich zuerst begrüßt hatte, ließ sich sofort auf das Bett fallen, blieb auf dem Rücken liegen und strampelte mit den Beinen.
»Oh, das ist sehr komfortabel!«, rief sie. »Sollen wir das nicht gleich einmal ausprobieren, Monsieur?« Ihre Kollegin stand jetzt ganz dicht bei mir und drückte ihre Brüste gegen meinen Unterarm, bewegte sie sanft auf und ab. Das war echt zu viel.

Es war nicht einfach, die zwei Prostituierten loszuwerden; ich benötigte neben meinen Überredungskünsten auch beide Hände. Mit einer Schnute ging die Frau im roten Kleid aus meinem Zimmer. Sie wackelte mit dem Hintern und kicherte abfällig, während sie sich entfernte.
Aufatmend verschloss ich das Zimmer von innen, setzte mich auf das Bett und dachte nach. Der Tag war anstrengend genug gewesen. Eigentlich wollte ich nur ein wenig ausruhen und dann in die Stadt gehen, irgendwo in den kleinen Straßen eine Kleinigkeit essen und vor allem etwas trinken.
Schon der Morgen war anstrengend gewesen. Foumban, die kleine Stadt, in die ich mich richtiggehend verliebt hatte und wo

ich eine Gerichtszeremonie mit dem örtlichen »Sultan« erleben konnte, verließ ich mit einer leichten Trauer – dort hatte mir das Leben richtig Spaß gemacht.
Im Minibus erhielt ich rasch einen Platz, auch mein Seesack wurde ordentlich verstaut. Der Fahrer hupte und ließ den Motor aufheulen, sein Bursche schrie herum und akquirierte neue Mitfahrer, und der Bus füllte sich in Windeseile. Ich hatte mir einen Platz in der ersten Reihe und nahe des Eingangs gesucht, den ich zäh verteidigte. Als wir losfuhren, war der Wagen schon bis zum letzten Platz besetzt, aber bereits nach zwanzig Metern stieg ein Mann zu, der zwischen den Reihen stehen musste und sich unter anderem auf meiner Schulter abstützte, und als wir Foumban verließen, war das Auto zum Brechen überfüllt. Da der Sitz vor mir nicht stabil war, presste sich bei jeder Kurve die Lehne mit brutalem Druck gegen mich und schien mein Knie zerbrechen zu wollen. Immerhin war die Straße in gutem Zustand, sie ähnelte einer französischen Rue Nationale, und deshalb kamen wir sehr schnell voran.
Rechts und links der Straße zogen sich Felder kreuz und quer durch das Hügelland, das Land war dichter besiedelt als im Norden. Die häufig großen Häuser besaßen manchmal prächtige Balkone und waren meist mit Wellblech gedeckt. Gelegentlich kamen wir durch Dörfer, in denen der Markt aufgebaut war; stets herrschte lautes und sehr fröhliches Treiben. Immer wieder stiegen Frauen ein und aus, oft mit Waren, die sie verstauen mussten. Ich bereute bereits, nur meine »gute« Hose angezogen zu haben und nicht das verdreckte andere Kleidungsstück. Ich sah mich schon mit vergammelten Kleidern durch Bafoussam gehen.
Zuerst endete die Reise in dem kleinen Marktflecken Foumbot, was ich überhaupt nicht verstand. Von den 1000 CFA, die ich bezahlt hatte, bekam ich 300 zurück, dann musste ich wie einige andere Reisende auf dem überlaufenen Busbahnhof in den Minibus nach Bafoussam umsteigen. Das kostete weitere 500 CFA, und die Fahrt durch die mörderische Hitze im zentralen Kamerun führte mich letztlich in dieses »Delice Café«.
Mittlerweile stellte ich fest, dass ich in meinem Zimmer jedes Wort verstand, das im Nebenzimmer gesprochen wurde, und dass das »Fenster« auf einen kleinen Gang führte, auf dessen anderer Seite sich eine Bar befand. Irgendjemand probierte dort

seine Verstärkeranlage aus: Musik dröhnte, um kurz darauf abzubrechen, dann erklang die blecherne Stimme eines Radiosprechers. Mit einer ruhigen Nacht war unter solchen Bedingungen nicht zu rechnen.

Als ich aufs Klo ging, um dort zu pinkeln, bemerkte ich, dass es kein fließendes Wasser gab. Aus dem total verrosteten Kasten, der über dem Klo angebracht war, kam nicht einmal warme Luft, und es sah nicht so aus, als würden die Burschen noch kommen, um das Bad zu putzen. Bei der Vorstellung, mich in diesem Loch zu duschen, ekelte es mich.

Und das für 4000 CFA?, ärgerte ich mich über mein lasches Verhalten und fasste einen Entschluss. *Ich ziehe los und suche ein besseres Quartier.* Notfalls wollte ich bis zu 10.000 CFA für ein besseres Zimmer bezahlen, wenngleich mein Bargeld langsam knapp wurde und es in diesem Land stets ein Problem war, Schecks einzutauschen. Hauptsache war, dass ich ein sauberes Bad fand.

Nachdem ich mich davon überzeugt hatte, dass das Zimmer gut verschlossen war, verließ ich das »Delice Café«, den kleinen Rucksack in der Hand und folgte einer kleinen Straße. Sie ging in eine andere Richtung als die, aus der ich zuvor mit meinem seltsamen Helfer gekommen war. Einige Männer, die vor geöffneten Türen und unter ausgeschalteten Leuchtreklamen saßen, sprachen mich von der Seite an, als ich vorüberkam, und wollten mich in eine Bar einladen, aber ich ignorierte sie.

Das mehrstöckige gelbe Gebäude, das ich bereits vom Busbahnhof aus gesehen hatte, erwies sich tatsächlich als Hotel. Direkt daneben begann der zentrale Markt der Stadt; ich sah zahlreiche Frauen, die ihre Waren an kleinen Ständen feilboten. Ich glaubte meinen Augen nicht zu trauen: Während ich in einem Kneipenviertel in einer billigen Absteige mit Prostituierten ein Nachtquartier gefunden hatte, gab es wenige hundert Meter davon entfernt ein schönes Viertel mit Markt und Hotel.

Spontan betrat ich die Eingangshalle des Hotels und trat an die Rezeption. Eine junge Frau in weißer Bluse, eine Schürze vorgebunden, strahlte mich an. »Was möchten Sie, Monsieur?«, fragte sie in singendem Französisch.

»Was kosten bei Ihnen die Zimmer?«, fragte ich zurück. »Und ist eines frei?«

Ein Zimmer kostete 10.000 CFA, sagte mir die junge Frau. Sie müsse aber warten, bis ihre Chefin zurück sei, denn sie sei nur das Zimmermädchen. Wir plauderten ein wenig, dann führte sie mich die Treppe hoch und durch einen Gang. Dort zeigte sie mir ein geräumiges Zimmer mit großem Fenster, zu dem auch ein kleiner Raum mit Klo und Dusche gehörte. Alles war sauber und roch frisch.

Kopfschüttelnd folgte ich der jungen Frau die Treppe hinunter. Ich konnte meine Aktion von vorhin nur damit entschuldigen, dass ich von der Reise erschöpft gewesen war. Normalerweise blieb ich misstrauisch und folgte nicht jedem, der mir den Weg zu einem Hotel zeigen wollte – kaum verstieß ich gegen meine eigenen Prinzipien, ging es prompt schief.

Die junge Frau schaute mich entschuldigend an. »Manchmal haben wir Stromausfall«, sagte sie leise, als schäme sie sich. »Wir stellen Ihnen dann eine Lampe ins Zimmer und bringen Ihnen einen Eimer mit frischem Wasser. Das macht Ihnen hoffentlich nichts aus.«

Ich schüttelte den Kopf und konnte mein Glück nicht fassen, während ich meinen Ärger über mich selbst unterdrückte. Dann verabschiedete ich mich freundlich, ging hinaus auf die Straße und kaufte dem Jungen vor der Tür, der eine Kühlbox mit Getränken hatte, eine Flasche Cola ab. *Endlich etwas Kühles!*

Fünf Minuten später war ich wieder in dem merkwürdigen Café. Ohne mich um die zwei jungen Frauen zu kümmern, die im Flur standen und mich anstrahlten, ging ich in das Zimmer. Mein Seesack lag noch an der Stelle, wo ihn mein »Helfer« abgesetzt hatte. Ich ließ die Zimmertür offen stehen und ging zur Rezeption, wo der Junge herumlümmelte.

»Ich möchte gehen«, sagte ich höflich und legte den Zimmerschlüssel vor ihn hin, »und in ein anderes Hotel umziehen. Können Sie mir bitte mein Geld zurückgeben?« Dass ich ihn mit »Sie« ansprach, war womöglich übertrieben, aber ich wollte so höflich sein wie möglich.

Die folgende Darbietung wäre reif fürs Fernsehen gewesen. Der Junge tat, als ob er mich nicht verstünde. Nachdem ich es ihm zweimal erklärt hatte, verzog er das Gesicht mit allen Anzeichen von Ratlosigkeit. Dann holte er das Schmiergesicht, das sich mei-

nen Fall ebenfalls mehrmals anhörte. Beide taten, als verstünden sie nicht, was ich wollte.
Aus dem Seitengang tauchte ein rundlicher Mann auf, schätzungsweise fünfzig Jahre alt, dessen prallen Bauch ein verwaschenes T-Shirt umspannte, darauf ein Konterfei der verstorbenen Lady Di. Schmatzend kaute er einen Kaugummi; ich fand ihn vom ersten Augenblick an abstoßend.
»Ich bin der Patron dieses Cafés«, sagte er, wobei er sich nicht einmal die Mühe gab, Höflichkeit zu simulieren. »Was gibt's denn?«
Ich erklärte auch ihm das Problem. In der Folge hatte ich bei jeder seiner Antworten – stets mit einem Achselzucken verbunden und mit völlig gleichgültigem Gesichtsausdruck vorgebracht – das Gefühl, er rede mit Hilfe seines Kaugummis absichtlich undeutlich, damit ich nur die Hälfte verstand.
Seinem Geschmatze entnahm ich immerhin so viel: Der Patron habe das Geld nicht zur Hand, die 4000 CFA seien unterwegs. Der Junge, der das Geld von mir kassiert habe, sei noch in der Stadt und müsse wichtige Einkäufe erledigen.
»Setzen Sie sich beim Eingang hin«, schlug er vor. »Warten Sie dort, der Junge wird bald wieder hier sein. Sie bekommen Ihr Geld, ich garantiere es Ihnen.«
Kurz überlegte ich mir, einfach den Schlüssel einzubehalten, um ihn später gegen das Geld einzutauschen. Aber das erschien mir kindisch, also folgte ich seinem Vorschlag. Ich nahm meinen Seesack und setzte mich auf die Treppenstufen, die zur staubigen Straße hinausführten. Die Temperaturen stiegen bereits weiter an, und ich schwitzte.
Das alles wegen 4000 CFA, dachte ich. *Ist es das wert?* Ich hatte den Eindruck, mich langsam zu blamieren, wollte aber noch nicht aufgeben. Zudem hatte mir der Patron versprochen, mir mein Geld zurückzugeben.
Schmiergesicht setzte sich neben mich auf die Treppe und schaute schweigend auf die Straße. Gemeinsam betrachteten wir den Verkehr: Menschen, die zum Markt gingen, Autos, die sich langsam durch die Schlaglöcher quälten, Motorräder, Fahrräder, sogar Ochsengespanne.
»Was meinen Sie, wie lange es dauern wird?«, fragte ich irgendwann.
Er grinste nur. Nach einiger Zeit stand er kommentarlos auf und

ging zurück in die Rezeption. Ich hörte das leise Plärren eines Radios, das afrikanische Popmusik spielte.
Ein junger Mann setzte sich zu mir, nicht älter als das Schmiergesicht. Seine Mütze, die er trug, zierte ein Konterfei des deutschen Rennfahrers Michael Schumacher. Der Bursche stellte sich als Student vor und verwickelte mich in ein Gespräch. Ich erzählte ihm, was vorgefallen war.
Er grinste nur, bevor er in sehr gutem Französisch antwortete. »Sie werden Ihr Geld nicht zurückbekommen«, meinte er. »Das hier ist ein Bordell, was erwarten Sie da?«
Meine eigene Dummheit ärgerte mich immer weiter. Ich war auf einen Schlepper hereingefallen und ich hatte 4000 CFA Lehrgeld dafür bezahlt, dass ich nicht auf mein übliches Misstrauen geachtet hatte. Das Geld konnte ich verschmerzen – warum also ließ ich es nicht sein?
Noch ein Versuch, redete ich mir ein und ging erneut in das Café. Den Patron fand ich in einem Bar- und Disco-Bereich, der tatsächlich am Ende des dunklen Ganges kam, ein düsterer Raum, der nur von einer rötlichen Funzel an der Decke erleuchtet wurde. Der dicke Mann saß allein an einem Tisch, eine Flasche Bier vor sich.
»Ich habe derzeit das Geld nicht da«, behauptete er auf meine Anfrage. »Der Junge wird bald zurückkommen und Ihr Geld bringen.«
Er lehnte sich in seinem Stuhl zurück und trank seine Bierflasche leer. Dabei blickte er mich an, als halte er mich für einen kompletten Idioten. *Wahrscheinlich nicht ganz ungerechtfertigt,* dachte ich, immer noch verärgert über mich selbst.
Der Patron schmatzte mehrfach seinen Kaugummi durch den Mund, dann stand er auf. »Wir können einen Vertrag aufstellen«, schlug er vor. »Dann haben Sie die Sicherheit, die Sie brauchen.«
In der kleinen Rezeption zog er einen offiziellen Registrationsblock hervor. Solche Blocks kannte ich aus anderen Hotels in Kamerun; in diesen mussten die Reisenden die Nummer ihres Reisepasses sowie andere Details eintragen. Füllte ich einen solchen Beleg aus, hatte ich das Zimmer eindeutig angemietet.
Ich schüttelte den Kopf. »Nein, Monsieur, ich will das Zimmer nicht mehr. Ich gehe jetzt in ein anderes Hotel, Monsieur. Dort gebe ich mein Gepäck ab. Heute Abend komme ich wieder, um mein Geld zu holen.«

Der Patron meinte, ich solle am Abend einfach kommen, dann sei alles klar. Er packte seinen Registrationsblock weg, sagte mit übertriebener Freundlichkeit »Au revoir, Monsieur«, und ich machte, dass ich wegkam.

In völlig schlechter Laune schleppte ich meinen Seesack durch die Stadt. Am Markt herrschte mittlerweile ein noch bunteres Treiben als zuvor. Zwei junge Männer verkauften Kokosnüsse von einem Holzkarren herunter, den sie am Rand der Straße aufgestellt hatten; einige mobile Restaurants versorgten Marktfrauen und Passanten mit warmem Essen; überall sprachen und riefen die Menschen durcheinander.

Das verbesserte meine Stimmung – so hatte ich mir Bafoussam vorgestellt: eine quirlige Stadt im Nordwesten Kameruns, mit vielen unterschiedlichen Menschen und mit zahlreichen Möglichkeiten, etwas zu unternehmen.

Im Hotel empfing mich eine Frau mittleren Alters, die mit strengem Blick hinter dem Pult der Rezeption stand. Sie trug eine weiße Bluse mit gestärktem Kragen und sah aus wie eine katholische Ordensschwester, die sich in ein Hotel verirrt hatte.

»Ich war vorhin schon mal da«, sagte ich und setzte meinen Seesack ab, »und ich habe mir Ihre Zimmer angeschaut.«

Ihr strenger Blick verwandelte sich in ein strahlendes Lächeln; auf einmal wirkte sie wie eine gemütliche Frau, die voller Gastfreundschaft die Arme ausbreitete. »Sie sind der freundliche Monsieur aus Deutschland, der vorhin da war«, sagte sie. »Wir haben ein wunderschönes Zimmer für Sie.«

Ich folgte ihr in einen anderen Raum. Er war so groß wie derjenige, den mir das Mädchen vorher gezeigt hatte, lag im zweiten Stock und hatte zwei Fenster, aus denen ich auf den Markt und auf die Hauptstraße blicken konnte.

»Manchmal haben wir Stromausfall«, entschuldigte sich die Frau gleich wieder, »aber heute geht alles, und das Wasser läuft auch.« Sie musterte meine schmutzigen Kleidungsstücke, ihr Blick wurde strenger. »Sie werden es nötig haben.«

Die Menschen in Kamerun mochten keine schmutzige oder vergammelte Kleidung, das hatte ich mehrfach festgestellt. Auch wenn viele sehr arm waren, gaben sie sich doch Mühe, ihre Kleidung regelmäßig zu waschen und zu pflegen; selbst Menschen, die in einer Hütte am Stadtrand wohnten, besaßen meist ein blü-

tenweißes Hemd oder eine Bluse, die sie sorgfältig behandelten.
Ich nickte. »Ja, Madame, ich muss auch dringend meine Kleidung waschen. Die lange Reise ...«
»Ich kenne das.« Sie seufzte. »Aber es gibt eine Wäscherei ganz in der Nähe, ich erkläre Ihnen nachher den Weg.«
Wie das Zimmermädchen schon gesagt hatte, kostete das Zimmer 10.000 CFA, rund 16 Euro. Angesichts der gebotenen Qualität und dem, was ich in den letzten Stunden gesehen hatte, war das absolut preiswert. Ich bezahlte für zwei Nächte im Voraus und musste prompt nur 15.000 CFA auf den Tresen der Rezeption hinblättern.
Ich genoss die Dusche im Zimmer. Es gab sogar warmes Wasser, zum ersten Mal überhaupt, seit ich in Kamerun unterwegs war. Ich genoss ausgiebig die prasselnde Flüssigkeit und sah zu, wie schmieriger roter Dreck in die Öffnung im Boden gezogen wurde. Meine Flaschen füllte ich mit Leitungswasser, das ich mit Micropur-Tabletten trinkbar machte.
Danach fühlte ich mich erfrischt und munter, kein Vergleich zur schlechten Laune von vorhin oder zur Erschöpfung nach der Reise. So ließ es sich aushalten.

Eine halbe Stunde später steckte ich die am schlimmsten verschmutzten Kleidungsstücke in meinen kleinen Rucksack. An der Rezeption fragte ich nach dem Weg zur Wäscherei, lobte noch einmal die Qualität des Zimmers und trat auf die Straße.
Um die Wäscherei zu erreichen, musste ich gewissermaßen einmal um den Markt herumgehen, zuerst am Hotel vorbei, dann irgendwie nach links. Der Verkehr schien weiter zugenommen zu haben. Die Autos rollten langsam an mir vorbei in Richtung Zentrum, und immer wieder bildeten sich Staus; die Luft flimmerte über den Blechkarosserien, der Geruch von Benzin und Diesel drang mir in die Nase.
Aus der Schule, deren mehrstöckiges Gebäude sich auf der anderen Straßenseite erhob, rannten Hunderte von Schülern, alle in braun-gelbe Uniformen gekleidet. Die Händler, die ihre kleinen Stände zwischen der Fahrbahn und den Häusern aufgebaut hatten, bekamen auf einmal alle Hände voll zu tun: Zuckerrohr und Kokosnüsse, Trinkwasser in kleinen Plastikbeuteln, frisches Obst in allen Variationen verkauften sie nun an die Schüler.

Unweit des Hotels betrat ich spontan eine kleine Bäckerei, deren Schild mich ansprach. »Patisserie La Paie« hörte sich sehr europäisch an, und in der Tat boten die zwei Verkäuferinnen vor allem Backwaren nach französischem Vorbild. Ich erstand ein leckeres Schoko-Croissant, das ich – auf der Treppe sitzend – in aller Ruhe verspeiste.
Vor mir brauste der Verkehr, dahinter verteilten sich die Schüler in Gruppen am Straßenrand; manche eilten in Richtung Busbahnhof, andere gingen zum Markt. Ich hatte einen guten Überblick über die Randgebiete des Marktes, die Straße hinaus ins Umland und auf die grünen Hügel, die hinter dem Häusermeer den Horizont begrenzten. Bafoussam gefiel mir immer mehr, und die unangenehmen Gespräche in dem muffeligen kleinen Café drangen weiter in den Hintergrund.
Ich lass' das einfach, dachte ich, während ich die letzten Bissen meines Croissants verspeiste. *Was soll der Unfug? Die sollen sich ihre 4000 CFA sonstwohin stecken.*
Die fettigen Hände wischte ich an der Hose ab, die dadurch noch schmutziger wurde. Ich hoffte, dass es mit der Wäsche schnell ging, damit wenigstens eine lange Hose sauber war. Mit Shorts konnte ich zwar durch die Gegend laufen; ich wusste aber, dass Afrikaner Männer in kurzen Hosen eher albern fanden – so etwas trugen nur Jugendliche und Kinder. Wer ernst genommen werden wollte, trug eine lange Hose, und an dieses ungeschriebene Gesetz hielt ich mich.
Ich bog nach links ab, erreichte so die Straße, die hinter dem Hotel entlang führte. Eine grauhaarige, abgemagerte Bettlerin saß am Straßenrand und hielt mir eine vor Schmutz starrende Hand entgegen; ich gab ihr das Wechselgeld, das ich in der Patisserie erhalten und in die Hosentasche gesteckt hatte. Und während ich weiterging, erwachte in mir erneut der Ärger über das »Nutten-Café«, wie ich es für mich nur noch nannte.
4000 CFA waren in Europa vielleicht nicht viel Geld, aber für eine Bettlerin bedeutete das Nahrungsmittel für mindestens eine Woche. Ich sah nicht ein, dem Schmiergesicht und seinem Patron das Geld einfach zu schenken, nur weil ich meiner eigenen Müdigkeit zum Opfer gefallen war. *Da geh' ich nachher noch mal hin!,* schwor ich mir.
Links erhoben sich hohe Gebäude, darunter das Hotel, dahinter

kam die Mauer, die den Markt an dieser Seite begrenzte; das ganze erinnerte an eine alte europäische Stadtmauer. In Löchern in der Mauer und auf vorspringenden Steinen saßen Vögel, und der Gehsteig war an manchen Stellen von einer schmierigen Schicht aus Kot und Abfällen bedeckt, die aussahen, als habe man sie einfach aus dem Markt hinaus geschleudert.

Ich ging auf der rechten Straßenseite. Kleine Autowerkstätten boten ihre Dienste an; halbnackte Männer hantierten schwitzend an Motoren, Reifen oder Sitzgarnituren. Einige der Werkstätten waren nicht mehr als ausrangierte Container, die am Rand standen und die innen ausgebaut worden waren. Werkzeuge hingen an verrosteten Schrauben, aus Transistorradios drang plärrende Musik, und überall hörte ich das Hämmern, Sägen und Schleifen.

Die Wäscherei fand ich im Erdgeschoss eines mehrstöckigen Hauses, zwischen einer weiteren Werkstatt und einem kleinen Restaurant, das leider noch geschlossen hatte. Ich merkte, wie sich weiterer Appetit rührte; seit dem frühen Morgen hatte ich außer dem Croissant aus der Patisserie noch nichts gegessen.

In der Wäscherei begrüßte mich erneut eine freundliche Frau. *Die einzigen Unsympathen in der Stadt hab' ich gleich zu Beginn kennengelernt,* dachte ich. Sie zeigte mir ihre Preisliste, und ich gab ihr meine Hose, mein Hemd und einige total verdreckte T-Shirts. Das ganze sollte 1900 CFA kosten, also nicht einmal vier Euro. Die Frau wollte Vorkasse, die ich auch leistete.

»Morgen ist Sonntag«, sagte sie. »Sie bekommen ihre Wäsche am Montag.«

Ich nickte; Pech für mich. Also blieb mir nichts anderes übrig, als am Sonntag entweder mit schmutziger oder kurzer Hose durch die Stadt zu gehen.

Danach bummelte ich durch die Innenstadt, die mit Lastwagen, Taxis, Mopeds und Fußgängern völlig überfüllt wirkte. Auch die Vielzahl der Geschäfte, Restaurants, Hotels und Kneipen aller Art verwirrte mich geradezu. In Bafoussam brodelte es nur so von Geschäftigkeit, und ich sah mehrfach Schilder, auf denen für eine Herberge oder für ein Hotel geworben wurde.

Wahrscheinlich ist es sogar recht schwierig, dachte ich, *in dieser Stadt kein halbwegs preisgünstiges Quartier zu bekommen.* Erneut ärgerte mich über mich selbst.

Im Restaurant des Hotels bestellte ich Ndolé, eines der Nationalgerichte in Kamerun, dessen Basis die gleichnamige Spinatart bildete. Dazu gab es gekochte Yamwurzeln, deren Geschmack mich stets an Kartoffeln erinnerte, Kochbananen sowie eine leckere Soße. Ich trank eine Flasche »Isenbech«, ein lokales Bier, das gut gekühlt ebenfalls mundete. Während ich aß, blickte ich aus dem Fenster hinaus ins Freie, wo der Verkehr bei beginnender Dämmerung langsam abflaute und der Markt schon zur Hälfte geschlossen war.

Ein Mann in grauem Anzug kam zu mir, nachdem ich mein Essen beendet hatte. »Stört es Sie, wenn ich mich zu Ihnen setze?«, fragte er, und ich schüttelte den Kopf. Nach einigen Höflichkeitsfloskeln wechselten wir in die englische Sprache, die ich besser beherrschte. Da der Mann viele Geschäfte mit Nigeria abwickelte, so berichtete er, musste er in Englisch und Französisch sowie mindestens zwei verschiedenen Sprachen Kameruns kommunizieren können. Ich bewunderte nicht zum ersten Mal, wie viele Fremdsprachen manche Leute in Kamerun konnten. Neben seiner eigenen Sprache musste praktisch jeder eine der ehemaligen Kolonialsprachen erlernen, um Zeitungen oder Dokumente lesen zu können und sich bei längeren Reisen zu verständigen. Manche der Ethnien in dem Land bestanden nur aus wenigen tausend oder zehntausend Menschen; und so waren die Sprachen der ehemaligen Herren stets sehr wichtig.

Der Geschäftsmann, der sich als »Mr. Nijerma« vorstellte, fragte mich nach meiner bisherigen Reise aus. Ich erzählte von Douala und Yaoundé, den Metropolen im Süden des Landes, von Ngaoundéré, Garoua und Maroua, den Städten im Norden, und von den Reisen dazwischen, und ich gestand, dass ich auf das merkwürdige Café in Bafoussam hereingefallen sei.

Er lachte nur. »Ja, es ist allgemein bekannt, dass die dort auch Prostituierte haben«, sagte er und winkte ab. »Machen Sie sich nichts draus, Sie sind nicht der Einzige. Aber gehen Sie doch zur Polizei, hier geht es ums Prinzip.«

Er hat recht, dachte ich, zum wiederholten Mal in meiner Meinung schwankend, *ich muss etwas machen, egal, wie viel oder wie wenig Geld es ist.*

Herr Nijerma erläuterte mir seine Pläne. Er sei als Geschäftsmann schon sehr erfolgreich, aber er wolle jetzt unbedingt auch ein Ge-

schäft mit Europa entwickeln, idealerweise mit Deutschland. Die Deutschen seien alle so effektiv und korrekt, niemand sei korrupt, und alles laufe perfekt. Mit einem solchen Land würde er gern zusammenarbeiten.
Er wies auf die Straße, die mittlerweile im Dunkeln lag. Einige Laternen verbreiteten spärliches Licht, die Schlaglöcher wirkten wie schwarze Löcher in einem grauen und rötlichen Umfeld. »Gibt es solche Straßen bei Ihnen?«, fragte er. »In Deutschland haben Sie doch bestimmt nur geteerte Straßen und Wege, nicht so etwas.«
»Das stimmt schon«, sagte ich, »die meisten unserer Verkehrswege sind sehr ordentlich und fast alle sind geteert.«
Ich wollte ihm schon erläutern, dass es in ländlichen Gegenden tatsächlich noch Dorfverbindungen gab, die voller Schlaglöcher waren, und dass mittlerweile auch in Städten immer mehr Straßen ruiniert waren, vom Zustand der Autobahn zwischen Karlsruhe und Stuttgart ganz zu schweigen – aber er fiel mir ins Wort. »Ich habe das alles im Fernsehen gesehen, die Straßen in Deutschland sind alle hervorragend.« Herr Nijerma strahlte übers ganze Gesicht, er hob den Daumen. »Deutschland, alles klar«, sagte er auf Deutsch.
Ein solches Gespräch führte ich nicht zum ersten Mal. In Westafrika galt Deutschland geradezu als gelobtes Land, von dem viele Menschen träumten. Die weite Verbreitung exportierter Fernsehserien wie »Derrick« trug dazu bei, dass viele Leute glaubten, in meinem Heimatland besäßen alle große Limousinen und lebten in riesigen Wohnungen.
Herr Nijerma war gebildet und er war ein erfolgreicher Geschäftsmann, der es in Kamerun zu einem respektablen Einkommen gebracht hatte. Aber er träumte davon, in Deutschland zu leben und dort ein neues Geschäft aufzuziehen. Dazu brauchte er jemanden, der ihm half – und deshalb sprach er mit mir. Er war sehr offen und ehrlich, und ich brauchte lange Zeit, ihm klarzumachen, dass ich ihm aufgrund der Gesetzeslage nicht helfen konnte.
Nicht zum ersten Mal hatte ich die undankbare Aufgabe, Menschen in Westafrika zu erläutern, warum sie nicht einfach nach Deutschland reisen konnten, selbst wenn sie es sich – wie Herr Nijerma – sogar hätten leisten können. Zumindest ich war nicht

in der Lage, ihm bei seinen Bemühungen zu helfen, und das versuchte ich ihm klarzumachen. Ich verwies auf die deutsche Botschaft in Yaoundé und auf mögliche Aktivitäten der Gesellschaft für Technische Zusammenarbeit, und ich merkte selbst, wie unglaubwürdig ich mich anhörte.

Als sich Herr Nijerma verabschiedete, fühlte ich mich mies, aber ich war froh. Und nachdem ich mein Essen bezahlt hatte, machte ich mich erneut auf den Weg zum »Delice Café Ahwa«.

Ich hatte keine Lust mehr auf eine Auseinandersetzung und mittlerweile fühlte ich mich in Bafoussam so wohl, dass mir das Geld völlig gleichgültig war, aber ich hatte versprochen, am Abend wiederzukommen. *Vielleicht klappt's ja doch,* dachte ich ohne große Hoffnung.

In der Straße, in der sich das Nutten-Café befand, hatte mittlerweile das Nachtleben begonnen. Aus zahllosen Bars und Tanzlokalen drang laute Musik ins Freie, und überall waren Gruppen von Fußgängern unterwegs. Eine junge Frau in auffallend knappem Kleid sprach mich an, als ich mich dem Café näherte; ich ging weiter, ohne mich aufhalten zu lassen.

An der Eingangstür des Cafés lungerte Schmiergesicht herum. »Der Patron kommt gleich«, sagte er auf meine entsprechende Frage. »Warten Sie einen Augenblick.«

Ich setzte mich auf die Treppe, unterhielt mich mit dem jungen Mann mit der Schumacher-Mütze, der auf einmal wieder aufgetaucht war, und wartete. Nach zehn Minuten stand ich auf und suchte im Innern des Cafés nach Schmiergesicht. Ich fand ihn in einem der Zimmer, ganz in der Nähe des Raums, den ich hätte bewohnen sollen. Mit nacktem Oberkörper lungerte er auf einem Bett herum, die beiden Prostituierten neben ihm, beide bekleidet.

»Regen Sie sich doch nicht so auf«, sagte die Nutte im blauen Kleid. »4000 CFA sind für einen Weißen doch kein Geld, das ist doch nichts für Sie.«

Die andere rekelte sich auf dem Bett, gewährte mir tiefe Einblicke in ihren Ausschnitt und auf ihre pinkfarbene Unterhose. »Legen Sie sich zu mir aufs Bett«, schlug sie vor. »Hier bei mir können Sie ein bisschen ausruhen.«

Ich holte tief Luft. *Das ist's jetzt,* dachte ich, *außer Ärger und blöde Sprüche bekomme ich hier nichts mehr.* Noch einmal dachte ich darüber nach, zur Polizei zu gehen, aber dann ließ ich es sein. Was

brachte es mir? Womöglich nur neuen Ärger, und das in einer Stadt, die mir bislang eigentlich sehr gut gefiel.
Mit einem Ruck und ohne weiteren Ton drehte ich mich um. Es war eine Niederlage für mich, und Schmiergesicht würde sie wahrscheinlich mit seinem Patron feiern. Ich schrieb die 4000 CFA in den Wind.
Sieh's als Lehre, dachte ich, als ich an der Rezeption vorbeiging und den Impuls unterdrückte, aus purer Bosheit den Registrationsblock zu klauen oder sonst etwas Verbotenes zu tun. *4000 CFA für eine Handvoll neuer Erfahrungen, und es ist ja nichts passiert. Es ist Lehrgeld, sonst nichts.* Und mit diesem Gedanken trat ich erneut zu einem Stadtbummel an.

Malawi – eine Vorbemerkung

Malawi ist ein recht kleines Land im südöstlichen Afrika; die Nachbarstaaten sind Mosambik, Tansania und Simbabwe. Das erstaunlich dicht besiedelte Land – rund sieben Millionen Menschen leben auf einer Fläche, die der von Österreich entspricht – ist stark ländlich geprägt: Es gibt nur wenige Städte, sogar die Hauptstadt Lilongwe weist in weiten Teilen einen dörflichen Charakter auf. Die meisten Menschen wohnen in kleinen Dörfern auf dem Land. Bodenschätze gibt es in diesem Land so gut wie keine, andere natürliche Reichtümer ebenso wenig.
Die Folge: Malawi ist eines der ärmsten Länder der Welt, zudem geplagt von Aids, die schlimmste Bedrohung der Region, an der vor allem weite Teile der »arbeitsfähigen Bevölkerung« leiden.
Um dies gleich mit Zahlen zu belegen: Als ich im Land war, wurde die durchschnittliche Lebenserwartung Malawis mit rund 38 Jahren angegeben. Das empfand ich schon damals als schockierend. Nach neuesten Angaben geht man von einer Lebenserwartung von nur 32,5 Jahren aus – Grund dafür ist Aids, das für weit über die Hälfte aller Todesfälle verantwortlich ist. Da die Krankheit vor allem die arbeitsfähige Bevölkerung hinwegrafft und dazu führt, dass junge Menschen in hohem Maße »ausscheiden«, bringt dies weitere verheerende Konsequenzen mit sich.
Ich bereiste das Land im Spätjahr 2001, als sich die Probleme bereits abzeichneten. Ich begann in der Hauptstadt Lilongwe, reiste von dort aus nach Norden und an den Malawi-See. Am See entlang fuhr ich nach Süden, nach Nkothakota, der ehemals bedeutenden Hafenstadt, und zurück nach Lilongwe. Von dort aus nahm ich an einer organisierten Tour in den South Luangwa National-Park in Sambia teil, bevor ich in den Süden des Landes weiterfuhr.
Dort legte ich in der Handelsstadt Blantyre, der Bergstadt Zomba und einigen Dörfern im Sumpfland Station ein. Nach einem erneuten Abstecher an den See, diesmal an die Monkey Bay im Süden, ging es zurück nach Lilongwe.
Während der vier Wochen, die ich mich im Land aufhielt, hatte ich viel mit den meist sehr freundlichen und hilfsbereiten Einheimischen zu tun. Und ich bekam mit, wie das Land langsam in eine wirtschaftlich-politische Krise rutschte: Der Preis für Mais,

also das Hauptnahrungsmittel vieler Leute, vervierfachte sich innerhalb weniger Monate. Die Bevölkerung, deren Mehrheit von extrem wenig Geld leben muss, ist größtenteils in der Landwirtschaft beschäftigt. Das Dürrejahr 2002 mit all seinen Folgen verschärfte die bereits vorhandenen Probleme durch Überbevölkerung, ausgebeutete Ressourcen und mangelnde Bildung; viele Einwohner sind nach wie vor Analphabeten.
Ein Europäer, der mit offenen Augen durch das Land reist, sieht diese Probleme selbstverständlich. Ich fühlte mich oft hilflos, weil ich so oft das Gefühl hatte, nichts tun zu können. Immer wieder erzählten mir Leute von ihrer Arbeit und ihren Kämpfen um die nackte Existenz – und weder ich noch sie wussten, dass die Katastrophe erst noch kommen würde.
Möglicherweise liegt ein Teil der Probleme an der Regierung, die sich – so erzählte man mir mehrfach – nicht immer geschickt verhält, was die Wirtschaftspolitik betrifft: Um Auslandsschulden zu bezahlen, wurden Ernteüberschüsse verkauft, anstatt Vorräte anzulegen. Das Land ist eine einigermaßen stabile Demokratie, seit 1993 die Banda-Diktatur zu Ende ging. Ein Versuch des Präsidenten Bakili Muluzi – in einer Geschichte erwähnt –, die Verfassung zu ändern, erlitt Schiffbruch; seit 2004 regiert Präsident Mutharika.
Problematisch bei alledem ist die im Land wuchernde Korruption, die halb Afrika in seinem Wachstum hindert: angesichts der Tatsache, dass Beamte in Malawi oftmals unregelmäßig und schlecht bezahlt werden, eine leider nachvollziehbare Entwicklung. Ich wage nicht die geringste Prognose, wohin sich das Land künftig entwickeln wird: Die Situation wird angespannt bleiben, wozu vor allem die Verbreitung von Aids beiträgt ...

Bewegung für KK

Eine Geschichte aus Malawi – 2001

Das »Pickn'Pay«, in dem ich abgestiegen war, hatte seine besten Tage schon lange hinter sich. Die Außenseite bestand aus grauen Mauern und milchigen Fensterscheiben, die auf die staubige Hauptstraße von Nkhotakota hinausblickten. Auch der Schriftzug wirkte ausgebleicht, jedes Schriftzeichen schien in der Sonne zu zerbrechen. Im Türrahmen unter der Schrift saß der alterslos erscheinde Mann, den ich suchte: Ich konnte mir seinen Namen nicht merken, er hieß entweder Nico oder Miko, und ich betrachtete ihn als den anscheinend allgegenwärtigen guten Geist des Gasthauses.

Als ich näher trat, erhob er sich mit einer langsam gleitenden Bewegung. Sein hagerer Körper steckte in einer zerfetzten Montur, die sonst wohl in Werkstätten benutzt wurde. Strahlend trat er mir entgegen. »Sie sind ja schon von Ihrem ersten Ausflug zurück«, sagte er. »Wie hat Ihnen KK gefallen, Sir?«

Die Tatsache, dass er mich stets mit »Sir« anredete, wenngleich er sich immerhin nicht vor mir verneigte, war mir ebenso peinlich wie die Tatsache, dass ich mir seinen Namen nicht merken konnte. Nico war Koch und Küchenaufsicht, Rezeptionist und Aufseher für einige Bauarbeiter im hinteren Teil des Gasthauses, und er war somit verantwortlich für Wohl und Wehe aller Gäste im »Pick'n'Pay« in der kleinen alten Handelsstadt am Malawi-See.

Genau darin sah ich das Problem. Ich war der einzige Gast im »Pick'n'Pay«, und es sah nicht so aus, als ob die Hochsaison im nächsten Moment über das Gebäude hereinbrechen würde. Wie also sollte ich dem Mann erzählen, dass seine Heimat zu den langweiligsten und ausgestorbensten Käffern zählte, die ich in meinem ganzen Leben gesehen hatte?

»Netter Ort«, sagte ich und lächelte höflich, »sehr ruhig, aber ein bisschen heiß heute.«

»Ruhig« war die ideale Umschreibung für Nkhotakota. Stillgelegte Gasthäuser, Restaurants und Läden säumten den staubigen Weg, der von der Überlandstraße direkt zur Fähranlegestelle am Ufer des Malawi-Sees führte. Gelangweilte Jugendliche saßen vor langsam zerbröckelnden Häusern, im Areal des überdachten Marktes verlor sich ein Dutzend Marktfrauen mit kleinen Ständen.

Das Leben spielte sich nicht mehr hier ab, im eigentlichen Stadtkern, sondern an der Überlandstraße mit ihrem kleinen, aber quirligen Busbahnhof, ihren Supermärkten, Restaurants und erstaunlich lebendigen Marktständen. Die Stadt, die vor hundert Jahren eines der bedeutenden Zentren im südostafrikanischen Sklavenhandel gewesen war, dämmerte vor sich hin. Auch der Versuch der Einwohner, den umständlichen Namen mit »KK« abzukürzen, konnte hier nicht viel helfen.

»Ja«, bestätigte Nico. »Es ist sehr heiß in Nkhotakota. Wie immer eigentlich, sogar für Afrikaner. Hat es Ihnen am See gefallen, Sir?«

»Oh ja.« Sumpfig wirkendes Schilfgras, in dem kreischende Kinder spielten, hielt wohl jeden vom Baden ab, der einmal das Wort Bilharziose gehört hatte. »Auch da ist es schön und ruhig.« Die Lüge kam mir gelassen über die Lippen; ich sah keinen Grund darin, dem Mann die Wahrheit zu sagen, und lobte lieber seine Heimatstadt.

Ein runder Pavillon aus Steinen, auf dem ein Dach aus Schilfmatten ruhte, versprach »cold drinks« und »delicious meals«, war aber genauso verriegelt, still und tot wie das große Backsteingebäude in der Nähe, das langsam verrottete, und das weiß gestrichene »Youth Center«, in dessen Fensterrahmen und Drehtüren sich kein Glas mehr befand. »Aber es war genauso heiß«, fügte ich hinzu, um einen Themenwechsel einzuleiten.

»Ja, Sir.« Der Mann nickte bestätigend. »Es gibt viel zu wenig Wind heute.«

»Und deshalb brauche ich eine Dusche.« Ich wies auf mein feuchtes T-Shirt. »Ich habe sehr geschwitzt.« Ich spürte schon die ganze Zeit, wie das T-Shirt an meinem Rücken klamm auf der Haut klebte. Schmierig fühlte es sich an, und ich hatte das Gefühl, die Salzkristalle scheuerten sich auf meiner Haut fest.

»Oh ja, Sir, ich sehe es.« Nico lächelte freundlich. »Thank you, Sir.« Er deutete eine Verbeugung an. »Nehmen Sie Ihre Dusche; ich schließe den Raum auf. Wir sehen uns später.«

Noch einmal schaute ich mich um. In der Sonne des frühen Nachmittags schien sogar der Sand der Straße zu kochen. Die wenigen Frauen, die sich zwischen den Gebäuden bewegten, hielten sich im Schatten und setzten nur langsam einen Schritt vor den anderen. Das Haus gegenüber, an dem sie vorbei gingen, stand leer; seine Fenster waren mit Brettern vernagelt.

Ich ging an Nico vorbei durch die Tür. Im düsteren Restaurant sah nichts danach aus, dass Gäste erwartet wurden. Staubige Stühle standen um leere Tische, und dicke Vorhänge vor den Fenstern ließen nur wenig Licht ins Innere. Staubflocken tanzten an hellen Stellen um ein unsichtbares Zentrum, der leichte Geruch nach verfaulendem Obst hing in der Luft.

Durch einen Gang kam ich erneut in den Innenhof, um den sich die Zimmer gruppierten. Die Luft stand in meinem Zimmer, trocken und seit Stunden nicht mehr bewegt. Ich riss mein T-Shirt vom Körper und warf es über die Lehne des klapperigen Stuhles, damit es dort trocknete. Das Fenster zum Hof ließ sich leicht öffnen. Zusätzlich gesichert wurde es durch ein Fliegengitter, das ich gegen irgendwelche Stechmücken als ebensowenig vertrauenswürdig einstufte wie das ohnehin viel zu knappe Moskitonetz.

Ein weiteres kleines Fenster, ebenfalls mit einem Fliegengitter versehen, das sich hinter meinem Bett in der oberen Ecke befand, bildete wohl meine Verbindung zur Küche des Restaurants. Von dort aus drang der Geruch von leicht angegammeltem Fleisch ins Innere, der sich durch keinerlei Luftzug vertreiben ließ.

Die Dämmerung brach schnell herein. Ich fischte mein Handtuch und halbwegs frische Unterwäsche aus dem Seesack, und als ich auf den Hof hinaustrat, krochen schon lange Schatten über den Sand. Die Dusche war ein düsterer Raum mit Wellblechdach, der neben der ebenso düsteren Toilette lag. Ich betrat sie und stellte fest, dass das Licht nicht funktionierte. Alles Drücken auf den Lichtschalter half nichts; nicht einmal die Versuche, den Schalter extrem vorsichtig zu betätigen oder besondere Winkel einzuschlagen, erbrachten ein Ergebnis.

Als ich genauer hinschaute, stellte ich fest, daß keine Birne in der Fassung steckte. »Mann«, sagte ich zu mir selbst. »So kann's ja nicht klappen.«

Seufzend ging ich zurück, stöberte Nico oder Miko in der Küche auf, wo er geräuschvoll mit einigen Töpfen hantierte. Er richtete sich aus seiner gebückten Haltung auf und strich seine Schürze glatt. Schweiß lief in Strömen über sein Gesicht: Mit einem Lappen, der auf dem Herd lag, wischte er es trocken.

»Es gibt kein Licht in der Dusche«, sagte ich höflich.

Er schaute mich an. »Das ist sehr traurig, Sir.« Sein Gesichtsausdruck wirkte, als ob er nicht verstehen wolle, was ich sagte.

»Ich würde aber gern duschen. Das geht im Dunkeln nicht.«
Er nickte. »Sie haben recht, Sir. Ich werde nach dem Problem schauen.«
Nico oder Miko folgte mir zur Dusche, wo er sich in meiner Anwesenheit davon überzeugte, das wirklich nichts ging. Dann nickte er und versprach, eine neue Birne in die Fassung zu drehen. Es würde nur zwei oder drei Minuten dauern, und ich solle so lange in meinem Zimmer warten.
Es ging schneller, als ich erwartet hatte. Keine Minute später, ich hatte gerade den Reiseführer aufgeschlagen, um mich über mögliche Aktivitäten in der Stadt zu informieren, klopfte es bereits an der Tür.
»Schauen Sie, Sir«, sagte Nico oder Miko, »es ist hell. In der Dusche ist Licht.« Stolz wies er auf den schwachen Schein, der auf den Hof fiel. Er hatte eine neue Birne in die Fassung gedreht.
Ich bedankte mich, und er ging. In der Dusche schloss ich die Tür mit einem dünnen Riegel, zog mich aus, deponierte die Kleidungsstücke entweder auf dem Fußboden vor der Tür oder packte sie an einen der Nägel, die provisorisch in der Wand steckten. Dann drehte ich an dem Hebel, der aussah, als habe man einen Schraubenschlüssel mit dem abgebrochenen Originalgriff verbunden.
Wasser tropfte aus dem Duschkopf, anfangs nur tropfenweise, dann etwas stärker. Für meinen Geschmack war es trotzdem viel zu wenig, also drehte ich auf. Das Wasser prasselte auf mich herunter, gleichzeitig aber drang es oben aus dem Duschkopf, spritzte kreuz und quer durch den kleinen Raum.
Besorgt betrachtete ich meine Kleidungsstücke, die an den Nägeln hingen. *Soll ich sie zur Seite räumen?,* überlegte ich. Ich hatte keine Lust darauf, an diesem Abend mit feuchter Hose und nassem T-Shirt durch die Straßen zu spazieren.
In diesem Augenblick machte es »Plopp«, Splitter sirrten durch den Raum, es wurde dunkel, und eine glühend heiße Glasscherbe traf meinen rechten Fuß. Vor Schmerz und Schreck zugleich schrie ich auf, riss den rechten Fuß hoch, stützte mich an der Wand ab und fluchte vor mich hin. Splitternackt stand ich in der Dunkelheit, in einer Dusche, deren Boden wohl mit Glasscherben bedeckt war. »So eine Scheiße«, schimpfte ich.
Mein rechter Fuß fühlte sich heiß an; wahrscheinlich würde ich eine kleine Brandblase davontragen. Langsam tastete ich durch

die Dunkelheit, vorsichtig, um nicht das Gleichgewicht zu verlieren und nicht versehentlich in eine Glasscherbe zu treten. Ich drehte das Wasser ab, zog mein Handtuch von einem Nagel und öffnete die Tür, ohne meine Füße auch nur einen Zentimeter zu bewegen. Erst danach machte ich einen Satz über das mutmaßliche Scherbenmeer hinweg.

Dann stand ich im Hof vor der Dusche, ich war nackt, und es war dunkel. Rasch band ich das Handtuch um meinen Leib.

Nico oder Miko eilte schon herbei, wohl durch meinen Schrei angelockt, und gleichzeitig ging das Licht im Hof an. Er schaute mich an, als verstünde er überhaupt nicht, welches Problem ich hätte. »Was ist passiert, Sir?«, fragte er. Sein Blick wanderte über mich und die dunkle Dusche. Im Licht der Hoflampe glitzerten die Scherben auf dem Boden.

»Das Licht ist explodiert.« Ich wies auf die Dusche. »Überall liegen Glasscherben.«

»Das ist sehr traurig, Sir.« Er nickte betrübt und schaute in den Duschraum hinein. Dann ging er ohne weiteres Wort.

Achselzuckend blieb ich zurück und trocknete mich ab. Vorsichtig fischte ich die Sandalen aus der Dusche, klopfte sie gründlich ab und schlüpfte hinein. Erst danach traute ich mich, meine Kleidungsstücke und vor allem den Zimmerschlüssel von den Haken zu nehmen. In der Geborgenheit meines Zimmers, in das jetzt der Duft von heißem Bratenfett drang, zog ich mich endgültig an.

Als ich erneut zur Dusche ging, nahm ich meine Taschenlampe mit. Gefährlich aussehende Splitter, deren aufragende Zacken im Licht glitzerten, lagen auf dem Boden, während die Reste der Birne in der Fassung steckten.

Nico oder Miko fand ich im Restaurant. Er hatte mittlerweile seine Rolle gewechselt und trug einen hellen Anzug, der ihm gut eine Nummer zu groß war. Er wirkte nun als Bedienung für zwei neue Gäste: Männer in streng islamischer Kleidung, die wie Araber aussahen und kein Wort sprachen. Sie saßen an einem Tisch, die Köpfe über Fleisch mit Soße und Reis gebeugt, und aßen; zwischen ihnen lagen dickleibige Bücher.

»Sie müssen die Dusche schließen«, sagte ich zu dem Verwalter. »Das ist gefährlich. Sonst verletzt sich noch jemand.«

»Ja, Sir.« Er wirkte völlig unglücklich. »Ich werde die Dusche absichern, damit nichts passiert. Es war zu feucht für die Lampe.«

Ich ließ ihn mit seiner Aufgabe allein, der arme Kerl tat mir leid. *Immerhin hat sich die Zahl seiner Gäste in kürzester Zeit verdreifacht, dachte ich.*
Als ich am nächsten Morgen aufstand, war die Tür zur Dusche verriegelt. Ich wusch mich im Freien, wobei ich den Kopf und den Oberkörper unter einen mäßig laufenden Wasserhahn hielt. Seifiges Wasser lief aus dem Abflussrohr auf den Boden und als weißliches Rinnsal in einen schmalen Graben, der um die Toilette führte. Neugierig blickte ich um die Ecke, um zu sehen, wohin der Graben führte.
Hinter der Toilette, direkt neben dem schmalen Graben, stand ein großer Eimer aus Metall, auf den jemand mit roter Farbe »Pick'n'Pay« geschrieben hatte. Der Eimer war bis zum Rand gefüllt mit Glasscherben, dazwischen lagen Halterungen für Glühbirnen.

In Erwartung des Präsidenten
Eine Geschichte aus Malawi – 2001

Am Vormittag war ein heftiger Regen auf die Stadt heruntergeprasselt, der erste Regen seit Monaten überhaupt. Seither schien eine widerliche Wolke aus Wasserdampf über der ganzen Region zu liegen, ein wabernder Dampf, der die Stadt von einem Ende zum anderen bedeckte und einem bei jeder Bewegung den Schweiß aus den Poren trieb. Längst rann mir die Brühe unter dem T-Shirt zusammen und formte schmierige Rinnsale, die mir am Körper herunterliefen.

Das Gefühl war ziemlich eklig, und daran änderte die Tatsache nichts, dass ich den Regen nach zwei Wochen knochentrockener Hitze ebenso bejubelt hatte wie die Bevölkerung im Süden Malawis. Und weil ich bei dem Klima erst einmal keine Lust hatte, meinen verschwitzten Körper in die Innenstadt von Blantyre zu bewegen, der zweitwichtigsten Stadt des Landes, hielt ich mich im »Doogle's« an der Theke auf.

Neben mir saß ein Mann, den ich eigentlich nicht mochte. Das lag nicht an seinem langen Gesicht, dem Pferdegebiss und dem grauen Teint, es lag an seinem Verhalten. Er trank schon am frühen Nachmittag einen Cocktail, tat wichtig und redete praktisch ununterbrochen, scheuchte den Barkeeper herum und klopfte Sprüche. In meinen Augen war er ein Großkotz, wie er im Buche stand, ein Weißer, der sich in einem armen Land aufspielte, als sei er ein scheißreicher Kolonialherr, einer von der Sorte, die Witze über die schwarzen Bedienungen hinter der Theke machte.

Anfangs gab ich mir Mühe, ihn zu ignorieren, las im Reiseführer oder schrieb Notizen in mein Tagebuch, das ich auf der Theke aufgeschlagen hatte. Irgendwann rückte er näher an mich heran. Ohne »Guten Tag« zu sagen, fragte er, was ich tue.

»Tagebuch schreiben«, gab ich lakonisch zur Antwort. »Ich bin Tourist.« Das erklärte manchmal alles, fand ich.

Ich wusste den Mann nicht einzuschätzen. Im »Doogle's« traf man viele Europäer an. Am Ortsrand von Blantyre bildete der ausgedehnte und von einem Zaun umgebene Komplex aus Hotel, Absteige, Bar und Restaurant den »weißen Raum« im südlichen Malawi. Ich selbst gehörte zu jenen Reisenden, die

sich im preiswerten Gemeinschaftsraum einquartiert hatten, zehn Personen in Stockbetten, über denen Moskitonetze hingen.
»Wo bist du her?«, stellte er die nächste Frage. Jeder der wenigen Weißen in der Stadt schien das zu fragen. Sein Englisch besaß einen seltsamen Akzent, ich konnte diesen aber nicht einordnen.
»Aus Deutschland. Aus dem Süden des Landes.« Genauer brauchte ich es nicht zu erläutern. Wichtig war den in Malawi lebenden Europäern anscheinend nur, aus welcher Ecke Deutschlands ich stammte. »Und du?«
Er lachte mit viel Speichel. »Aus Strasbourg. Meine Mutter ist Deutsche, mein Vater Franzose, aber ich habe von beiden Sprachen fast alles verlernt. Und meine Frau ist Deutsche, aber wir reden beide nur englisch.«
»Und ihr lebt schon lange in Malawi?«
»Ja. Seit sechzehn Jahren.« Er grinste und zeigte schätzungsweise zweihundert Zähne, alle strahlend weiß.
»Lange Zeit.« Ich war beeindruckt. Da ich im Gespräch war, schlug ich meine Bücher zu. Jetzt kam ich weder zum Lesen noch zum Schreiben.
»Ich fahre gleich in die Innenstadt«, sagte der Mann mit dem Pferdegebiss. »Willst du mit?« Als er ein »Ich habe gut gekühlte Luft im Wagen« hinzufügte, war ich überzeugt.
»Zur Bank muss ich, und ein bisschen Bewegung schadet auch nichts.« Ich mochte den Mann nicht sonderlich, aber ich hatte keine Lust, bis in die Innenstadt zu marschieren oder auf einen der Minibusse zu warten.
Wir zahlten beide, er seinen Cocktail und ich meine Cola. Da ich meinen kleinen Rucksack ohnehin schon bei mir hatte, warf ich meine Bücher kurzerhand in die Tasche und folgte dem Pferdegebiss.
Er lotste mich zu seinem Pickup, der mitten auf dem Parkplatz stand, stieg ein, öffnete die Tür zur Beifahrerseite und winkte mich auf den freien Sitz. Nachdem er den Pickup gestartet hatte, wendete er im Hof und rollte auf den Ausgang zu. Einer der Jungs, die dort als Wache standen, öffnete das Maschendrahttor, und der Pickup rollte hindurch und hinaus auf den leicht matschigen Weg, der »Doogle's« mit dem nahe gelegenen Stadtviertel verband.

»Und was tust du bei deiner Arbeit?«, fragte ich, um an das Gespräch an der Theke anzuknüpfen.
»Wir arbeiten für eine Firma, die Hotels aufwertet. Von drei auf fünf Sterne und so. Afrikanische Sterne, versteht sich. Aber schon höherer Standard.« Er lachte. »Wir arbeiten überall hier, in Malawi und Zimbabwe, in Zambia und Botswana und neuerdings auch in Mosambik.«
Ich schaute ihn von der Seite an. Mit seinem Tropenhemd und seiner Khakihose sah er nicht nach einem Mann aus, der für die Gastronomie arbeitete; eher wie ein moderner Kolonialist. Aber wenn er seinen freien Tag nutzte, brauchte er keinen Anzug oder sonstige Bürokleidung zu tragen.
»Verdammt!« Fluchend wich der Mann mit dem Pferdegebiss einer Frau aus, die einen Koffer auf dem Kopf trug und eine schlammige Pfütze zu umgehen versuchte.
Der Pickup ruckelte und holperte über Schlaglöcher auf eine geteerte Straße und am Busbahnhof vorbei. Junge Männer standen neben vollgestopften Minibussen und brüllten die Namen von Städten und Gemeinden in die Luft, die ich nicht verstand. Reisende mit großen Gepäckstücken saßen in Gruppen unter Büschen und Bäumen, am Straßenrand und unter improvisierten Zelten, die jetzt gegen die Sonne schützten und vor Stunden noch den Regen abgehalten hatten. Aus allen Richtungen strömten weitere Reisende zum Busbahnhof. An primitiven Ständen, nur notdürftig gegen Sonne oder Regen geschützt, brieten Jugendliche Pommes frites in Öl, während andere ihre »Ice Cold Coke Sold Here« aus Kühlboxen feilboten.
»So ein Beruf hört sich sehr spannend an«, meinte ich. »Die vielen Länder, da sind doch viele Reisen nötig.«
»Ach Scheißdreck!« Er winkte ab. Während er das Auto hinaus auf die Chilewa Road, unter der Eisenbahnbrücke hindurch und zum Kreisverkehr lenkte, gestikulierte er hektisch und wurde von Wort zu Wort lauter. »Man fährt verdammt viel, jeden Tag, und das geht einem echt auf die Eier. Mal von hier nach Lusaka runterfahren, und du bist sechzehn Stunden unterwegs. Und das bei diesen Straßen und bei diesem Scheißverkehr. Es geht dir echt auf die Eier.«
Er wies auf einen Polizisten, der am Straßenrand stand, ein Gewehr an der Seite. »Überall diese Scheißregierungen, die-

se verdammte Korruption und das alles. Es kotzt dich an. Ich mochte Afrika mal, aber jetzt hasse ich es.«

Am Kreisverkehr, in den wir soeben einfuhren, hing ein riesiges Plakat mit dem Konterfei des Präsidenten, das dazu aufforderte, die Korruption im Land zu bekämpfen und vor allem jeden korrupten Beamten sofort anzuzeigen. Das feiste Gesicht Bakili Muzulis, des derzeitigen Staatschefs, glänzte auf vier oder fünf Metern Breite auf mich herunter.

Der Pickup rollte die Glyn Jones Road in Richtung Innenstadt, vorbei an flachen Wohnhäusern und Lagergebäuden. Die breite Straße war jetzt ohne Schlaglöcher, ein vierspuriger Asphaltstreifen, der sich von den Vororten bis in die Innenstadt zog, eine Rennstrecke für Minibusse, Lastwagen und Pickups, eine Kakophonie aus Hupen und Motorengedröhn. Rechts und links gingen Fußgänger, manche mit Lasten auf dem Kopf, andere mit Schubkarren oder kleinen Wagen. Und etwa alle dreißig Meter standen einzelne uniformierte Männer, teilweise mit Gewehren oder zumeist mit leichten Knüppeln in der Hand.

»Die Polizisten stehen hier schon seit dem frühen Morgen«, maulte das Pferdegebiss. »Wahrscheinlich warten sie mal wieder auf den Präsidenten. Der ist die ganze Zeit auf Reisen, und wenn er in der Stadt ist, steht die komplette Polizei für ihn Spalier. Dann kommt er über die breite Straße vom Flughafen her hier an, und diesen ganzen Aufwand braucht er anscheinend. Die stehen bestimmt noch bis heute Abend. Was für eine Verschwendung!« Er spuckte zum Fenster hinaus. »Und dieser Fettsack will gegen Korruption sein.«

Er schimpfte die nächsten 500 Meter weiter vor sich hin, schien aber keine Reaktion zu erwarten. Die Häuser wurden größer und höher, mit breite Balkonen und aufwendigen Werbeplakaten; wir näherten uns dem Stadtkern. Blantyre wirkte wesentlich kompakter und städtischer als Lilongwe, die ländlich geprägte Hauptstadt des Landes. Autowerkstätten im Erdgeschoss, darüber Wohnungen; Stromleitungen spannten sich in dicken Bündeln über die Straße. An improvisierten Ständen auf dem Gehsteig verkauften Frauen kleine Speisen.

Gegenüber dem Méridien Hotel, einem eigentlich schlichten Gebäude mit protzig wirkendem Eingang aus Glas, ließ mich das Pferdegebiss aussteigen, ich bedankte mich, und er fuhr mit seinem Pickup davon. *Wahrscheinlich flucht er noch, bis er zu Hause oder in seinem Büro oder seinem Hotel ist,* dachte ich und grinste flüchtig.

Einen Jungen, der aus seiner kauernden Haltung aufsprang und mir Süßkartoffeln verkaufen wollte, schüttelte ich mit einem schlechten Gefühl ab. Ich wusste, dass seine Familie die Einkünfte aus diesem Verkauf brauchte, konnte aber beim besten Willen nichts mit einer Handvoll Kartoffeln anfangen.

Rasch ging ich die Victoria Avenue hinunter, wo es mir deutlich leichter fiel, die illegalen Geldwechsler vor dem Forex Bureau zu ignorieren. Ich erledigte meine Einkäufe in einem kleinen Supermarkt, eine Flasche frischen Wassers und eine Dose mit Fruchtsaft, importiert aus Südafrika, und wimmelte einige übereifrige Verkäufer von Holzschnitzkunst ab.

Langsam ging ich die Straße hinunter, bis ich das »Hollywood Café« erreichte, das ich schon am Vortag ausfindig gemacht hatte. Das Schnellrestaurant war eindeutig von »McDonald's« und anderen Ketten inspiriert, bot aber afrikanische Schnellgerichte ebenso an wie diverse Sandwichs. Vor allem hatte man darin seine Ruhe und konnte die Straße beobachten.

Im Gegensatz zu normalen afrikanischen Restaurants wurde das »Hollywood Café« durch eine Theke in zwei Hälften geteilt: Als Kunde und Gast wählte man – wie in Europa oder Amerika – aus der überschaubaren Speisekarte aus, und dann wurde das Essen im kleinen Nebenraum frisch zubereitet. Bei der netten Bedienung, die uniformähnliche Kleidung trug, bestellte ich eine Cola und ein Sandwich, dann setzte ich mich auf einen Barhocker mit Blick auf die Straße, wartete auf mein Essen und betrachtete die Plakate an den Wänden.

John Travolta und Humphrey Bogart lächelten in Farbe und Schwarzweiß auf mich herunter, ein verblichener Kalender zeigte eine mir unbekannte Hollywood-Schönheit, und einige andere Plakate wiesen auf Kino-Hits der 90er Jahre hin. Meine Cola war wirklich eisgekühlt und schmeckte in diesem Augenblick köstlich, und kurze Zeit später brachte mir die Bedienung mein Essen. Auch das Sandwich mit Ei und Salat erwies sich als lecker, und so saß ich am Fenster des »Hollywood Cafés«, blickte auf die Straße und schaute den Leuten zu, während über mir eine recht modern wirkende Klimaanlage für kühle Luft sorgte.

Von meinem Sitzplatz aus hatte ich direkten Blick auf den Markt der Stadt, der auf der anderen Straßenseite begann. Unter weißen Zeltplanen waren die Verkaufsstände der Händler. Stricke und Schnüre verbanden die Planen miteinander, bildeten ein Knotenmuster über der Straße und verknüpften die Stände mit Hauswänden, Straßenlaternen oder parkenden Autos. Keuchende Männer wuchteten schwere Traglasten auf Holzwagen und fuhren mit diesen davon; neben ihnen stapelten sich Kisten zu ungeordneten Bergen. Direkt auf der Straße hielten Minibusse, in denen teilweise schon Menschen saßen. Die gelangweilt wirkenden Fahrer unterhielten sich mit langsamer Gestik, während sie auf Fahrgäste warteten, die in die Vororte zurückfahren wollten.

Wind kam auf, in frischen Böen, die durch die Straßen getrieben wurden, und wirbelte den allgegenwärtigen Dreck in die Höhe, schleuderte ihn gegen die wartenden Minibusse. Der bewölkte Himmel verdunkelte sich mit rasanter Geschwindigkeit. *Wird Zeit, dass ich wegkomme,* dachte ich.

Rasch verließ ich das »Hollywood Café«, setzte meine Kappe fest auf mein struppiges Haar und ging zügig die Haile Selassie Road hinauf. Das war der direkte Weg zu Fuß, wenn ich zurück zum »Doogle's« wollte; mit dem Auto fuhr man einen leichten Bogen. Alle dreißig Meter standen Uniformierte am Straßenrand, einzeln und in straffer Körperhaltung; keiner lehnte an einer Hauswand oder stützte sich locker gegen eine Laterne. Mal waren es Männer in braunen, mal Frauen in blauen Uniformen, wahrscheinlich alles Angehörige der Polizei, dann wieder Männer in gefleckten Uniformen, die entweder ein Barett oder einen Stahlhelm mit Tarnnetz sowie Gewehre trugen und wohl zu der Armee zählten. Ob ihnen der aufkommende Wind Sorgen bereitete, sah ich ihnen nicht an; sie blickten ernst geradeaus, als ob sie eine wichtige Aufgabe zu erfüllen hätten.

Ich ging rasch, und es war mir völlig egal, dass ich erneut stark ins Schwitzen geriet. Der böige Wind trieb mich buchstäblich voran, und machte, dass ich noch schneller ging, bis ich fast rannte.

Als ich am Kreisverkehr vorbeikam, zum zweiten Mal das große Antikorruptionsplakat vor Augen, und dem Bettler, der an genau dieser Ecke von morgens bis abends kauerte wie ein

Standbild, eine Kwacha-Münze in die verkrüppelte Hand drückte, begann es zu tröpfeln. Ich beschleunigte meine Schritte und schaffte es rechtzeitig zurück zu »Doogle‘s«.

Die nächsten eineinhalb Stunden prasselte der Regen ununterbrochen und mit wechselnder Stärke auf »Doogle's« und seinen Innenhof herunter. Ich saß auf der Veranda, trank eiskaltes Carlsberg-Bier und unterhielt mich mit Henry, einem weißen Kenianer, der sich in Blantyre auf die Weiterreise nach Botswana vorbereitete. Die Regentropfen verwandelten den Pool in ein silbernes Viereck, über dem Wasserspritzer tanzten; Blätter, von den Bäumen heruntergeweht, trieben auf dem Wasser wie tote Tiere.

Als der Regen irgendwann aufhörte, erwachte mein Bewegungsdrang erneut. Das Gerede einiger schon am frühen Nachmittag angetrunkener Männer an der Theke nervte, und im Schlafraum hielten sich einige Rucksacktouristen aus Holland auf, die lautstark über ihre Weiterreise an den Malawi-See diskutierten. *Dann doch lieber mehr von der Stadt und ihrer ländlichen Umgebung sehen,* dachte ich. Wie immer an solchen Tagen füllte ich Leitungswasser in meine Metallflasche, gab Micropur hinzu, um mögliche Bakterien abzutöten, und schnappte meinen kleinen Rucksack.

Erneut ging ich zur Chilewa Road und an den Marktständen vorbei. Nach dem Regen machten die Zelte und Aufbauten einen erbärmlichen Eindruck: Mehrere Zeltdächer waren vom Wind zersaust worden, einige Holzkisten mit Obst und Gemüse sahen aus, als wollten sie im schlammigen Boden versinken. Schwitzende Männer hoben Waren aus dem Dreck und schaufelten das Wasser zur Seite; ihre nackten Beine waren voller Dreck.

Einige Frauen, deren bunte Kleider durchnässt war, standen so in der Sonne, dass sie trocknen konnten. Sie drehten sich immer wieder und zupften an der Kleidung herum, zogen mal jenen, mal diesen Zipfel nach vorne. So versuchten sie sich zu trocknen, ohne sich in der Öffentlichkeit ausziehen zu müssen.

Diesmal hielt ich mich links, nicht zur Stadt, sondern weg von ihr. Diese Richtung führte in ein Waldstück; dahinter sollte laut Reiseführer eine alte Kirche aus der Kolonialzeit zu sehen sein, die man anschauen könnte. Angesichts des wechselhaften Wet-

ters erschien es mir sicherer, keine großen Wanderungen zu unternehmen.
Entlang der Straße standen ebenfalls Polizisten, diesmal gleich in Gruppen. *Wie haben die eigentlich den Regen überstanden?*, fragte ich mich. Unterstände, wo sie vor dem Regen hätten Schutz finden können, sah ich keine.
Ich verlangsamte meinen Spaziergang, als mir auffiel, dass überall Gruppen von Einheimischen standen, manche im Schatten und ein wenig auf der Seite, andere mitten auf dem Gehsteig. Überall erkannte ich auf einmal Gruppen von Polizisten und Soldaten. Manche der Uniformierten saßen auf Motorrädern, deren Motoren im Leerlauf brummten, als müssten sie sofort losfahren. Auch einige Autos standen mit geöffneten Türen am Rand der Straße, die Fahrer hatten die Hände am Steuer, als warteten sie auf einen dringenden Einsatz.
Und dann fiel mir auf, dass sich die Polizisten mit ihren Motorrädern vor einer geteerten Einfahrt postiert hatten. Diese führte seitlich einige Meter den Hügel hoch – und dort stand ein Krankenhaus. Ein Schild wies auf das »Mwai Wathu Hospital« hin; das Gebäude wirkte modern und großzügig. Über der breiten Eingangspforte ragte ein riesiges Vordach auf die Einfahrt hinaus, und davor parkten einige Limousinen der Marken BMW und Mercedes, und überall standen wichtig aussehende Männer in Anzug und Krawatte.
Neugierig wechselte ich die Straßenseite, um mir das ganze aus einer anderen Perspektive anzuschauen. Gerade rechtzeitig, denn jetzt fingen Polizisten und Soldaten damit an, die Menschen wegzuscheuchen, die direkt vor dem Krankenhaus auf dem Gehsteig standen oder saßen. Wer nicht gleich ging, wurde gestoßen und geschubst, es gab lautstarke Wortgefechte, aber es gingen alle. Nach einigen Metern stand ich genau gegenüber dem Eingang des Krankenhauses; hinter mir war die Zufahrt zu einer großen Tankstelle, und rings um mich sammelten sich viele Einheimische.
»Entschuldigen Sie bitte«, fragte ich einen Mann mit eisgrauem Schnurrbart, der neben mir stand, »verstehen Sie Englisch?«
Er nickte und lächelte. »Ein wenig«, sagte er in sauberem Englisch und lächelte erneut.
»Können Sie mir sagen, was hier geschieht?«

»Der Präsident«, sagte er langsam, »Mr. Muzuli kommt gleich. Er besucht das Krankenhaus.«
»Freuen sich die Menschen darüber?« Kaum hatte ich Sie ausgesprochen, ärgerte ich mich schon über die Frage.
»Ich verstehe nicht.« Das Gesicht des Mannes wirkte verschlossen. »Ich wünsche Ihnen einen schönen Tag«, sagte er betont höflich und ging einige Meter zur Seite, wo er sich zu anderen Männern gesellte.
Idiot!, beschimpfte ich mich. Ich wusste eigentlich viel zu gut, dass man sich als Tourist in Afrika nicht in die Tagespolitik einmischte – außer die Einheimischen fingen von sich aus an, über die Situation in ihrem Heimatland zu sprechen.
Bei einigen Gesprächen in den letzten Wochen hatte ich erfahren, wie kritisch manche Leute in Malawi die Rolle Muzulis sahen und wie begeistert er auf der anderen Seite von manchen gefeiert wurde. Der Präsident war Moslem, und er hatte seit einigen Jahren verstärkt Kontakte zur islamischen Welt aufgebaut, nicht zuletzt, weil er sein Land aus der einseitigen Abhängigkeit zur einstigen Kolonialmacht Großbritannien sowie den anderen europäischen Staaten befreien wollte. Man sagte Muzuli intensive Kontakte zu Libyen und zu den Arabischen Emiraten nach; die zahlreichen neuen Moscheen im Land legten ein deutliches Zeichen von den moslemischen Freunden ab.
In den folgenden Minuten schloss ich mich dem Vorbild der Einheimischen an: Ich stand herum und beobachtete die Ereignisse auf der Straße. Die Zahl der Polizisten nahm ebenso zu wie die der Schaulustigen. Überall versammelten sich Gruppen von Menschen, teilweise direkt vom Busbahnhof kommend, die sich leise unterhielten. Meist waren es Männer und männliche Jugendliche, nur wenige Marktfrauen mischten sich unter die Gruppen. Die Polizisten versperrten mit Barrieren die Teerstraße zum Kreisverkehr und damit zur Innenstadt, und auch in der anderen Richtung stellten sich Uniformierte in den Weg.
Langsam rollte dann eine Fahrzeugkolonne über den Hügel heran, genau aus der Richtung, in der laut Reiseführer die alte Kirche stand. Die Autos hatten die Warnblinkanlage eingeschaltet: Wie ein glitzernder und blinkender Lindwurm, der aus vielen Gliedern bestand, schoben sie sich gemütlich über die

Allee. An der Polizeisperre fuhren sie vorbei, rollten langsam auf die obere Zufahrt zum Krankenhaus zu.
Ich verbiss mir ein Grinsen, als ich sah, dass nicht alle Platz haben würden: Die Rampe und der Platz vor dem Gebäude fassten vielleicht sechs oder acht Fahrzeuge, die Kolonne aber bestand aus gut einem Dutzend Autos, jedes besetzt von Männern in dunklen Anzügen, und diesen Autos wiederum folgten Militärfahrzeuge. Die ersten Wagen rollten die Rampe hoch, hielten direkt am Vordach des »Mwai Wathu Hospitals« an, während die anderen noch auf der Straße standen.
Es herrschte Stille, sah man vom leisen Summen der Motoren ab, die nicht ausgeschaltet wurden, um in den Innenräumen der Limousinen die Klimaanlage am Laufen zu halten. Nachdem die Wagenkolonne durchgerollt war, hatte die Polizei die Straße erneut abgesperrt. Jetzt staute sich der Verkehr; es waren vor allem Minibusse, vollgestopft mit Menschen, die aus den Dörfern in die Stadt oder aus der Stadt zurück in ihre Dörfer wollten. Neugierige blickten aus den Fenstern der Fahrzeuge, einige Jugendliche sprangen von einem Pickup herunter, auf dem sie gesessen hatten, und schauten von der Absperrung aus zum Krankenhaus herüber. Es wurde aber niemand laut, kein Fahrer hupte, und niemand beschwerte sich.
Einige Menschen in meiner Umgebung sprachen halblaut miteinander, so leise, dass ich es nur hörte, als ich direkt neben ihnen stand. Ich konnte nur einzelne Wortfetzen wahrnehmen, und zu verstehen war nur ein einziges Wort, das immer wieder auftauchte. »Der Präsident«, sagten die Menschen leise, fast ehrfurchtsvoll, »der Präsident. Er ist da.«
Dem ersten Auto der Wagenkolonne entstiegen breitschultrige Männer in dunkelbraunen Anzügen, die sich vor dem Eingang des Krankenhauses verteilten und sorgsame Blicke in alle Richtungen schickten. Danach eilten andere Männer zu dem zweiten Auto, das durch eine kleine Standarte an der Seite ausgezeichnet war, und öffneten die Türen. Als ein Mann in dunkelblauem Anzug ausstieg, der durch eine glänzende Glatze und einen respektablen Bauchumfang auffiel, schwoll das Gemurmel in meiner Nähe an.
Das also war der Präsident, Bakili Muzuli, der zweite Präsident, den dieses Land seit seiner Unabhängigkeit überhaupt besaß,

der Mann, der durch eine recht saubere demokratische Wahl an die Macht gekommen war, und das, obwohl er Moslem war und damit zu einer Minderheit in Malawi gehörte. Er begrüßte zwei Männer in dunklen Anzügen mit Krawatten, die sich vor ihm verneigten, und dann ging er unter das Vordach des Krankenhauses, betrat das große Gebäude und verschwand somit aus meinem Gesichtsfeld.

Die Menge stand auf der Straße und wartete. Dutzende von Soldaten und Polizisten schirmten das Gelände ab, hielten den Verkehr auf und lösten auf diese Weise mindestens zwei Verkehrsstaus aus. Und alle warteten, während der Präsident der Republik jemanden im Krankenhaus besuchte. Einige Menschen spekulierten halblaut, was die Gründe des Besuchs seien, und ich beteiligte mich mit neugierigen Fragen an einigen Gesprächen. Keiner wusste etwas. Einer sprach von der Mutter des Präsidenten, ein anderer mutmaßte, es handle sich um einen ganz normalen Besuch im Krankenhaus, um es zu inspizieren und zu sehen, ob »alles richtig gemacht« wurde.

Als sich nach einer halben Stunde des Wartens an der Szenerie nichts geändert hatte, schwoll der Lärm auf dem Busbahnhof wieder an. Das signalisierte, dass zumindest dort alles wieder völlig normal verlief. Die ersten Fahrzeuge kehrten um; auch die Jugendlichen stiegen wieder auf den Pickup, dessen Fahrer nach einigen Manövern wendete und in die andere Richtung fuhr. Ich nahm an, dass er einen Umweg ansteuerte. »Da tut sich nichts mehr«, murmelte ich.

Noch einmal schaute ich mich um, bemerkte die zahlreichen kritischen Blicke, die mir andere Menschen zuwarfen, vielleicht weil sie einen Weißen nicht richtig einzuschätzen wussten, und ging zurück zu »Doogle's«, vorbei an den kleinen Ständen, den Minibussen und den wartenden Menschen. Die Bäume warfen mittlerweile einen längeren Schatten; es würde nicht mehr lange dauern, bis die Dämmerung hereinbrach.

Einer der Jungs am Eingang öffnete das Tor und schaute mich fragend an. »Was ist vorne an der Straße los?«, fragte er nach kurzer Begrüßung.

»Der Präsident besucht das Krankenhaus«, sagte ich.

»Der Präsident?« Er strahlte über das ganze Gesicht. »Sie haben den Präsidenten gesehen?«

»Nur ganz kurz und nur von weitem.«
Während der Junge beeindruckt und neugierig zugleich zum Busbahnhof hinübersah, ging ich in Richtung Bar. Das Pferdegesicht, das mich vor Stunden in die Stadt gefahren hatte, saß schon wieder an seinem gewohnten Platz, ein Longdrink-Glas vor sich. Er winkte mir zu, ich winkte zurück.
»Die Polizisten stehen immer noch herum!«, schrie er. »Wie ich dir sagte. Die stehen den ganzen Tag, nur weil der Präsident vielleicht irgendwann mal kommt.«
»Der Präsident ist schon da. Er ist im Krankenhaus.«
Das Pferdegesicht lachte. »Da gehört er auch hin. Alles korrupte Bastarde in diesem Land, die ganze Regierung, die ganze Verwaltung, alle Polizisten, einfach alle!« Er klatschte mit der flachen Hand auf die massive Holztheke, drehte sich zu seinem Longdrink um und nahm einen Schluck.
Und ich machte, dass ich unter die Dusche kam. Es wurde Zeit, dass der Straßenstaub weg kam und ich mich für den Abend frisch machte.

Tansania – eine Vorbemerkung

Wollte ich behaupten, ich hätte bei meiner Tansania-Reise im Januar 1998 viel vom Land gesehen, wäre das eine glatte Lüge. Denn dummerweise hatten Kathrin und ich die Auswirkungen des sogenannten El Niño nicht einkalkuliert. Dadurch hatte sich die kleine Regenzeit, die normalerweise im November zu erwarten war, in den Januar hinein verlängert. Die Folgen wurden sogar im Deutschen Fernsehen gezeigt: Überschwemmungen und Schlamm auf Straßen und Dörfern – und wir beide mittendrin.

Alle Bahnlinien waren unterbrochen, viele Überlandstraßen unpassierbar. Eigentlich wollten wir auf den Spuren von Livingstone und Stanley bis nach Mwanza am Victoria-See, bevor es weiter nach Süden gehen sollte, bis an die Grenze zu Malawi – und von dort zurück zur Küste. Aber es ging nicht. Weder Busse noch Buschtaxis wagten die Fahrt nach Mwanza, nicht einmal mit dem Umweg über Nairobi in Kenia, und auf der Rückfahrt aus dem Landesinneren hatten wir Wochen später massive Probleme durch Straßen, die vom Schlamm teilweise zerrissen und unterspült waren.

Dabei reizte mich das Land schon im voraus: Tansania hatte bis zum Ersten Weltkrieg zum Deutschen Kolonialreich gehört, was man übrigens an den massiven Häusern aus Stein in den Usambara-Bergen auch heutzutage noch sieht, und gilt als höchst vielseitig. Der Festlandsteil Tanganjika und die Insel Sansibar – sowie diverse kleinere Inseln – bilden zusammen den Staat Tansania, in dem rund 120 Sprachen benutzt werden. Neben Afrikanern gibt es große Minderheiten von Arabern, Indern und Europäern, die seit der Unabhängigkeit weitestgehend friedlich zusammenwohnen. Vielleicht ist ein Grund dafür die Tatsache, dass es kein »Staatsvolk« gibt, das die Mehrheit inne hat. Längst hat Kisuaheli – oder auch Suaheli – das Englische als Umgangssprache verdrängt; das leicht zu erlernende Idiom bereitete mir allerdings mehr Schwierigkeiten als meiner Reisebegleiterin.

Im Nachhinein würde ich sagen, dass wir bei dieser Reise an unseren Ansprüchen scheiterten. Es reichte, um von der Hauptstadt in die Usambara-Berge zu fahren, dann nach Moshi, in die

Nähe des Kilimanjaro, und von dort den weiter bis nach Arusha, um von dort den Arusha-Nationalpark zu besuchen. Der Besuch des Nationalparks im Nieselregen gehört nicht gerade zu den Highlights meiner Afrika-Reisen; immerhin kam ich so in den Genuss, frustrierte Büffel und triefnasse Giraffen zu sehen, ein Anblick, den wohl nicht jeder Reisende zu Gesicht bekommt.
Wir flüchteten vor dem schlechten Wetter nach Tanga, das zwar ein wenig langweilig war, das mir aber Spaß machte – bis uns auch dort der Regen einholte. Die eigentliche Erholung kam erst auf Sansibar, wo uns der träge, warme Indische Ozean zum Planschen und Sonnenbaden einlud. Der Ozean war so grün, dass es in den Augen schmerzte, der Sand und die Palmen wirkten, als seien wir in einem virtuellen Urlaubsland gestrandet. Die Menschen waren freundlich, es war wunderbar heiß, und das Essen schmeckte gut. Ich kam mir vor wie einer der gern verspotteten »Neckermänner«.
Ganz Tansania ist ein Touristenland. Wir sahen sie in Arusha und Moshi täglich: die Touristen mit den Dollarbündeln in den Händen, die ohne mit der Wimper zu zucken vergleichsweise hohe Summen an irgendwelche Straßenhändler bezahlten. Wir führten einmal ein nettes Gespräch mit deutschen Touristen, die sich darüber entsetzten, dass wir mit öffentlichen Verkehrsmitteln unterwegs waren.
Und Tansania ist ein sehr grünes Land. »So habe ich mir als Kind immer Afrika vorgestellt«, meinte Kathrin während der Fahrt irgendwann mal andächtig. »Aber als ich zum erstenmal in Afrika war und die Dürre in Burkina Faso zu sehen bekam ...«
In Erinnerung blieb mir von Tansania aber leider vor allem der Dauerregen, der Schlamm und das Festsitzen in kleinen Gasthäusern, während ringsherum alles im Matsch zu versinken drohte. Es wird Zeit, dass ich das Land einmal wieder bereise, um mich von meinen Vorurteilen zu befreien ...

Rennen in Moshi

Eine Geschichte aus Tansania – 1998

Wer in den Norden Tansanias fuhr, tat dies üblicherweise aus zwei Gründen: Man besuchte die Tierparks, vor allem die Serengeti zog die Reisenden an, und man schaute sich den Kilimanjaro an. Mein Pech war: Zusammen mit Kathrin war ich ausgerechnet in der Zeit nach Tansania gefahren, in der sich die Regenzeit über Gebühr verlängerte; das El-Niño-Wetterphänomen brachte es mit sich, dass es zeitweise tagelang regnete, ohne Unterlass, während Straßen und Wege, Bahnlinien und Äcker unter Schlamm und Matsch begraben wurden.

So wurde es nichts aus dem Trip in die Serengeti, und deshalb saßen wir in Moshi herum, der Stadt im Norden des Landes, um zumindest eine Chance zu haben, den Kilimanjaro zu erreichen. Unsere Ziele hatten wir ziemlich reduziert, als wir an diesem Tag das »Moshi View Hotel« aufsuchten; man hatte uns gesagt, dass wir von hier aus zumindest einen schönen Blick auf den Berg haben würden.

»Das muss ja wohl sein«, hatte ich verkündet, bevor wir aufbrachen, und Kathrin, meine Reisebegleiterin, hatte zugestimmt.

So tranken wir Kaffee auf dem Dach des Hotels und hofften darauf, dass die Wolkendecke aufriss und wir einen Blick auf den weißen Berg genießen konnten, der über der afrikanischen Savanne thronte wie ein dickbäuchiger und hellhäutiger König, umgeben von seinen weiß gefiederten Dienern. Aber wir hatten Pech: Gut zwei Stunden lang starrten Kathrin und ich auf gigantische Wolkengebilde, die sich in nördlicher Richtung erhoben, als weiße Masse, die sich nicht auflöste und nicht bewegte.

Nichts änderte sich am Horizont, nicht, als wir in aller Gemütsruhe unseren Kaffee tranken, nicht, als ich die Wolken leise verfluchte, die Hände auf die eiserne Brüstung der Dachterrasse gestützt. Mit den Ferngläsern beobachteten wir die Berge in den anderen Richtungen, auf die wir teilweise einen wunderschönen Fernblick genossen, aber der Kilimanjaro verbarg sich und ließ sich nicht sehen. Ab und zu kam der Kellner vorbei, schaute uns zu, wie wir mit den Ferngläsern dastanden, grinste und verschwand wieder. Auf dem Dach waren wir die einzigen Gäste, aber so spannend war unser Verhalten dann doch nicht.

Gegen 19 Uhr gaben wir endgültig auf. Bald würde die Sonne über Moshi untergehen, und ich rechnete nicht damit, dass ein denkwürdiger Zufall in der verbleibenden Zeit noch die Wolkendecke zerriss und uns den freien Blick ermöglichte. Von meinem Standort schaute ich auf die Häuser des Stadtviertels hinunter, die wie regelmäßige Vierecke aus braunen Wänden und silbern glänzenden Wellblechdächern in der Dämmerung standen, eins nach dem anderen, entlang an Straßen, die keine Namen trugen und voller Schlaglöcher waren. Das »Moshi View Hotel« bildete in diesem Viertel einen wahren Fremdkörper, ein Klotz aus Steinen und Beton, der mehrere Stockwerke hoch aufragte, ein Kunstgebilde zwischen bescheidenen Häusern.

»Lass uns für den Rückweg einen anderen Weg nehmen«, schlug ich vor. »Wir folgen nicht dem Weg von vorhin, sondern ...« Ich überlegte und betrachtete die Straße unter uns. »Laut Stadtplan müssen wir nur da vor gehen und dann wieder rechts, und wir kommen wieder auf die Hauptstraße.«

»Bist du sicher?« Kathrin schaute mich an. »Wir kennen die Strecke nicht.«

Ich winkte ab. »Ach. Wird schon nichts passieren.«

Bisher empfand ich Moshi als äußerst harmlos, eine Ansammlung freundlicher Leute, die auf der Straße grüßten und hilfsbereit waren. Kathrins Vorsicht war einsichtig. Unbekannte Straßen in der Dämmerung waren uns beiden nicht geheuer, vor allem solche, bei denen ich nicht sah, was sich rechts und links tat.

Ich wies nach unten. »Schau mal«, sagte ich, »wenn wir von hier bis zu der großen Straße gehen, uns dann rechts halten, dann kommen wir wieder zu bekannten Gegenden, durch die wir zurück in die Innenstadt finden.«

»Einverstanden.« Wie so oft in diesen Tagen, klang Kathrins Stimme mutlos und unentschlossen. Ich konnte sie manchmal sogar verstehen. Das Wetter in den letzten Tagen deprimierte uns beide. Uns war klar, dass wir es kaum schaffen würden, in die Serengeti zu reisen, und alle Straßen zum Victoria-See galten als unpassierbar – was nichts anderes hieß, als dass wir unsere Reisepläne begraben mussten. Tansania war in diesem Januar 1998 ein Meer aus Schlamm und Matsch, und wir passten wunderbar hinein.

Nach kurzem Gespräch mit der Bedienung bezahlten wir die Getränke. Ich legte ein kleines Trinkgeld dazu. Der Kellner bedankte sich, und wir gingen die Treppe hinunter.
Nur wenige Fußgänger waren auf der breiten Straße aus festgefahrenem Lehm unterwegs. Rechts und links erhoben sich große Häuser, meist zweistöckig, mit Giebeldächern aus Wellblech. Zäune und Bretterverschläge riegelten die schmalen Durchgänge zwischen den Häusern ab und machten sie undurchdringlich; nur selten klaffte eine Lücke, durch die uns Kinder neugierig beäugten. Angesichts der trockenen Luft der letzten zwölf Stunden war der feuchte Morast, aus dem die Straße in den letzten Tagen bestanden hatte, zu schlecht riechendem Staub geworden, den wir bei jedem Schritt aufwirbelten. Nur einige Pfützen rechts und links der Straße, die in der Hitze des späten Nachmittags schillerten wie schwärende Wunden, erinnerten an den letzten Regen.
»Schau mal, der Kleine dort!« Kathrin wies auf einen Jungen, vielleicht sechs oder sieben Jahre alt. Er stand auf der linken Straßenseite vor einer Haustür und rüttelte am Knauf, der höher war als sein Kopf; dabei weinte der Kleine und rief irgend etwas an den Wänden hoch. »Der will wohl heim zu seiner Mami.«
Ich überlegte. »Sollen wir ihm irgendwie helfen? Mal schauen, ob die Tür aufgeht.«
In diesem Augenblick schnappte jemand nach meinem Rucksack, den ich locker über der Schulter trug. Zum Glück hielt ich das Ding kräftig in der Hand; der Trageriemen war zweimal um meine Hand gewickelt. Ich ließ also nicht los, sondern drehte mich zu dem Angreifer um, erkannte einen vielleicht 15 Jahre alten Burschen, der ein blaues T-Shirt trug.
Der Bursche sah wohl mein wütendes Gesicht, und ich wiederum sah, wie es in seinen Augen flackerte. Wahrscheinlich bemerkte er in genau diesem Augenblick, dass es nicht schlau war, was er gerade tat. Ich hatte seit Tagen schlechte Laune, weil das Wetter mies war, und jetzt hatte sich die Laune noch verschlechtert, weil ich nicht einmal den Kilimanjaro sehen konnte, und dann kam ein Jugendlicher und wollte mich bestehlen.
Nach wie vor umklammerte ich den Trageriemen des Rucksackes, während ich den Burschen beschimpfte. »Du Idiot, was soll die Scheiße?«, schrie ich ihn an, und dann schien ihn die

Angst zu packen, denn er drehte sich um und lief vor mir weg. Sofort rannte ich hinter dem Burschen her.
Der Kerl war schnell und dünn, und er trug Turnschuhe, aber mich trieb der Ärger an. Nur zwei Schritte hinter ihm rannte ich über den Dreck der Straße, sprang über Schlaglöcher und Pfützen hinweg und kümmerte mich nicht um die verwunderten Blicke der Passanten. Doch die Jugend siegte über meine schlechte Kondition: Mit einem Satz sprang der Bursche über eine der tiefen Pfützen hinweg, flitzte über einen Haufen Geröll, der am Straßenrand lag, und verschwand in einem der wenigen offenen Durchgänge zwischen den Häusern.
Ich folgte ihm noch einige Meter, bis ich stehen blieb, schwer atmend von der plötzlichen körperlichen Anstrengung. Zwischen den Häusern würde ich den Jugendlichen nicht erwischen, und außerdem gab es keinen Grund mehr, hinter ihm herzurennen: Er hatte es nicht geschafft, mich zu bestehlen – warum also regte ich mich auf? Langsam drehte ich mich um, wobei ich die Blicke der Passanten ignorierte, die stehen geblieben waren und die Szene mit ihren Blicken verfolgt hatten.
Kathrin hatte sich keinen Meter von der Stelle gerührt. »Der arme Kerl«, sagte sie und lachte. »Der muss eben den Schreck seines Lebens bekommen haben. Überleg mal: Du bist größer und schwerer als er, und dann rennst du auch noch hinter ihm her ...« Sie lachte erneut.
»Von wegen armer Kerl. Das hätte sich richtig gelohnt. In der Tasche stecken die Kamera, meine Tickets und meine Schecks.«
»Das kommt davon, wenn man alles mit sich herumschleppt.«
»So nett die Leute in der Serengeti Villa sind, die Türen in unserem tollen Hotel bekommst du mit einer Nagelfeile auf. Das ist mir zu riskant; nachher steigt irgendein anderer Gast ein.«
Ich hatte das Bild unseres Zimmers in dem – trotz des Namens – bescheidenen Gasthaus gut vor Augen. Wir hatten Stunden darin verbracht, während außerhalb ein Wolkenbruch nach dem anderen die Straßen der Stadt in zwanzig Zentimeter tiefe Sümpfe verwandelte. Jeder konnte die Zimmertüren öffnen, wenn er nur wollte. Er musste nur an dem Restaurant vorbeigehen, das zur Serengeti Villa gehörte, am Fleisch, das über dem offenen Grill brutzelte und das einen intensiven Geruch nach Bratenfett und Holzkohlen verströmte.

Wir gingen weiter, ich immer noch verärgert, Kathrin immer noch lachend. »Es ist doch nichts passiert«, spottete sie, »obwohl ich mir um den Buben echt Sorgen gemacht habe.«
»Hast ja recht«, sagte ich und schüttelte den Kopf. Mein Ärger verrauchte rasch. »Vielleicht war's ihm eine Lehre, und er lässt so einen Unfug künftig.«
»Ein bisschen Action am frühen Abend für uns«, sagte sie. »Und den Leuten hast du jetzt sogar ein Schauspiel geboten, über das sie noch lang reden werden.«
»A propos Schauspiel«, sagte ich langsam. »Wo ist denn der Kleine hin, der vorher so theatralisch an der Tür gerüttelt hat?«
Sie schüttelte den Kopf. »Ich hab' nicht darauf geachtet. Aber in die Tür rein ist er nicht, denke ich, denn das hätte ich mitgekriegt.«
»Gar nicht schlecht«, sagte ich und pfiff durch die Zähne. »Gar kein dummer Plan. Ein kleines Räuberduo.«
Kopfschüttelnd ging ich weiter. Die Dämmerung brach herein. Die Wolken links von uns, hinter denen sich der höchste Berg Afrikas verbarg, verfärbten sich rot. Von irgendwoher drangen blecherne Musik und das dumpfe Brummen eines schweren Lastwagens. Bald wurde es Nacht. Ich freute mich schon auf das kühle Bier im Restaurant der Serengeti Villa.

Die Blase

Eine Geschichte aus Tansania – 1998

»Wäsche waschen hier nur Frauen.« Kathrin grinste mich an, und ich wusste, dass ich verloren hatte. »Oder zumindest getrennt von den Männern.« Sie klemmte sich einen Packen verschwitzter T-Shirts und ihre verstaubte Hose unter den Arm, darin eingewickelt die Unterwäsche, die nicht jeder zu Gesicht bekommen sollte. »Ich geh' zu den Frauen rüber in den Waschbereich, das schadet meinen Suaheli-Kenntnissen sicher nicht.«
Ich verzog das Gesicht, nickte aber nur. Für Kathrin war die Reise durch Tansania auch unter dem Gesichtspunkt bedeutend, dass sie Suaheli lernen wollte, die Umgangssprache in mehreren Ländern Ostafrikas. Während ich versuchte, nach wie vor mit Englisch durchzukommen, bestritt sie bereits große Teile der Kommunikation mit Suaheli.
»Dann üb schön, du Sprachgenie.« Ich schaute ihr nach, wie sie über den Hof ging. In der Tat waren vor wenigen Minuten die Frauen des Gasthauses in den Waschbereich gegangen; ich wäre in der Tat der einzige Mann gewesen, der sich mit schmutziger Kleidung, Seife und Wasser beschäftigte. »Und wann kommt mein dreckiges Zeugs dran?«, fragte ich mich selbst.
Seit einem Tag waren wir jetzt in Tanga, der Stadt an der Nordküste Tansanias. Von hier waren es nur noch wenige Kilometer bis zur Grenze zu Kenia, und theoretisch fuhren von hier auch Fähren nach Sansibar. Wie wir bereits herausgefunden hatten, war der Fährbetrieb derzeit eingestellt: Wir mussten also zurück ins Landesinnere, um dann nach Dar-es-Salaam zu fahren; nur von der Hauptstadt aus gab es Fähren.
Ich entschloss mich, ein wenig durch die Gassen zu schlendern. Das »New Mmassy Guest House« lag in einer rein schwarzen Gegend, wir hatten im ganzen Viertel noch keinen einzigen Weißen getroffen. Die Gassen waren bequemerweise einfach durchnummeriert, und unser Gasthaus lag in der Street No. 10; von hier war es nicht weit zum Busbahnhof, wo sich auch ein kleiner Markt erstreckte, und mit Taxis kamen wir rasch an den Strand.
Ich streunte durch die Straßen, bog mal nach links, mal nach rechts ab. Dabei bestaunte ich die Scharen von Mopeds, die von

jungen Männern gesteuert wurden. Autos waren nur wenige unterwegs, in diesem Stadtteil ersetzten Mopeds teilweise auch die Taxis. Die Mopedfahrer rasten in abenteuerlichem Tempo durch die Straßen, umkreisten parkende Autos und die zahlreichen Schlaglöcher, lieferten sich ständige Überholmanöver und riefen sich lauthals Scherzworte zu. Es war ein permanenter Trubel, Motoren brummten, Männer riefen, Reifen rutschten über Schotter und kleine Steine.
Ich sah zwei Mopedfahrer, die hintereinander herfuhren. Der erste Mann trug eine Baseballkappe, und ein Windstoß riss sie ihm vom Kopf, schleuderte sie in meine Richtung. Noch während er sein Moped abbremste und an den Rand fahren wollte, noch während ich überlegte, ob ich die Mütze einfach aufheben sollte, lieferte der zweite Mopedfahrer ein kleines Kabinettstück: In voller Fahrt fischte er die Mütze mit einem Fuß vom Boden und fuhr so weiter, das ausgestreckte Bein zur Seite gestreckt, so dass der andere Fahrer nur zugreifen und sich seine Mütze schnappen musste. Fast hätte ich laut applaudiert.
Ich schlenderte zum Busbahnhof, hielt mich dort unter den weit ausladenden Bäumen. Die Hitze des frühen Nachmittags drückte auf die Stadt herunter und machte mir zu schaffen; im Schatten hielt ich es besser aus.
Zwischen zwei Bäumen hatten einige Jungs einen Verkaufsstand aufgebaut. Die Jungs, keiner von ihnen älter als zwölf Jahre, brieten Fleischspieße, die so aussahen wie die Brochettes, die ich von Westafrika her kannte.
»Welches Fleisch habt ihr denn?«, fragte ich.
Da ich Englisch sprach, schauten sie mich nur verwundert an. Ich versuchte es auf Suaheli, aber mein Wortschatz reichte nicht aus. *Da brauch' ich nicht mal zu versuchen, vegetarisch zu essen,* dachte ich und nahm mir vor, das nächste Mal gründlicher die Sprache des Landes zu studieren.
Kurzerhand zeigte ich auf drei Spieße. »Den, den und den da möchte ich«, sagte ich und wies auf ein Stück Brot. »Und das.«
Wir verhandelten den Preis, das ganze kostete nicht mal einen halben Euro, den ich einem der Jungs in die Finger drückte. Dieser fummelte in seiner Hosentasche herum, holte eine Münze hervor und gab diese einem Jungen, vielleicht sechs oder sieben Jahre. Die beiden sprachen kurz miteinander, dann nickte

der Kleine und rannte los, verschwand zwischen den Buden, die sich entlang des Busbahnhofs zogen.
Nach etwa fünf Minuten war er wieder da, ein frisches Weißbrot in der Hand. Ich nickte anerkennend, die Jungs grinsten mich an. Als das Fleisch gut durchgebraten war, strichen sie die Stücke von den Spießen ab und in das vorher aufgeschnittene Brot hinein. Öl und Gewürz wurde darüber gestreut und geschüttet, bis ich abwehrend die Hand hob. Aus einem Stapel Zeitungen riss mir einer der Burschen eine Seite ab und wickelte mein »Sandwich« darin ein.
Ich dankte, ging langsam weiter und suchte einen Platz, wo ich gemütlich essen konnte. Einige Meter weiter hockte ich mich in den Schatten eines Baumes auf de Bordstein. Unter dem Baum lagerten einige alte Männer in langen hellen Gewändern, die Augen in den runzeligen Gesichtern geschlossen; sie beachteten mich nicht.
Das große Sandwich schmeckte erstaunlich gut. Welches Fleisch ich aß, wollte ich lieber nicht wissen. Es war aufgrund der zahlreichen Gewürze schmackhaft, aber zeitweise recht zäh. Ich biss herunter und kaute eifrig, und manchmal spuckte ich aus. Stücke von Knorpel und Fleisch landeten im Staub; einige Ameisen eilten herbei, um sich um die Beute zu kümmern.
Zwischen der Soße sah ich auf einmal ein großes rotes Ding mitten in einem Fleischklumpen. »Was ist das denn?«, führte ich Selbstgespräche. Ich drückte probeweise darauf, wunderte mich, was mitten in einem Stück Fleisch wohl so seltsam aussehen mochte, und drückte einige Male kräftig nach.
In diesem Augenblick platzte die Blutblase und verteilte ihren Inhalt in zahlreichen kleinen Spritzern auf meine Brille, mein Gesicht, mein T-Shirt und meine Hände. Einen Augenblick konnte ich gar nichts sehen, weil die Brillengläser völlig verschmutzt waren; meine Hände und mein Gesicht klebten förmlich vor verdicktem, halb geronnenem Blut.
»Na super«, flüsterte ich und sah mich um. Niemand schaute auf mich, niemand bekam mein Malheur mit. *Jetzt nur ganz ruhig bleiben,* dachte ich.
Ich schüttelte mich, legte das Weißbrot vorsichtig auf meinen kleinen Rucksack, den ich wie immer mit mir führte, und begann mit einer Säuberungsaktion. Mit Hilfe von viel Spucke

und einem zerdrückten Papiertaschentuch, das ich in meiner Hosentasche fand, bekam ich meine Brille, mein Gesicht und meine Hände notdürftig gesäubert.

Trotzdem sah ich fürchterlich aus: Dank der Spritzer machte das T-Shirt den Eindruck, als sei ich Zeuge bei einer Schlachterei geworden. »Hoffentlich geht das raus«, murmelte ich und versuchte die Spritzer mit dem Taschentuch auszureiben. Es war zwecklos.

Da ich tatsächlich Hunger hatte und mich nicht unterkriegen lassen wollte, aß ich das Baguette weiter. Jetzt aber fischte ich alle Fleischstücke, die ich irgendwie seltsam fand, aus dem Brot. So beendete ich mein Mahl im Schatten des Baumes, ohne dass jemand meine peinliche Panne mitbekam, und eilte zum Gasthaus zurück.

Die Nachwirkungen des Sandwichs klebten mir im Magen, im Gaumen und auf den Zähnen, als hätten sie sich festgesaugt; ich fühlte mich unangenehm und schmutzig. Mit raschen Schritten betrat ich den Hof des Gasthauses, wo mir Kathrin entgegen kam. Ihre Hände waren frei, wahrscheinlich hatte sie gerade ihre Wäsche beendet.

»Wie siehst du denn aus?«, fragte sie und lachte.

»Frag nicht«, gab ich zurück. »Aber jetzt beginnt ganz eindeutig der Waschtag für die Männer.«

Südafrika – eine Vorbemerkung

In seiner Eigenwerbung bezeichnet sich das südlichste – und wohl auch reichste – Land des gesamten Kontinents Afrika auch gern als »the world in one country«, also gewissermaßen eine Welt, die sich in einem einzigen Land widerspiegelt. Diese Werbeaussage ist tatsächlich nicht falsch: Die riesigen Naturparks im Nordosten, die sanften Weinberge im Süden, die faszinierende Küste entlang des Kaps der Guten Hoffnung oder die so gegensätzlichen Metropolen Johannesburg und Kapstadt – Südafrika ist ein beeindruckendes Land, das darüber hinaus von den Gegensätzen der Menschen lebt.

Die jüngere Geschichte des Staates dürfte allgemein bekannt sein. Seit 1994 wird das Land von einem schwarzen Präsidenten regiert, davor herrschten weiße Präsidenten mit einer Apartheid-Regierung und rassistischen Gesetzen über die farbige Bevölkerungsmehrheit. Seitdem bezeichnet sich das Land in seiner Werbung – aufgrund der Vielfalt in der Bevölkerung – auch als »Regenbogennation«.

Das Zusammenleben der verschiedenen Bevölkerungsgruppen ist alles andere als spannungsfrei, und davon konnte ich mich bei meinen beiden Reisen nach Südafrika gleich zweimal überzeugen.

Im Herbst 1993 wurde das Land noch massiv von politischer Gewalt beherrscht: Als ich in Johannesburg war, hörte ich nachts nicht nur einmal Schießereien, und die Zeitungen waren voll von Meldungen über politische Morde. Niemand wusste, wie es mit der Machtübernahme vom Apartheid-Regime zu einer Demokratie wirklich verlaufen würde, und niemand konnte sich vorstellen, wie integrativ Nelson Mandela wirklich sein sollte.

Ich reiste damals kreuz und quer durchs Land, mit dem öffentlichen Personennahverkehr – sprich Bus und Bahn – ebenso wie mit dem Mietwagen oder gar per Anhalter. Nie hatte ich das Gefühl, ernsthaft bedroht zu sein, wobei ich selbstverständlich immer alle Sicherheitsvorkehrungen berücksichtigte. Im Land herrschte zu jener Zeit eine ungeheure Aufbruchstimmung; zumindest vermittelte sich mir dieses Bild, wenn ich in Johannesburg auf der Rocky Street an einer Party oder in Kapstadt in der Long Street bei einem Rock-Konzert war.

Zehn Jahre später sah das ganze anders aus: Die politische Gewalt hatte sich beruhigt, und die Regierung gab sich redlich Mühe, die gegebenen Versprechungen nach Demokratie und Gleichheit einzuhalten. Neue Siedlungen für die Armen wurden erbaut, Geld in die Bildung gesteckt – gleichzeitig aber wuchs die Straßenkriminalität. Teile von Johannesburg, in denen ich mich zehn Jahre zuvor noch hatte bewegen können, waren zu »No Go-Areas« geworden, nicht nur für Weiße, sondern ebenso für die schwarze Mittelschicht.
Ich bekam das gewachsene Problem am eigenen Leib zu spüren; davon handelt die Geschichte »Ein Schutzengel zu wenig«. Wie sehr sich dieses Geschehen von der Szenerie zehn Jahre zuvor unterscheidet, soll die Geschichte »Auf einem Balkon in Hillbrow« belegen.
Südafrika ist nach wie vor ein faszinierendes Land, das ich sicher erneut bereisen werde. Die Landschaft ist unglaublich, und überall traf ich auf freundliche, aufgeschlossene Menschen. Allerdings sah ich bei beiden Reisen die wachsenden Mauern zwischen den Bevölkerungsgruppen, und das macht einen ziemlich traurig.

Zwei weitere Geschichten, die sich mit Südafrika beschäftigen und meine erste Reise vom Jahr 1993 zum Thema haben, wurden übrigens in dem Kurzgeschichten-Band »Zwei Whisky mit Neumann« veröffentlicht, erschienen im Archiv der Jugendkulturen.

Auf einem Balkon in Hillbrow

Eine Geschichte aus Südafrika – 1993

Der Wind pfiff durch Hillbrow, trocken und kühl zugleich, und trieb mich buchstäblich die Straße hinauf, die aus der eigentlichen Innenstadt von Johannesburg hoch in das quirlige Viertel führte, das direkt ans Stadtzentrum anschloss. Es roch nach Staub und Abgasen, die der allgegenwärtige Stau in der City um diese Zeit in die angrenzenden Viertel verbreitete. Sorgenvoll blickte ich zum Himmel hoch, an dem sich graue Wolken zu riesigen Bergen aufgetürmt hatten; um den Hillbrow Tower am Ende der Straße schienen sie einen schwarz anmutenden Kranz zu bilden.

Wird Zeit, dass es bald mal wieder regnet, dachte ich. Einen frischen Schauer, der den Dreck aus der Luft und vom Asphalt spülte, das wünschten sich alle Menschen, mit denen ich ins Gespräch kam. Und natürlich wünschten sich alle Frieden und Gleichberechtigung, in diesem Herbst 1993 ein nachvollziehbarer Wunsch angesichts der politischen Gewalt, die jeden Tag mehrere Todesopfer forderte.

Ein gigantisches »For Sale«-Schild hing über der Eingangsfront eines Bürogebäudes, das schon bessere Tage gesehen hatte. Die Fenster starrten blind auf die Straße herunter oder waren bereits eingeschlagen, die Mauern waren mit groben Graffiti bemalt. Ein Haufen Unrat türmte sich an der Eingangstür, bei dem angerostete Bierdosen und vergammelte Lebensmittelreste den Hauptanteil bildeten. Ich ging weiter, wobei mir das Haus auf der anderen Straßenseite auffiel.

Die Stacheldrahtrollen auf dem unteren Balkon sahen gefährlich aus; metallische Zacken glitzerten im Abendlicht. Wer versuchte, über diesen Balkon einzubrechen, riskierte sein Leben. Ich konnte mir allerdings nicht vorstellen, dass es viel Spaß machte, auf diesem Balkon in der Sonne zu sitzen und einen schönen Tag zu verbringen. Hinter dem Stacheldraht sah ich für einen Augenblick das Gesicht einer grauhaarigen, schwarzen Frau, die einige kärglich wirkende Blumen goss.

»Heute abend schon was vor?«, fragte mich auf einmal die junge Frau, die an einem Hauseingang lehnte, direkt neben einem schlichten Blechschild, das darauf hinwies, dass hier ein Hotel

sei. Ihre grelle Schminke, der superkurze Jeansrock und die weit geöffnete Bluse im Leoparden-Muster machten klar, welcher Profession sie nachging.
Ich schüttelte den Kopf und ging an der Prostituierten vorbei. Aus einer schmalen Gasse zwischen zwei mehrstöckigen Häusern, keine drei Meter breit und voller Unrat und Müll, stöckelte eine Frau in ähnlichem Outfit, die mir gleich zuwinkte. Ich ignorierte sie und machte, dass ich weiterkam. Es war kurz nach fünf Uhr, und die Schicht der Prostituierten von Hillbrow begann immer um diese Zeit. Viele Männer waren auf dem Heimweg aus der City, und bevor sie zu ihren Familien gingen, nutzten manche wohl die Dienste der jungen Frauen. Viele von ihnen stammten, wie es hieß, aus Mosambik, waren aus dem Bürgerkriegsland geflohen und suchten nun in Südafrika ihr Glück.
Ein halbes Dutzend Frauen kam mir entgegen, sie sahen müde und erschöpft aus. Zwei von ihnen trugen Kinder auf dem Rücken, die anderen führten ihre halbwüchsigen Zöglinge an der Hand. Ich hatte das Gefühl, dass ihnen die Gegend recht unwohl vorkam. Als weitere Prostituierten aus einer schmalen Gasse auf den Gehsteig traten, zogen die Frauen ihre Kinder näher an sich heran. Eine schubste ihren Sohn auf die andere Seite, so dass er neben der Straße zu gehen hatte und nicht an den Hauswänden entlang.
Vielleicht kommen die Frauen von der Arbeit, überlegte ich. An der großen Querstraße weiter oben reihten sich kleine Supermärkte und »Meat Markets«, also Fleischereien, aneinander, dazwischen kleine Werkstätten, in denen Metallteile hergestellt wurden. Hier fanden viele Tagelöhnerinnen zumindest für einige Tage eine mies bezahlte Tätigkeit.
An der nächsten Ecke bog ich nach links in eine Sackgasse ab; hier wohnte ich derzeit. Fast wäre ich in den Friseurstand hineingerannt, der an dieser Stelle aufgebaut war, direkt neben einer Reklamewand, die auf Konzerte und Partys in der Rocky Street und in einem nahe gelegenen Nachtlokal hinwies. Ein Mann in gestreiftem grauen Anzug, der eine schwere Aktentasche zwischen seinen Füßen stehen hatte, saß auf einem Klappstuhl und ließ sich von einem jungen Mann in verwaschener Jogginghose und Jeansjacke das Gesicht rasieren. Neben ihm bemühte sich ein anderer Mann, an dem mir vor allem die

ballonartige Kappe auf dem Kopf auffiel, einem vielleicht zwölf Jahre alten Jungen eine Kurzhaarfrisur zu schneiden.

Keine fünf Meter danach kam bereits der »Drankwinkel«, wie die kleinen Geschäfte in Südafrika hießen, in denen man Alkoholika kaufen konnte. *Eine gute Mischung,* dachte ich nicht zum ersten Mal, *da können die Männer nach der Arbeit zuerst in den Puff, dann zum Friseur, und zuletzt kaufen sie sich Schnaps.* Gerade die Tatsache aber, dass viele Männer mit dem Wochenlohn direkt in den »Drankwinkel« gingen, sorgte in Südafrika für große Probleme.

Als ich den Laden betrat, sorgte eine Klingel für Radau; alle Augen richteten sich sofort auf mich. Hinter dem Tresen stand ein schmächtiger Inder, vier schwarze Männer bewegten sich zwischen den Regalen. Ich grüßte laut und deutlich, bekam einige gemurmelte Antworten und schnappte mir einen Einkaufskorb. Was ich wollte, wusste ich eigentlich, und so konnte ich die Blicke der anderen Kunden ignorieren. Das breite und gut gefüllte Regal mit »harten Sachen« beachtete ich nicht, den Weinflaschen widmete ich immerhin einen interessierten Blick, aber eigentlich hatte ich nur Bedarf an Bier.

An das Castle Lager hatte ich mich in den letzten Tagen richtiggehend gewöhnt. Das direkt in Johannesburg gebraute Bier empfand ich zwar als ein bisschen dünn, aber es schmeckte vor allem gut gekühlt richtig lecker. Der kleine Markt hatte verschiedene Größen an Bierdosen auf Lager, daneben standen Flaschen im Regal. Ich entschied mich für »Long Tom«-Dosen, die laut Plakat nicht nur größer als die normalen Bierdosen waren, sondern auch zu einem besseren Preis verkauft wurden, und legte einen Sechser-Pack davon in den Einkaufskorb.

Nachdem ich bezahlt hatte, steckte mir der indische Verkäufer die Getränke in Papiertüten, die ich sorgfältig in meinem Rucksack verstaute. Ich verließ den »Drankwinkel« und überquerte in einem schrägen Winkel die Straße, vorbei an geparkten Autos, die auf dem Mittelstreifen abgestellt waren. Aus den Augenwinkeln sah ich zwei Jungs, die mir folgten, in jeder Hand einen Eimer voller Seifenwasser.

An der Ecke wandte ich mich noch einmal um. Von meiner Position aus hatte ich einen hervorragenden Blick durch eine typische Straße in diesem Viertel: Rechts und links wurde sie von Wohnblocks gesäumt, die aussahen wie Bauklötze aus brauner Farbe, glitzerndem Glas und Wäscheleinen. Die meisten dieser Gebäude besaßen zehn Stockwerke und mehr, zwischen ihnen gab es kaum Grün. Nur wenige Bäume reckten ihre Äste auf die Straße, die den Hügel weiter hinaufführte, direkt auf den Hillbrow Tower zu, der sich wie ein graues Rohr in den düsteren Himmel erstreckte.

Das Haus, auf das ich zusteuerte, gehörte zu den »besseren« in diesem Viertel: Keine fünf Stockwerke hoch war es, zudem recht modern und sauber. Vor allem besaß es privat angestellte Wächter, die sogenannten Guardians, die stets vor der Eingangstür saßen und aufpassten. Als ich näher kam, erhob sich der Wächter, der an diesem Tag Dienst hatte: ein älterer Mann mit grauem Schnauzbart, der rechts und links über die Mundwinkel herunterhing. Der Wächter trug die obligatorische blaue Uniform, die ihm viel zu weit war, dazu weiße abgetragene Turnschuhe und eine hellbraune Beamtenmütze, die nicht zur Kleidung zu passen schien.

»Guten Abend, Sir«, sagte er und lächelte mich kurz an; ich grüßte zurück. Aufmerksam sah er zu, wie ich den Schlüsselbund aus der Tasche zog und die Gittertür aufschloss, die den schmalen Innenhof des Hauses von der Straße trennte. »Sie müssen immer vorsichtig sein, Sir. Aber wir passen ja auch auf.«

Der Spruch klang gut, war aber nicht gerade berechtigt. Die Eigentümergemeinschaft des Hauses hatte drei Guardians angestellt, allesamt ältere Männer, denen ich nicht viel zutraute. Wie ich wusste, waren schon direkt vor der Tür Autos aufgebrochen worden, ohne dass einer der Guardians eingeschritten wäre. Aber das war nachts passiert, und wahrscheinlich war es in einem solchen Fall gesünder für die Wächter, wenn sie im Haus blieben.

Im Erdgeschoss gab es einen eigenen Raum, in dem sich die Wächter aufhalten und auch schlafen konnten. Ihre Bezahlung war miserabel, und dafür hätte ich mich ebenfalls nicht sonderlich engagiert. Mir kam es vor, als sei ihre Anwesenheit eine reine Imagefrage für die Hausbewohner: »Schaut her, wir können uns eine eigene Wachtruppe leisten!«

Hinter mir verschloss der Wächter die Gittertür; Metall klackerte lautstark auf Metall. Ich nickte ihm zu und ging die Treppe hoch; ein Mädchen, das mich neugierig im Treppenhaus beobachtete, zog rasch seinen Kopf zurück und verschwand. Mit schnellen kleinen Schritten rannte es die Stufen hoch, dann hörte ich eine Tür knallen.

Aus dem Treppenhaus kam man auf eine Art Balkon, der zur Straße hinaus ging und der alle Eingangstüren verband. Jeder, der eine Wohnung betrat, konnte so von unten oder von den Häusern gegenüber gesehen werden. Ich spürte geradezu die Blicke einiger neugieriger Menschen, als ich beide Schlösser der Tür aufschloss, in die Wohnung ging und hinter mir das Sicherheitsschloss umlegte. »In Hillbrow musst du supervorsichtig sein«, hatte mich Thomas gewarnt, der österreichische Ingenieur, bei dem ich mich eingemietet hatte. Er war noch bei der Arbeit, die Wohnung roch leer und aufgeräumt.

Ich packte das Bier in den Kühlschrank und warf meinen Rucksack auf den Küchentisch. Einen Blick ins Wohnzimmer: Mein Schlafsack lag zusammengerollt auf der Matratze, die auf dem Boden an der Wand lag, mein improvisiertes Gästebett zwischen afrikanisch-geschnitztem Stuhl und Schreibtisch des Gastgebers. Durch das Fenster blickte ich in den Innenhof des Mehrfamilienhauses und auf die Fenster gegenüber; alles wirkte ruhig, fast langweilig.

Wie mir Thomas aufgetragen hatte, kontrollierte ich rasch die Räumlichkeiten. »Einbrecher kommen meist von hinten«, hatte er mir erzählt, »nur nachts versuchen sie's über die Tür.« Nichts war zu sehen, alles schien in Ordnung. Wie magisch angezogen, blieb mein Blick an dem kleinen Nachttisch hängen. Ich wusste, dass Thomas dort seine Pistole aufbewahrte, die er zwar noch nie benutzt hatte, aber sicherheitshalber besaß.

»Wenn man nachts einen Einbrecher überrascht, muss man gleich schießen«, hatte er mir in einem gleichgültigen Ton gesagt, der mich anfangs schockiert hatte, »bevor er dich absticht.« Er hatte mir direkt in die Augen geschaut. »Und dann schau zu, dass du ihn umbringst, damit vor Gericht alles klar ist.«

Hillbrow war nicht mehr das »zivilisierte« Wohngebiet, in das er vor einigen Jahren gezogen war; das hatte er mir mehrfach erzählt. »Anfangs war das hier ein weißes Viertel«, hatte er erklärt, »jetzt ist es ein graues Viertel, und wenn die Apartheid ganz weg ist, wird das Viertel komplett verkommen.« Mein Gastgeber war weit davon entfernt, ein Rassist zu sein, zumindest nach den südafrikanischen Maßstäben kurz vor der entscheidenden Wahl zwischen Apartheid-Regime und Nelson Mandelas erster Präsidentschaft, aber für mich klang das stets beängstigend. Bürgerkriegsflüchtlinge aus Angola und Mosambik, dazu Migranten aus verschiedenen anderen afrikanischen Staaten – sie alle kamen nach Hillbrow, um sich dort anzusiedeln. Nicht alle fanden Platz in Wohnungen: Ich sah jeden Morgen die Kinder, die im Dreck auf der Straße übernachteten, direkt vor den Betonmauern und unter den Stacheldrahtrollen, die Einbrecher davon abhalten sollten, über die Mauern zu klettern.

Mit einem Bier in der Hand ging ich vor die Tür und setzte mich auf das Geländer des Balkons. Der Platz war zwar nicht besonders bequem, dafür bot er ausgesprochen gute Ausblicke auf Nachbarn und vorbeispazierende Menschen. Ich öffnete die Dose, nahm einen kräftigen Schluck und ließ meinen Blick schweifen.

Direkt vor dem Haus war ein Junge, vielleicht 13 Jahre alt, eifrig am Arbeiten. Ich erkannte ihn wieder, er war vorhin mit einem Eimer hinter mir hergegangen. Auf seiner Baseballmütze stand in weißer Schrift »Opel«, und hingebungsvoll putzte er einen Toyota. Er beugte sich über den knallroten Wagen, und wienerte ihn Quadratzentimeter um Quadratzentimeter so blank, wie das nur machbar war.

In ganz Südafrika gab es höchstens drei Waschstraßen, und der Grund lag auf der Hand: Massenarbeitslosigkeit und extrem niedrige Löhne für schwarze Hilfsarbeiter, die einen Wagen piekfein putzten, machten eine Waschstraße nicht nur unnötig, sondern in gewissen Gegenden sogar zu einem völlig unerwünschten sozialen Zündstoff. Dass für diese Arbeit häufig Kinder eingesetzt wurden, passte ins Bild: Sie waren noch billiger als die Erwachsenen, und sie gaben sich mindestens genausoviel Mühe. Möglicherweise ernährte die Beschäftigung des Jungen eine ganze Familie.

Allerdings hatte der Junge auf der Straße eine Methode, auf seine Arbeit hinzuweisen, die anderen Leuten sicher auf die Nerven ging: Er hatte das Autoradio voll aufgedreht, so das jeder in der Nähe den langsamen, traurigen Blues hören konnte. Die Töne der Mundharmonika und der Gitarre tröpfelten die Straße hoch und runter und brachen sich an den Mauern der Wohnblocks rechts und links. Neben dem Jungen kauerte ein kleiner Junge, vielleicht sein Bruder, auf den er nebenher aufpassen musste, knapp drei Jahre alt, der dem »Großen« mit aufgerissenen Augen und neugierigem Blick zuschaute.

Zwei andere Jungs, zwischen 14 und 15 Jahre alt, spielten mitten auf der Fahrbahn Fußball. Beide trugen schwarze, billige Stoffhosen, wie man sie auf den kleinen Märkten in der Stadt zuhauf erstehen konnte, dazu jeweils einfarbige T-Shirts. Der eine, mit einer schwarzen Baseballkappe auf dem Kopf, prügelte den schlapp wirkenden Kunststoffball über die Straße, der andere hetzte hinterher, trickste geschickt und spielte den Ball zurück; jetzt versagten seine Tricks allerdings, und der Ball landete in einer völlig falschen Richtung. Die beiden Jungs lachten, schauten sich dann aber um, als ob sie schauen wollten, ob sie jemand verspottete.

Immerhin hatten sie weitere Zuschauer. Eine Gruppe von Frauen und Männern stand im Eingang des mehrstöckigen Wohnblocks gegenüber. Sie unterhielten sich angeregt und schauten immer wieder zu den Jungs. Einmal blickte eine Frau zu mir hoch, winkte kurz und sagte etwas zu den anderen; prompt wandten sich mir für etwa eine Sekunde alle Köpfe zu, bevor sie sich wieder um ihre Unterhaltung kümmerten. Weiße Männer mit Irokesenhaarschnitt gab es in diesem Viertel nicht oft zu sehen.

Direkt unter mir öffnete sich die Tür; ich hörte das leise Kreischen der Scharniere. Der »Guardian« kam mit schleppendem Gang aus dem Wohnhaus und setzte sich auf die vielleicht fünfzig Zentimeter hohe Mauer, die den mickrigen Rasen zur Straße abgrenzte. In seiner Hand trug er eine Ausgabe des »Citizen«, einer der besseren Zeitungen Johannesburgs, die er würdevoll aufschlug und durchblätterte. Zwischen den Fingern hielt er einen Kugelschreiber, als ob er sich Notizen machen wollte.

Mein Bier war leer. Gewohnheitsmäßig zerdrückte ich die Dose zwischen meinen Fingern und ging in die Wohnung zurück. Dort legte ich eine Kassette in den Rekorder und drehte auf. Übertreiben wollte ich es nicht, aber die Musik sollte man zumindest auf dem Balkon hören. Während ich mir ein neues Bier aus dem Kühlschrank holte und zurück auf den Balkon ging, dröhnte »The Sound Of The Suburbs« los, ein Stück der alten englischen Band *The Members*. Es passte, fand ich, und öffnete die Dose.

Der Wächter direkt unter mir war immer noch mit der Zeitung beschäftigt. Ich hatte nicht das Gefühl, dass er die Artikel wirklich las – die meisten der Wächter hatten einen niedrigen Bildungsstand, viele waren Analphabeten –, aber er gab sich sichtlich Mühe, interessiert zu wirken. Irgendwann landete er bei den Comic-Strips. Ich sah, wie sich seine Lippen bewegten, als er dem spärlichen Text in den Sprechblasen folgte.

Mittlerweile hatte der kleine Junge, der dem Autoputzer zuschaute, Gesellschaft bekommen: Jetzt hockten zwei schwarze Jungs auf dem Gehsteig und schauten dem »Großen« zu. Ab und zu stand einer der beiden auf, ging zu dem Auto, stellte sich auf einen Stein und versuchte ins Innere zu spähen. Der Blues dröhnte, und der Geruch des eifrig ins Blech eingeriebenen Wachses stieg hoch bis auf den Balkon.

Wahrscheinlich konnten es auch die drei Männer riechen, die im Wohnblock gegenüber auf ihrem Balkon standen. Jeder hatte eine Dose mit Castle Lager in der Hand; ich erkannte deutlich das rote Etikett. Einer von beiden schien zu bemerken, dass ich zu ihnen hinüberschaute: Grüßend hob er die Dose und winkte mir grinsend zu. Jetzt erkannte ich ihn auch; er war kurz zuvor im selben »Drankwinkel« wie ich gewesen.

Einige Meter unter den Männern, direkt unter ihrem Balkon, saß eine Mutter auf einer brüchig wirkenden Holzkiste, die wiederum auf einem Packen zusammengeschnürter Pappe stand. Tagsüber verkaufte an dieser Ecke der Straße eine andere Frau Obst und Gemüse, das sie in alten Pappkartons ausstellte. Meist hatte sie Tomaten, Äpfel und Bananen im Angebot, und meist hörte sie gegen 16 Uhr auf, nachdem sie auch den größten Teil ihrer Waren unter die Leute gebracht hatte. Ihre Sitzgelegenheit und ihren Müll ließ sie zurück.

Zu der Frau gehörten zwei Jungs, etwa drei und fünf Jahre alt. Die Frau schien auf etwas zu warten, vielleicht wurde sie bald von einem Taxi oder einem Bekannten abgeholt. Sie wirkte sehr gelassen mit ihrem rot-karierten Kopftuch, dem hellgrünen Pullover und dem geblümten Rock, und schaute interessiert dem Autoputzer zu. Die zwei Jungs erwiesen sich als sehr quirlig und hielten keine Sekunde lang still; meist balgten sie sich auf dem Boden oder befingerten mit Interesse die herumliegenden Abfälle.

Auf einmal bekamen sie Gesellschaft: Die zwei Jungs, die bisher dem Autoputzer zugeschaut hatten, rannten zu den beiden, und dann tollten vier Dreikäsehochs über den Asphalt, zwischen geparkten Autos und dahineilenden Menschen hindurch, über den Gehweg und die Straße hinweg, am Baum vorbei und über die Einkaufstüten der Mami hinweg.

Langsam wurde es kühl, es ging auf 18 Uhr. Die Musik im Kassetten-Rekorder wechselte. »This Is Not A Love Song« von *Public Image Ltd.* peitschte aus den kleinen Boxen; automatisch wackelte ich mit dem Kopf. Die Luft wurde kühler, und der Wind wurde stärker, wie immer um diese Zeit in diesem Monat; die Nächte kamen schnell. Der Junge, der den Toyota putzte, drehte das Radio im Inneren des Wagens ab. Auf einmal herrschte geradezu Stille auf der Straße, nur das Kreischen der vier kleinen Jungs war zu hören.

Die Tür zur Nachbarwohnung öffnete sich. Zwei Mädchen kamen heraus, beide vielleicht 15 oder 16 Jahre alt. Sie waren europäisch gekleidet, enge Jeans und figurbetonte T-Shirts; auf den Köpfen standen kurze Zöpfe in alle Richtungen. Die beiden schauten kurz zu mir herüber, wir standen keine drei Meter auseinander, und ich grüßte, das Bier in der Hand. Sie murmelten ein »Good evening« zurück, unterhielten sich dann in einer afrikanischen Sprache, die ich nicht verstand, und blickten an mir vorbei. Der Kassettenrekorder spielte mittlerweile »Party In Paris« von den *UK Subs*.

Ich überlegte, was ich tun sollte. Es dauerte sicher noch gut zwei Stunden, bis Thomas von der Arbeit zurückkam. Sein aktuelles Projekt, für das er viel Energie aufbrachte, näherte sich anscheinend dem Ende, was nichts anderes hieß, als dass er noch mehr Energie hineinstecken musste. Mittlerweile wurde es Zeit, dass ich mich duschte und etwas essen ging.

Ich merkte, dass die Mädchen neben mir zu reden aufhörten. Der Wächter, der unter mir auf der kleinen Mauer saß und immer noch die Zeitung in der Hand hielt, ließ das Blatt sinken. Zuerst verstand ich gar nicht, was los war, aber dann sah ich,

wie ein uralter Ford in gemächlichem Tempo in die kleine Straße einfuhr. Aus heruntergekurbelten Scheiben dröhnte Disco-Musik zu mir hoch, die den Eindruck vermittelte, sich wie eine dicke Soße über die Gitarrenläufe aus der Wohnung hinter mir zu legen.
Der Junge, der in intensiver Tätigkeit den Toyota geputzt hatte, verzog sich, seinen Wassereimer in der einen und seinen kleinen Begleiter an der anderen Hand. Noch einmal drehte er sich um und betrachtete seine Arbeit, bevor er mit raschem Schritt über die Fahrbahn eilte. Es sah aus, als flüchte er vor dem ankommenden Fahrzeug.
Der Ford hielt an, die Tür öffnete sich, während die Musik weiter zwischen den Häusern widerhallte. Der Mann, der ausstieg, war vielleicht anfangs oder Mitte zwanzig; seine Jeans und sein langes dunkelblaues T-Shirt sahen modern aus, und auf seinem Kopf balancierte er eine Mütze, die das »New York«-Logo trug. Ohne mich oder den Wächter auch nur einen Augenblick lang zu beachten, trat er näher an das Appartementhaus heran und rief einige Bemerkungen in einer afrikanischen Sprache zu den Mädchen neben mir hoch.
Beide kicherten – wie es schien, waren sie ein wenig verlegen. Mit piepsiger Stimme gab die älter aussehende der beiden eine Antwort, die kaum eine Chance hatte, gegen die laute Musik anzukommen. Der junge Mann schrie wieder etwas, diesmal mixte er englische Worte wie »this night« mit der afrikanischen Sprache, die er benutzte. Es klang, als wolle er sich mit den beiden Mädchen – oder zumindest der älteren – verabreden.
So langsam wurde mir die Sache peinlich. Ich beobachtete gern die Leute auf der Straße, und ich hatte keinerlei Problem dabei, beispielsweise dem Wächter bei seiner Lektüre zuzusehen. Aber es reizte mich nicht, direkter Zuschauer oder gar indirekter Teilnehmer beim Balzverhalten der örtlichen Jugend zu sein. »Break Down The Walls« gaben *Youth Of Today* aus der Wohnung hinter mir die praktische Antwort. Es wurde wirklich Zeit, dass ich die Segel strich.
Ich trank den letzten Schluck aus der Bierdose und stand auf. Als ich die Wohnungstür hinter mir schloss, hörte ich die beiden Mädchen erneut lauthals kichern. »Das wird heut' schon noch was mit euch«, murmelte ich und freute mich auf die Dusche.

Ein Schutzengel zuwenig
Eine Geschichte aus Südafrika – 2003

Der Minibus von Kempton Park in die Innenstadt von Johannesburg war bis auf den letzten Platz besetzt, und ich war der einzige Weiße. Es kostete nur fünfeinhalb Rand, also weniger als einen Euro, aber die Weißen fuhren lieber Taxi oder benutzten ihre eigenen Autos. Schneller schafften sie es auch nicht: Sie standen in ihren Autos genauso im Stau auf der sechsspurigen Autobahn vom Flughafen in die Innenstadt wie ich. Ab und zu rollte der Verkehr einige hundert Meter, dann warteten wieder alle.
Unser Minibus hatte die Fenster geöffnet. Warme Luft drang ein, geschwängert von Abgasen; zumindest ein wenig Bewegung. Ich beneidete die Fahrer, die Autos mit Klimaanlagen besaßen, und versuchte meine unbequeme Sitzhaltung zu ignorieren.
Der Mann im hellbraunen Anzug, der neben mir saß, redete unentwegt auf mich ein, mit halblauter Stimme, als wolle er mir Geheimnisse mitteilen. »Da vorne ist garantiert wieder eine Polizeikontrolle. Die sperren die ganze Autobahn, dann kontrollieren sie jeden, und das löst diese Staus aus. Es ist immer dasselbe, wie immer. Sie kontrollieren, sie halten an, sie machen sich wichtig, und sie sorgen für das Verkehrschaos, das sie eigentlich bekämpfen sollten.«
Er redete die ganze Zeit, den Körper so zur Seite geneigt, dass sein Mund praktisch direkt an meinem Ohr war, und ich gab mir alle Mühe, ihn zu ignorieren, streute ab und zu ein »Hm-hm« oder ein kluges »Yes« ein und stierte nach vorne, um wenigstens einen Blick auf die Landschaft rechts und links von der Autobahn zu erhalten. Die stellenweise gebrochene und notdürftig geflickte Frontscheibe bot ein zersplittertes Bild der Realität, aber ich fand es stets faszinierend, einfach nur den Ereignissen auf der Straße zuzuschauen.
Viel zu sehen gab es allerdings nicht: Links war nur eine Böschung, an deren oberem Ende eine andere Autobahnspur verlief, rechts erstreckten sich mehrstöckige Wohnhäuser mit Vordächern und Balkons, die aussahen wie vergleichbare Gebäude in Europa, eingezäunt und mit Stacheldraht massiv geschützt, eine Vorstadt der Mittelklasse, die sich augenscheinlich

mit allen Mitteln gegen das Krebsgeschwür wehrte, das sich in den Augen der Wohlhabenden in der Innenstadt ausbreitete und mit Gier nach ihrer friedlichen Welt griff.
Die Böschung auf der linken Seite wurde langsam flacher. Ich sah, wie zwei andere Sammeltaxis, ebenso vollgestopft wie das, in dem ich unterwegs war, auf einmal über die Standspur fuhren, dort quasi Schwung holten und dann mit voller Beschleunigung über die Böschung schossen. Fahrspuren auf dem halb zerstörten Rasen der Böschung bewiesen, dass diese Methode nicht völlig unüblich war. Der Fahrer unseres Taxis hatte dasselbe vor: Er hielt auf die Böschung zu, trat das Gaspedal seines Toyota-Minibusses voll durch, und ...
In diesem Moment ertönte hinter uns ein grelles Hupsignal; unser Fahrer riss das Steuer herum. Schlingernd und ebenfalls hupend ordnete sich unser Sammeltaxi wieder in den schrittweise fließenden Verkehr ein, und auf dem Standstreifen donnerte ein monströser Lastwagen mit Anhänger an uns vorbei; die Steinplatten auf seinem flachen Anhänger wackelten bedenklich. Ohne anzuhalten, raste der Lastwagen auf der Standspur weiter.
Ich atmete kräftig durch. »Keine zehn Zentimeter«, sagte ich auf Englisch dem Mann im Anzug, »und wir wären zermatscht worden.«
Meine Nerven beruhigten sich nach dem Schreck nur langsam. Obwohl es kühl war an diesem Morgen und ich deshalb meinen roten Kapuzenpullover angezogen hatte, schwitzte ich nun am ganzen Körper und bemerkte jetzt erst, wie erschrocken ich war. Den anderen im Taxi ging es ebenso. Aufgeregt sprachen sie durcheinander, und eine der zwei Frauen, die vorne neben dem Fahrer saßen, zückte bereits ihr Mobiltelefon, um ein hektisches Gespräch zu führen. Nur der Fahrer selbst schien wirklich wütend zu sein. Mit beiden Fäusten hieb er auf das Lenkrad und schimpfte in einer mir unbekannten Sprache vor sich hin.
»Es sind die Bremsen«, sagte der Mann neben mir, »diese Trucks haben alle schlechte Bremsen, und die Polizei kontrolliert nur die Papiere, nicht aber die Bremsen. Fast wären wir gestorben, nur wegen dieser Bremsen. Aber wir hatten einen guten Schutzengel, Gott sei Dank!« Er sprach weiter, im selben halblauten Tonfall wie zuvor, und in seinem Monolog wechselten sich die

Worte »Bremsen« und »Schutzengel« in einer unaufhörlich klingenden Reihenfolge ab.
Ich hoffe ja nur, dass unser Vorrat an Schutzengeln für diesen Tag noch nicht aufgebraucht ist, dachte ich skeptisch. Immerhin ging es nach Johannesburg hinein, in die angebliche Hauptstadt des Verbrechens, die gefährlichste Metropole der Welt – sah man von einem Kriegsschauplatz wie Bagdad oder Grosny ab.

Zwei Kilometer weiter wurden wir tatsächlich kontrolliert, und zwar sehr gründlich, inklusive einer gründlichen Hup-Probe. Als die Polizisten das Fahrzeug überprüften, die Augen wachsam unter den braunen Mützen, schenkte mir der Fahrer einen grimmigen Blick, als wäre ich dafür verantwortlich, dass ausgerechnet sein Fahrzeug so genau gefilzt wurde.
Ich war froh, als die Fahrt weiterging, immer auf der Autobahn, bis die sechsspurige Straße einer ganz normalen zweispurigen wich. Rechts und links erhoben sich riesige Wohnblocks mit schlichten Balkons, auf denen Wäsche hing, gelegentlich auch ein Geschäftshaus mit Büros, meist mit einer Gaststätte im Untergeschoss, und erstaunlich viele Autowerkstätten, vor denen staubige Fahrzeuge, Motorenteile und allerlei Schrott in der Sonne lagen.
Irgendwann kamen Straßennamen, die mir bekannt vorkamen und an die ich mich erinnerte. Zehn Jahre war es her, seit ich durch die Innenstadt von Johannesburg geschlendert war, und ich hatte sehr viel vergessen. Ich hatte einen kleinen Stadtplan in der Hand, den ich aus dem Reiseführer herauskopiert hatte, und verfolgte mit diesem die Fahrt, erkannte zwar keine Örtlichkeit wieder, aber immerhin die Begriffe.
Als ich den Turm von Hillbrow durch eine Straßenschlucht aufragen sah, wusste ich genau, dass ich genau da war, wo ich damals viel Spaß gehabt hatte. Ich erinnerte mich an die Nachbarschaft in Hillbrow, das bunte Gemisch aus Schwarzen aller Völker der Republik Südafrika und der Nachbarländer, die laute Musik an den Nachmittagen, und ich dachte an meine nächtlichen Spaziergänge zurück von der Rocky Street, der damaligen Amüsiermeile der Metropole.
Es gab einen klaren Unterschied zu früher, wie mir bewusst wurde: Damals konnte man sogar nachts durch Hillbrow ge-

hen, und mittlerweile war es sogar tagsüber zu gefährlich, sich durch dieses innerstädtische Viertel zu bewegen, keinen Kilometer von der ehemals glitzernden City entfernt. Deshalb hatte ich mir vorgenommen, es zu meiden und nicht einmal mit dem Taxi einen Ausflug dahin zu unternehmen: Ich hatte zu viele Geschichten gehört, in denen Menschen sogar in Taxis überfallen und ausgeraubt worden waren. In der Innenstadt dürfte es sicher genug sein.

Am Busbahnhof der City stieg ich aus. Der Fahrer verabschiedete mich mit einem Brummen und hob grüßend die Hand. Es hätte mich interessiert, was er dachte. Hielt er mich für einen Trottel, weil ich mit einem Minibus in die Stadt fuhr? *Unnütze Gedanken,* schalt ich mich; wahrscheinlich vergaß der Mann mich schnell.

Zwischen Dutzenden parkender Minibusse bewegten sich zahlreiche Menschen. Geschäftig eilten Marktfrauen mit Einkaufstaschen über den Platz; schwatzende Männer standen in einer Gruppe neben einer Mauer, die den Busbahnhof zu den Bahngleisen abtrennte. Sie unterbrachen ihr Gespräch, als ich vorbeiging, und blickten zu mir herüber, redeten dann aber weiter. Ein halbes Dutzend Jungs kickten einen Ball, aus dem die Luft zur Hälfte entwichen war, hin und her; zwei Mädchen saßen auf Steinen und schauten ihnen zu.

Ziellos ging ich in Richtung der Brücke, die an dieser Stelle die Bahnlinie überquerte. Ohne klare Absicht überquerte ich die Brücke, schaute zu jenem großen Park hinüber, an dem ich vor zehn Jahren oft vorbei gegangen war, stellte aber fest, wie wenig mich an früher erinnerte. Zu viel hatte sich verändert, zu viel hatte ich vergessen. Ich drehte um und ging durch Seitenstraßen zurück zum Busbahnhof, womit ich mir bei diesem ersten Bummel einen ersten Eindruck von der Umgebung verschaffte.

Diese Gegend schien gar nicht gefährlich zu sein. Zwar waren viele Menschen unterwegs, aber im Gedränge der Großstadt würde mir schon nichts passieren. Ich nahm mir vor, auf Taschendiebe aufzupassen, hielt meinen kleinen Rucksack in der Hand und trug ihn so weit unten, dass man ihn nicht gleich zu sehen bekam. Die Seitentaschen meiner Hose waren geschlossen, so dass ein möglicher Dieb nicht einfach die Geldbörse greifen konnte.

Die Innenstadt von Johannesburg wirkte auf mich wie das Zentrum jeder anderen afrikanischen Großstadt, die ich kannte, ob Accra oder Dar-es-Salaam, Yaoundé oder Dakar. Ich hatte sie »glitzernder« in Erinnerung, moderner und in gewisser Weise auch »europäischer«. Wie mochte sich Hillbrow verändert haben, wenn ich schon die City nicht mehr erkannte, wie sah dann das ehemals »graue Viertel« aus, das direkt nebem dem Zentrum lag?
Kleine Stände säumten dicht an dicht die Bürgersteige entlang der breiten Straßen, Händler verkauften Obst und Gemüse, Sonnenbrillen und Medikamente, Uhren und Sonnenschirme. Auf den Gehsteigen drängten sich die Menschen zwischen den Ladengeschäften und den kleinen Händlerständen, und überall saßen Menschen auf den Treppenstufen vor Hauseingängen, unterhielten sich, aßen oder schauten einfach nur dem Treiben vor ihnen zu. Und mir fiel auf, dass ich der einzige Weiße auf der Straße war; andere Weiße sah ich nur in Autos, deren Scheiben wahrscheinlich alle verriegelt waren. Wieder fühlte ich mich etwas unwohl, aber ich ging davon aus, dass mir am hellichten Tag nichts passieren würde.
Ich bummelte von der Noord Street aus los, nicht ohne immer wieder anzuhalten oder mich vorsichtig umzuschauen. Eigentlich wusste ich mich nach all den Jahren in afrikanischen Städten recht gut zu bewegen, ohne dass jemals etwas schief gegangen war. Als leichtsinnig würde ich mich nicht bezeichnen, ebensowenig als besonders wagemutig.

Ich wollte Briefmarken in der Hauptpost kaufen, und dann wollte ich mich in eine Kneipe setzen und das Treiben auf der Straße betrachten, etwas, das ich in anderen Städten Afrikas immer wieder gerne machte. Mit raschem Schritt ging ich durch eine von Sicherheitsleuten streng bewachte Mall, die ich noch von früher her kannte, kam auf die Jeppe Street, sah das große graue Gebäude des Postamtes auf der anderen Seite, trotzig und hässlich wie eine mittelalterliche Burg und überhaupt nicht passend für das darum ablaufende Straßenleben.
Eine Frau steckte mir ein Infoblatt zu. Ich nahm es, ohne es genauer zu betrachten, steckte es in die hintere Hosentasche, schaute nach dem Verkehr und wechselte die Straßenseite –

hinüber zum Postamt. Dort steuerte ich auf eine große Treppe zu, die zu einem Eingang führte, unter dessen steinernem Bau ein blau uniformierter Wachmann stand. Es war der Eingang zu den Private Boxes, den Schließfächern. *Na super,* dachte ich. *Falsch!*

Achselzuckend entschloss ich mich, das Gebäude von der anderen Seite anzusteuern. Soweit ich mich erinnerte, war dort der Eingang für die Privatkunden, und dort konnte man Briefmarken kaufen.

Auf einmal bemerkte ich einige junge Männer in meiner Nähe, direkt vor mir eine Gruppe und einige Meter hinter mir ebenfalls. Einer der vorderen Gruppe wandte den Kopf, schaute an mir vorbei; ich registrierte sein Lachen unter dem locker sitzenden Hut und nahm mir vor, sicherheitshalber alle jungen Männer dieser Gruppe an mir vorübergehen zu lassen. Irgendwie waren sie mir alle miteinander nicht geheuer.

Ich blieb stehen, genau zwischen zwei Marktständen, die leer standen und die jemand an die graue Wand des Postgebäudes gelehnt hatte. Plötzlich stand ein großer Schwarzer in beigem Hemd vor mir, knapp über zwanzig Jahre alt, stieß mich mit beiden Händen gegen die Brust, schrie laut »South African Drug Control« und tastete nach meinen Hosenbeinen. Ich taumelte nach hinten, einen halben Schritt nur, zwischen die Stände hinein, dachte in aufflammender Panik Ein *Trickdieb!,* wie ich sie einmal in Dakar, in Senegal erlebt hatte, schubste ihn zurück und kam aus der Nische heraus, bevor ich gegen die Wand der Hauptpost gedrückt werden konnte.

In diesem Augenblick waren überall Hände: Sie griffen nach den Seitentaschen meiner Hose und nach meinem kleinen Rucksack, den ich fest in der Hand hielt, ich hörte, wie jemand keuchend »Fuck you, fuck you!« schrie, und ich drehte mich, während mich Schläge und Tritte aus allen Richtungen trafen. Ich ließ die Tasche mit der rechten Hand nicht los, obwohl mindestens zwei schwarze Hände daran zerrten, versuchte mit der anderen Hand die Finger abzuwehren, die an den Seitentaschen herummachten, wo meine Geldbörse vermutet wurde, trat um mich und versuchte die Angreifer zu schlagen. Als ich meine Drehung, diesen absurden Tanz in einer Bande von Fremden, beendet hatte und mit dem Gesicht zur Post stand, sah ich die Messer.

Es waren zwei. Das eine gehörte einem jungen Kerl mit dünnem Schnäuzer, der beständig sein »Fuck you, fuck you!« von sich gab; es war ein Schneidemesser, und er fuchtelte hektisch damit herum. Das andere sah aus wie ein Stilett, scharf und spitz und in der Sonne glitzernd, und der Typ, der es hielt, wirkte ruhig, als er langsam auf mich zuging.
Ich gab auf, erstarrte angesichts des Stiletts buchstäblich, ließ die Hände ausgestreckt, während mir der Rucksack entrissen wurde. An beiden Seitentaschen meiner Hose wurden die Knöpfe abgefetzt, dann zogen die Kerle mein Brillenetui aus der einen und meine Geldbörse aus der anderen Tasche. Sofort verschwanden sie, tauchten lachend in der Menge unter, und ich stand da und musste erst einmal Luft holen.

Direkt neben mir saß eine Frau auf einer Steinbank; sie sah aus, als ob sie auf einen Bus wartete. Als ich sie anschaute, garantiert in einer Mischung aus Wut, Zorn und aufkommender, nicht richtig verständlicher Scha, drehte sie den Kopf zur Seite. Auch die Gruppe Männer, die neben der Treppe zur Post zusammenstanden und mich unverwandt anschauten, blickten weg, als ich sie ins Visier nahm. Mir war klar, dass keiner dieser Leute helfen würde, ob sie das nun gekonnt hätten oder nicht.
Während ich mich körperlich noch wie betäubt fühlte und mal einen Schritt nach rechts und mal einen Schritt nach links taperte, wie ein alternder Tanzlehrer mit Gicht in den Knochen, zog ich eine kurze Bilanz, um mir zu vergegenwärtigen, was eigentlich fehlte. Der Rucksack war weg, ein preiswertes Imitat, das ich mir vor einigen Jahren in Vietnam gekauft hatte. Darin hatte sich mein Schreibblock befunden, der mir seit über einem Jahrzehnt auf Reisen treue Dienste leistete; ansonsten hatte er nur Kopien meines Passes, meiner Flugtickets und andere Kleinigkeiten enthalten. Sicherheitshalber hatte ich die Originale im Safe des Airport Hostels gelassen, in dem ich untergekommen war. Die Seitentaschen meiner Hose waren aufgerissen und leer, die Knöpfe fehlten. Dafür steckten in meiner Innentasche noch mein Taschenmesser, meine Uhr und meine Schlüssel. Das alles hatten die Burschen in der Eile unter meinem Pullover ebensowenig gefunden wie den Geldgürtel und meine Bargeldtasche für den Notfall, die ich unter der Hose trug.

Glück im Unglück, dachte ich und erinnerte mich eine Sekunde lang noch einmal an das Aufblitzen der Messerklingen vor meiner Nase.

Irgend etwas musste ich tun, wenngleich mir klar war, dass ich nicht viel erreichen konnte. Wie ein ausgeraubter Touristentrottel wollte ich nicht auf der Straße herumstehen. Kurz entschlossen ging ich nach rechts, hin zu der Treppe, die zu den Schließfächern führte und wo immer noch der Wachmann in der blauen Uniform stand.

Ich ging zu dem Uniformierten hin. »Entschuldigen Sie bitte«, sagte ich, »vielleicht können Sie mir weiterhelfen?« Ich gab mir Mühe, meine Wut unter Kontrolle zu halten, um höflich zu bleiben und nicht herumzuschreien.

»Womit, Sir?«, gab er ebenso höflich zurück und schenkte mir einen nichtssagenden Blick.

»Ich bin überfallen worden, und ich brauche Hilfe.«

»Überfallen? Wo?« Sein Staunen sah so echt aus, dass ich mir schon überlegte, ihn zu einem Schauspielerkurs zu überreden. Er schob seine dunkelblaue Mütze ein Stück nach hinten, wischte mit seiner Hand über die glänzend schwarze Stirn.

»Da vorne.« Ich wies auf die Stelle zwischen den Verkaufsständen und der Straße, keine fünf Meter von seinem Standort. »Es waren mehrere Männer, und sie trugen Messer.«

Der Mann musterte mich von oben bis unten. »Ich habe nichts gesehen«, sagte er kühl, »und es ist Ihnen ja nichts passiert.«

»Sie haben meinen Rucksack gestohlen, meinen Rucksack und mein Geld«, sagte ich atemlos. Ich bemerkte, dass meine Stimme angespannt klang, obwohl ich mir Mühe gab, mir nichts anmerken zu lassen. »Und sie haben meine Hose zerrissen, sehen Sie ...« Ich zeigte ihm die Außentaschen mit den aufgeschlitzten Seiten. »Mir ist nichts passiert, aber ...«

»Was erwarten Sie, dass ich tue?«

Ich war irritiert und wusste selbst nicht so genau, was ich eigentlich wollte. Hilfe in irgendeiner Form, das ja, aber welcher Art? »Was kann ich tun?«, fragte ich, und ich nahm wahr, wie hilflos das klang. Ich ärgerte mich über mich selbst. Ich fühlte mich wie betäubt, gleichzeitig auch hilflos; eine solche Situation kannte ich nicht.

»Rufen Sie in Ihrem Hotel an, und dann lassen Sie sich abholen!«

»Wie soll ich denn anrufen? Ich habe kein Geld mehr. Das wurde mir gerade eben geraubt.« Ich wollte ihm nicht gleich verraten, dass ich noch Geld in meiner Kleidung versteckt hatte; zudem kam ich im Augenblick ohnehin nicht daran.
Der Uniformierte überlegte. Er stand auf der Treppenstufe über mir, schaute auf mich herunter, und ich stand auf der Treppe, ausgeraubt mitten in Johannesburg, während hinter mir der Straßenlärm tobte. Ich empfand die Szene als unwirklich und spürte, wie verkrampft ich war, unruhig und wütend zugleich, eine seltsame Mischung der Gefühle.
Es tröstete mich wenig, dass der Mann in seiner Uniform ebenso wenig souverän wirkte und anscheinend nicht wusste, was er mit diesem seltsam zersaust aussehenden Weißen anfangen sollte. »Ich frage meinen Kollegen«, sagte er nach einer kurzen Pause, »der kann Ihnen weiterhelfen, und vielleicht hat er etwas gesehen.« Er wies auf eine Tür. »Kommen Sie. Ich führe Sie zu ihm.«
Ich folgte ihm die Treppe hoch. Nach links ging ein Gang zu den Schließfächern, eine Treppe führte hoch zu weiteren Räumen. Auf der rechten Seite kam eine Glastür, die zu einem merkwürdig leer stehenden Schalterraum führte. Ich erinnerte mich nicht mehr daran, was sich vor zehn Jahren in diesem Raum befunden hatte. Jetzt war er leer, und an der Glasfront, durch die man auf die Straße sehen konnte, saß ein gelangweilt aussehender Beamter in blauer Uniform und starrte auf die Straße.
»Der Mann muss etwas gesehen haben«, sagte ich langsam. »Er sitzt genau dort, wo ich überfallen worden bin. Direkt unter ihm hat mich die Bande gekriegt.« Mir war auf einer rein intellektuellen Ebene klar, dass ich keinen Erfolg haben würde, aber ich musste etwas unternehmen und wollte diesen Überfall nicht einfach wegstecken.
Der Mann, der mich von der Treppe her begleitet hatte, drückte einen Knopf, ein Summen ertönte, und der Uniformierte an der Glaswand stand auf, kam näher. Er betätigte innen einen Knopf, und vor mir öffnete sich die Tür. »Das ist eine Schleuse«, sagte mein Begleiter. »Wenn Sie in der Schleuse sind, müssen Sie innen den Knopf drücken, dann kommen Sie weiter.«
Ich folgte seinen Anweisungen und stand dem anderen Mann gegenüber. Als er mich freundlich anlächelte, entblößte er eine

Reihe weißer Zähne, wobei oben in der Mitte eine auffallende Lücke klaffte. »Sie wünschen, Sir?«, fragte er, und ich hatte sofort das Gefühl, diesen Mann nicht leiden zu können.
»Ich bin überfallen worden«, sagte ich so ruhig wie möglich. »Hier, direkt vor dem Fenster, direkt vor dem Postamt und auf der Straße.«
»Das ist unmöglich!« Er schüttelte nachdrücklich den Kopf. »Das hätte ich doch sehen müssen.«
»Sie haben nichts gesehen?« Das Gefühl, die Lage sei aussichtslos, verstärkte sich. Niemand würde etwas gesehen haben, auch nicht dieser Uniformierte, der keine drei Meter von dem Überfall entfernt gesessen war. »Aber es war doch direkt vor Ihrer Nase.«
»Ich habe nichts gesehen, Sir. Entschuldigen Sie bitte vielmals, Sir.«
Wenn er mich noch einmal mit »Sir« anredet, schlage ich ihm das höfliche Lächeln aus der Fresse, dachte ich wütend, blieb aber höflich und ruhig. Ich erläuterte ihm die Situation, übertrieb dabei nach meiner Erinnerung nichts. »Was soll ich denn jetzt tun?«, fragte ich abschließend.
Der Mann mit der Zahnlücke lächelte mich an. »Rufen Sie sich ein Taxi und lassen Sie sich ins Hotel fahren. Hier in der City ist es zu gefährlich für weiße Männer.«
»Ich habe kein Geld mehr, ich wurde überfallen!« Fast wäre ich laut geworden, aber ich bremste mich. Und vorerst wollte ich dem Mann nicht erzählen, dass ich in meiner Hose weiteres Geld stecken hatte. »Verstehen Sie nicht? Die Banditen haben meinen Geldbeutel mitgenommen. Kann man nicht irgendwie die Polizei rufen?«
Der Mann schaute mich irritiert an. »Die Polizei? Wieso das denn? Wie soll die Ihnen helfen?«
Ganz ruhig bleiben, redete ich mir in Gedanken zu. *Nicht aufregen. Du bist nicht der erste, der in Johannesburg überfallen wird. Das hier ist die Mordhauptstadt der Welt, und dir ist eigentlich nichts passiert.*
»Vielleicht kann mein Kollege die Polizei rufen«, schlug der Mann vor.
Wir wandten uns zur Tür. Gemeinsam durchquerten wir die Schleuse. Der Mann, der mich vorhin auf der Treppe empfangen

hatte, war nirgends zu sehen. Ratlosigkeit stand in das Zahnlückengesicht geschrieben. »Ich darf meinen Posten nicht verlassen, Sir«, sagte er, »sonst würde ich jetzt mit Ihnen losgehen und meinen Kollegen suchen.«
Ich war nach wie vor unschlüssig. Nicht die geringste Ahnung hatte ich, was zu tun war. Seit dem Überfall war höchstens eine Viertelstunde vergangen, aber ich hatte das Gefühl, Stunden seien seitdem verstrichen. Kurz überlegte ich mir sogar, auf eigene Faust die Suche nach den Banditen aufzunehmen. Aber dann wurde mir klar, dass ich keine Lust auf einen Messerstich hatte und vor allem nicht die geringste Chance besaß, die Burschen zu finden: Ich würde sie im Gewühl der City nicht aufstöbern können, und erkennen würde ich sie erst recht nicht.
»Was soll ich jetzt machen?«, fragte ich nicht zum ersten Mal. Mit hängenden Schultern stand ich auf der Treppe des Postamtes, schaute auf das Verkehrsgewühl zu meinen Füßen. Schwarze Geschäftsleute in Anzügen eilten an mir vorbei zu den Schließfächern, während vor mir mit Gemüse gehandelt, im Stau gehupt oder auf den Bus gewartet wurde.
»Ich leihe Ihnen zwei Rand.« Auf einmal hatte der Kerl mit der Zahnlücke eine Münze in der Hand. »Damit können Sie telefonieren und jemanden von Ihrem Hotel anrufen.«
Ich verzichtete darauf, ihm zu sagen, dass ich nicht in einem Hotel abgestiegen war, sondern in einer extrem bescheidenen Unterkunft unweit des Flughafens wohnte. Der Mann wollte mir helfen, da wollte ich nicht kleinlich sein. »Und wo ist eine Telefonzelle?«, fragte ich, nahm das Geldstück entgegen und steckte es unter Dankesgemurmel in meine Hosentasche.
»Das weiß ich nicht, Sir.« Er neigte den Kopf. »Irgendwo auf der Straße. Sie müssen suchen, Sir.«
»Na klasse. Dann werde ich wahrscheinlich noch einmal überfallen.« Ich winkte ab, blieb stehen, schaute hilflos auf die Straße hinaus. Noch einmal kam das Erlebnis in mir hoch, sah ich die blitzenden Klingen vor meinem Gesicht, hörte ich das »Fuck you! Fuck you! Fuck you!« in meinem Ohr.
»Ich gehe wieder auf meinen Posten, Sir«, sagte der Mann neben mir. »Ich darf meine Pflicht nicht vernachlässigen. Wenn Sie Hilfe brauchen, drücken Sie einfach den Knopf, und ich lasse Sie ein.«

Ich nickte zustimmend. Aus den Augenwinkeln sah ich, wie er ging. Weiterhin fühlte ich mich ratlos und fehl am Platz und blieb stehen, während eine Mischung aus Zorn und Scham in mir brodelte. Jahrelang hatte ich jedem in Deutschland erzählt, dass ich mich in Afrika auskannte. Mich überfiel niemand, ich war ein erfahrener Reisender. Das hatte ich jahrelang behauptet, und ich hatte es mit gutem Gewissen erzählt, weil mir nie etwas passiert war. Aber jetzt ... Ich schüttelte den Kopf.

Auf der anderen Straßenseite hielten zwei Fahrzeuge mit Polizisten, eine Art Minibus und eine ganz gewöhnliche Limousine, beide in den typischen Farben der Metropolitan Police. Uniformierte Beamte sprangen heraus, die Knüppel und Schusswaffen noch in den Gürteln, und umringten eine Gruppe von Händlerinnen, die auf dem Gehsteig in abgetakelten Holzkisten ihr Obst und Gemüse feilboten.
Was genau passierte, bekam ich nicht mit. Der Lärm der vierspurigen Straße vor mir, das Brausen zahlreicher Stimmen von draußen und das nervtötende Summen einer falsch eingestellten Neonlampe hinter mir – das alles reichte aus, dass ich mir keinen Eindruck vom Geschehen auf der anderen Straßenseite machen konnte.
Die Polizisten schienen die Händlerinnen zu bedrohen, sie schubsten einige Verkäuferinnen zur Seite, die sich vor ihre Waren stellten. Einige Männer, die den Frauen zur Hilfe eilen wollten, wurden ebenso zur Seite geschoben. Das kurze Handgemenge war rasch vorüber, ohne dass mehr geschah. Während einige Frauen auf die Polizisten einredeten oder lauthals lamentierten, verzogen sich die Männer unter das Vordach eines Einzelhandelsgeschäftes.
Ich verließ meine sichere Position im Eingangsbereich des Postamtes. Mit raschen Schritten ging ich die Treppe hinunter, verspürte noch immer ein mulmiges Gefühl, als ich nach links schaute, zu der Stelle, wo ich keine zwanzig Minuten zuvor überfallen worden war, wartete einen Augenblick ab, an dem keine Autos kamen, und eilte über die Straße und direkt auf die Gruppe der Polizisten zu.
Einige der Uniformierten verluden Melonen, Kohlköpfe und andere Nahrungsmittel in den geöffneten Kofferraum ihres

Fahrzeugs. Sie arbeiteten rasch und gründlich, ließen aber die Kisten stehen, in denen das Gemüse und die Früchte aufbewahrt worden war. Es sah mehr nach einem Raubzug aus als nach einer polizeilich korrekten Beschlagnahmung illegaler Waren. Zeternde Frauen standen am Rand und diskutierten laut mit einigen Beamten.

Ich trat zu einem der Beamten und sprach ihn an. »Guten Morgen, Sir. Können Sie mir helfen?«

Er richtete sich aus seiner gebückten Haltung auf und starrte mich an, im Gesicht einen Ausdruck von Staunen und Misstrauen zugleich. »Sorry, Sir«, sagte er nach einem Augenblick des Nachdenkens, »ich führe Sie zu meinem Vorgesetzten.«

Ich kam nicht einmal dazu, mich über die ausweichende Reaktion zu wundern, sondern folgte ihm. Es ging alles recht schnell, so dass ich nicht auf unterschiedliche Schulterklappen und daran abzulesende Rangordnungen achtete. Er führte mich zu einem anderen Uniformierten, der lässig neben dem Minibus stand, die Hände in den Hosentaschen, und das Geschehen vor seinen Augen mit ausdrucksloser Miene verfolgte. Die beiden Schwarzafrikaner wechselten einige Worte in einer Sprache, die ich nicht verstand; den raschen Schnalzlauten nach zu urteilen, war es wahrscheinlich Xhosa.

Mit einem Lächeln, das ich sofort als »schmierig« abqualifizierte, wandte sich der diensthabende Beamte an mich. »Was ist Ihr Problem, Sir?«, fragte er. Es klang höflich und zugleich desinteressiert; er schob einen Kaugummi von einer Backe in die andere, während er sprach, und sein Englisch hörte sich an, als gäbe er sich Mühe, es besonders lässig auszusprechen.

»Ich bin überfallen worden«, gab ich zum wiederholten Mal mein Erlebnis zum besten. »Dort, auf der anderen Straßenseite.« Ich wies zum Postamt und zu den Ständen, vor denen sich ununterbrochen Menschen bewegten. Nach wie vor kein einziger Weißer, wie mir auffiel. Ich schien wirklich der einzig Schwachsinnige an diesem Tag gewesen zu sein.

»Dort drüben? Sie machen Witze.« Der Beamte lachte. »Es ist Ihnen doch nichts passiert.«

Wahrscheinlich gilt man in diesem Land erst dann als überfallen, machte ich mir in diesem Augenblick endgültig klar, *wenn man tot oder schwer verletzt auf dem Boden liegt.*

»Dann erzählen Sie mir doch mal die ganze Story«, sagte der Beamte und lachte erneut. »Ich bin wirklich sehr interessiert.«
Eigentlich reichte es mir bereits. Ich fühlte mich gedemütigt, und ich ärgerte mich über meine eigene Beharrlichkeit, mit der ich noch auf der Straße herumstand. Trotzdem erzählte ich die gesamte Geschichte erneut. Der Beamte hörte zu, schaute mich dabei kaum an, sondern beobachtete seine Kollegen, die Obst und Gemüse in den Kofferraum luden, und schob seinen Kaugummi durch den Mund. Deutlicher konnte er sein Desinteresse kaum ausdrücken.
»Und nun?«, fragte er, nachdem ich meine Geschichte beendet hatte. »Was wollen Sie jetzt tun?«
»Das frage ich Sie. Deshalb bin ich doch zu Ihnen gekommen.«
Er grinste. »Wissen Sie, ich bin nicht für Ihren Fall zuständig. Meine Kollegen und ich haben andere Arbeit zu tun.« Er wies auf das Obst und das Gemüse. »Sie sehen ja, was wir gerade tun.« Ich nickte. »Sie müssen zur zuständigen Polizeiwache.« Er wies die Straße hinunter. »Es sind etwa fünfhundert Meter, dort müssen Sie links gehen, und dort ist die Wache, bei der Sie sich melden können.«
Ich blickte die Straße hinunter. Dort befand sich ein Taxistand, wie mir in diesem Augenblick einfiel. Dort war ich 1993 eingetroffen, als ich aus dem Norden gekommen war, aus Louis Trichardt. Damals ... meine Gedanken schweiften für einen Augenblick ab. Ich war per Anhalter durch Südafrika gereist, und ich war sogar abends durch die Innenstadt von Johannesburg gegangen. *Das ist lange her!,* rief ich mich in Erinnerung.
Die Stimme des Polizisten nahm ich wie aus weiter Entfernung wahr. »Aber ich sage Ihnen eins: Lassen Sie es. Sie stehen lange an, bis Sie dran sind, und es kommt nichts heraus. Sie bekommen Ihr Geld nicht zurück, Sie haben keinen der Täter erkannt, und man wird nie einen fassen. Und passiert ist Ihnen ja nichts.«
Dass ich nichts sagte, schien den Redefluss des Beamten geradezu anzuregen. »Außer Sie wollen, dass Sie ein Fall für die Statistik werden.« Er schaute mich jetzt direkt an. »Die Überfallstatistik für Johannesburg ist sehr umfangreich, aber Sie können sich ja eingliedern.«
»Ich könnte die Angaben der Polizei für meine Versicherung in Europa brauchen«, sagte ich, und ich merkte selbst, wie lahm

es klang. Mir war bewusst, dass mir an echten Sachwerten nicht viel abgenommen worden war und dass es für eine Versicherung wahrscheinlich überhaupt kein relevanter Wert sein dürfte. Auf das Gerenne und den Ärger mit der Polizei in Südafrika und der Versicherung in Deutschland hatte ich schon jetzt keine Lust mehr.
»Wo ist die Polizeistation genau?« Ich schaute die Straße hinunter. Im »Lonely Planet« waren die gefährlichen Gegenden von Johannesburg klar benannt worden. Das Postamt und seine Umgebung hatten nicht dazugehört – wohl aber die Straßen in rund 500 Metern Entfernung.
Der Beamte schien meine Unsicherheit zu spüren. »Haben Sie Angst? Ich kann Ihnen auch eine Eskorte mitgeben. Die passt dann auf Sie auf.« Er lachte erneut.
Ich gab auf. Der Polizist hatte wahrscheinlich recht, und ich hatte keine Lust, mich endgültig zum Narren zu machen.
»Danke für Ihre Bemühungen«, sagte ich. »Ich denke darüber nach, was ich tun werde.« Dann verabschiedete ich mich und ging zurück zum Postamt.

Da der Wachmann auf der Treppe, mit dem ich zuerst gesprochen hatte, nach wie vor nicht anwesend war, drückte ich den Alarmknopf an der Schleuse. Tatsächlich tauchte der Uniformierte mit der Zahnlücke auf. Er ließ mich ein. »Was ist geschehen, Sir?«, fragte er.
Ich erzählte ihm alles, und er hörte aufmerksam zu. Danach fragte er, was ich tun wollte.
»Sie haben mir schon sehr viel geholfen«, sagte ich, »können Sie mir ein letztes Mal helfen? Ich habe ein bisschen Geld in meiner Hose eingenäht. Können Sie mich auf die Toilette lassen? Dann fahre ich mit diesem Geld zurück nach Kempton Park.«
Der Mann verneinte. Die Klos in diesem Gebäude seien nur für die Angestellten, und dort könne er mich nicht hineinlassen. Es gab aber eine Art Wandschrank, in dem sich Feuerlöscher und ein langer Schlauch befanden, wie er normalerweise von der Feuerwehr benutzt wurde.
Achselzuckend folgte ich seinem Vorschlag. Das Geld war in der Innentasche, und um an diese zu kommen, musste ich nur die Hose herunterlassen. Das aber wollte ich niemandem zeigen.

Im Abstellraum fischte ich einen Fünfzig-Rand-Schein aus der Innentasche, verstaute diese danach wieder in der Hose und ging zu dem Mann zurück.
Ich gab ihm sein Zwei-Rand-Stück zurück und verabschiedete mich. Als ich durch die Schleuse den leeren großen Raum mit den hohen Fenstern verließ, spürte ich geradezu seinen irritierten Blick in meinem Rücken.
Kurz vor der Treppe steckte ich den Geldschein in meine Socke. Jetzt konnte mir nichts mehr passieren. Wollte mich jemand überfallen, musste er mir schon die Schuhe und die Socken rauben. Ein euphorisches Gefühl packte mich: Mein Kontingent an Schutzengeln war zwar aufgebraucht, aber jetzt würde mich garantiert kein Straßenräuber mehr attackieren.
Als ich wieder auf die Treppe trat und zur Straße hinunterging, fühlte ich mich anders als vorher. Die Polizisten auf der anderen Straßenseite waren bereits verschwunden, sie hatten offensichtlich ihre Arbeit beendet. Andere Händler waren an die Stelle der Frauen mit ihrem Obst und Gemüse getreten. Ich schaute auf meine Uhr: Es war kurz nach ein Uhr nachmittags. Nicht einmal eineinhalb Stunden hielt ich mich bisher in Johannesburg auf.
Während ich zurück zum Busbahnhof ging, wechselte ich oft die Straßenseite und schaute mich immer wieder um, ob mir jemand folgte. Mit meinen aufgerissenen Hosen und meinem Kapuzenpullover sah ich wahrscheinlich zu vergammelt aus für einen Touristen, aber das Unwohlsein ließ mich nicht los.
Nichts geschah, niemand sprach mich an, aber ich registrierte die Blicke, die mir folgten. Nach all den Jahren und bei all den Reisen durch Afrika war ich mir noch nie so fehl am Platz vorgekommen. *Das war's dann wohl mit Johannesburg,* dachte ich skeptisch, während ich durch das Menschengewühl am Busbahnhof ging.
Wie alle anderen Leute stellte ich mich in die Schlange, weil mehr Menschen in Richtung Flughafen fahren wollten, als Plätze in den Minibussen frei waren. Die Wolkendecke über der Stadt riss auf, und ich zog meinen Kapuzenpullover aus. So stand ich in meinem schmuddeligen T-Shirt und in meinen zerrissenen Hosen als einziger Weißer zwischen Geschäftsleuten und Flughafen-Angestellten, zwischen Hausfrauen und

Schülern und bemerkte, dass sich mein aufgeregter Pulsschlag beruhigte.
Ich konnte Johannesburg wieder aus einer normalen Perspektive wahrnehmen und nicht mehr mit den Blicken eines Menschen, der Angst hat, erneut überfallen zu werden.
Irgendwann war ich an der Reihe, stieg wie alle anderen in den Minibus, bekam einen nicht sehr komfortablen Platz in der letzten Reihe, bezahlte während der Fahrt wie alle anderen den verlangten Tarif, döste während der Fahrt ein und wurde erst wieder wach, als wir über die Autobahn an Kempton Park vorbeifuhren. An der nächstmöglichen Haltemöglichkeit stieg ich aus und ging durch die in der Mittagshitze stillen Straßen des Vorortes zum Hostel zurück.
Meine Expedition nach Johannesburg war zu Ende. Es wäre schön gewesen, hätte ich mich jetzt zu Hause gefühlt. Aber ich empfand nur große Leere. Ich stierte auf den schmutzigen Swimming Pool, auf die Holzhütte, die als Bar diente, auf den Holzzaun und die Flugzeuge, die dahinter auf ihren Parkpositionen standen.
»Das hier ist nichts«, sagte ich leise zu mir selbst. »Wird Zeit, dass ich von hier wegkomme.«

Botswana – eine Vorbemerkung

Botswana ist das wohl einzige Land in Afrika, dessen Bevölkerungszahl zuletzt sogar zurückgegangen ist. Der Grund: die Krankheit Aids, die sich in dem südafrikanischen Land zu einer wahren Pandemie entwickelte. Nach der Unabhängigkeit wuchs die Bevölkerung des Landes, das im Prinzip aus der Kalahari-Wüste im Zentrum sowie bewohnbaren Gebieten am Rand besteht, stark an. Anfang des neuen Jahrhunderts verlangsamte sich die Wachstumskurve bereits, weil Aids zu einer rasanten Zunahme der Todesfälle führte. Und dann kam es zu einem leichten Bevölkerungsschwund, weil Menschen auswanderten. Derzeit wohnen in dem dünn besiedelten Land – auf einer Fläche, die etwa der von Frankreich entspricht – rund 1,7 Millionen Menschen. Die meisten von ihnen gehören dem Volk der Tswana an und sprechen Setswana, die Umgangssprache in den meisten Gebieten. Zu den Minderheiten gehören San und Khoi Khoi, hierzulande auch als »Buschleute« oder »Hottentotten« bezeichnet (beides rassistische Begriffe aus der deutschen Kaiserzeit), ebenso Europäer, die dort teilweise große Farmen unterhalten oder im Diamantenbergbau arbeiten.

Ich bereiste das Land im Herbst 2003, wobei ich recht schnell einiges von den verschiedenen Regionen mitbekam: Zuerst flog ich nach Südafrika und hielt mich dort einige Tage auf, bevor ich nach Gaborone weiterreiste, der Hauptstadt des Landes. Da die Hotelsituation in der mit 200.000 Einwohnern eher kleinen Metropole sehr bescheiden ist, quartierte ich mich in einem Dorf etwas außerhalb ein, bevor ich mit dem Zug und später mit Minibussen nach Norden fuhr.

Die faszinierende Tierwelt in den Naturparks im Norden begeisterte mich: mit einem Einbaum durch das Okavango-Delta fahren, zu den Wasserlöchern im Naturschutzgebiet wandern, in Sichtweite von Wasserböcken, Impalas, Kudus, Affen und Elefanten – das fand ich enorm beeindruckend. Ebenso imposant fand ich die Kalahari-Wüste, die ich während der Regenzeit erlebte. Diese blühte im Regen richtig auf; gelbe Blumen säumten kilometerweit die Straßen.

Das Land und sein Tourismus orientieren sich übrigens vor allem an wohlhabenden Touristen. Europäer oder Amerikaner, die mit Einheimischen im Bus sitzen, sind eine Ausnahme; die meisten Reisenden sind in klimatisierten Bussen unterwegs oder fliegen direkt in die Naturschutzgebiete. Wer will, kann per Kamel oder mit dem Pferd in die Nationalparks, und die Agenturen bieten sogar Ballon-Rundfahrten an. Das alles hat seinen Preis: Tagestouren, die 500 oder 11.000 Euro kosten, sind bei einer Flugsafari keine Seltenheit. Man ist vor allem im Nordosten an wohlhabende Touristen gewöhnt, die ihre Reise bereits in Europa oder Amerika gebucht haben.

Mein Eindruck von Botswana war ein absolut positiver, wozu sicher die freundlichen Leute beitrugen. In den Gästehäusern, auf dem Zeltplatz oder sogar im indischen Hotel in Francistown fand ich meist schnell Kontakt, redete mit den Leuten und bekam so einen interessanten Einblick in ein Land, dessen Bewohner auf die demokratische Entwicklung und die stabile politische Situation sehr stolz sind.

Vielleicht rühren Demokratie und Stabilität tatsächlich vom Reichtum her, den es in Botswana gibt. Das Land hat große Vorkommen an Diamanten, die der Staat gemeinsam mit dem südafrikanischen Konzern De Beers ausbeutet. Die Diamanten sichern dem Land einen starken Zufluss an Devisen; darüber hinaus leben die Einwohner von den Viehherden, der klassischen Einkommensquelle, und immer stärker vom Tourismus. Kein Wunder, dass der Pula, die lokale Währung, sehr stabil ist und in den letzten Jahren sogar an Wert zulegen konnte: Ein Euro entspricht etwa acht Pula.

Das hohe Wirtschaftswachstum der letzten Jahre und die politische Stabilität – Botswana ist seit der Unabhängigkeit demokratisch geblieben – machen das Land zu einem echten »Musterland«, in dem sich die Politik darum bemüht, die Bevölkerung an den Entscheidungen und am Fortschritt zu beteiligen. Auch die Korruption in Botswana ist vergleichsweise gering, im Vergleich zu europäischen Nationen würde das Land sogar einen guten Platz belegen.

Selbstverständlich gibt es auch in Botswana Schwierigkeiten; so wurden in den letzten Jahren immer wieder Stammesverbände der San – der sogenannten Buschleute – aus den Kalahari-Regionen zwangsweise umgesiedelt. Heute wohnen viele San unter erbärmlichen Umständen am Rand der Städte und Dörfer. Als

Reisender, der mit offenen Augen unterwegs ist, kann man sich beispielsweise in Ghanzi am Rand der Kalahari davon überzeugen, dass auch in einem »Musterland« manches nicht korrekt abläuft: Elendssiedlungen der San, die sich im Buschland verlieren, und ein hoher Prozentsatz an San, die im örtlichen Gefängnis einsitzen.

Aber all dies ist kein Vergleich zu den Auswirkungen der Aids-Verbreitung, die ich in der Einleitung bereits erwähnte. Die Lebenserwartung in Botswana ist drastisch gesunken; ein hoher Prozentsatz der Erwachsenen ist bereits vom HI-Virus befallen. Immerhin läuft die Aufklärung durch die Regierung; ich sah immer wieder Plakate, die aufforderten, beim Sex ein Kondom zu benutzen.

Wer übrigens mehr über Botswana wissen will, dem empfehle ich die Krimis des Briten Alexander McCall Smith, in denen die Detektivin Mma Ramotswe und ihre »No. 1 Ladies Detective Agency« in Gaborone im Zentrum stehen. Diese Romane vermitteln das Lebensgefühl des afrikanischen Landes und sind – so klischeehaft das klingen mag – voller Wärme und menschlicher Tiefe.

Zwei Stunden pausieren
Eine Geschichte aus Botswana – 2003

»Lassen Sie mich da aussteigen«, sagte ich zu dem Fahrer und beugte mich nach vorne. »Da, bei dem Schild.«
»Sind Sie sicher?« Der Fahrer des Minibusses wandte den Kopf.
Ich nickte. »Ja, ich wohne im ›Mogotel‹.« Einige Passagiere grinsten, als ich das sagte; offensichtlich wussten sie den Begriff sofort einzuordnen.
Der Fahrer zog seinen Minibus von der Teerstraße herunter und bremste ihn auf dem staubigen Seitenstreifen ab, wo sonst die Fußgänger unterwegs waren oder die Busse anhielten. In einer Staubwolke blieb der Bus stehen, direkt hinter dem Schild.
Ich drückte dem Jungen an der Seitentür 1,25 Pula in die Finger, rund fünfzehn Cent, der Preis für die Fahrt vom Busbahnhof in Gaborone nach Mogoditshane, quetschte mich an den Mitreisenden vorbei und stieg aus. Grinsend steckte der Bursche das Geld ein, winkte mir zu und zog die Tür des Busses zu, während der Fahrer bereits wieder Gas gab. In einer erneuten Staubwolke fuhr das vollbesetzte Fahrzeug über den Seitenstreifen auf die Straße zurück und fädelte sich hupend zwischen zwei Autos ein.
Es herrschte starker Verkehr an der Überlandstraße, die von der botswanischen Hauptstadt hinaus zur Kleinstadt Molepolole führte. Nahezu ununterbrochen rollten Fahrzeuge an mir vorüber, darunter viele Minibusse, die um diese Zeit – am späten Nachmittag – die Menschen aus der Stadt zurück in ihre Wohnorte brachte. Wäre ich noch einige hundert Meter im Minibus geblieben, hätte ich das Zentrum von Mogoditshane erreicht, ein völlig aus den Fugen geratenes und durch riesige Wohngebiete sehr unübersichtlich gewordenes Dorf. So aber blieb ich am Rand, in direkter Nähe zu einer Kirche, einem Telefonladen an der Ecke und einem kleinen Supermarkt mit angeschlossenem Imbiss.
Auf der anderen Straßenseite sah ich die Mauer aus Beton, hinter der sich ein Wohngebiet erstreckte: kleine Einfamilienhäuser für den neuen Mittelstand, die erst in den letzten zwei, drei Jahren entstanden waren. Dort hatte ich am Vorabend gegessen, zusammen mit zwei streng moslemischen Männern,

die eigentlich aus Zimbabwe stammten und mit denen ich die Reise von Pretoria nach Gaborone hinter mich gebracht hatte. Die Mauer wirkte abweisend, die dürren Sträucher davor reckten ihre schmächtigen Äste gegen den grauen Beton.

Zwei Frauen hatten dort ihre mobilen Telefongeschäfte errichtet. Jede saß hinter einem Klapptisch, unter jedem Tisch stand eine Batterie, aus der das Telefon auf dem Tisch seinen Strom bezog. Die kleinen Telefongeschäfte nutzten das Funknetz in Botswana; Mobiltelefone konnte sich noch lange nicht jeder leisten, die Netze dafür waren aber bereits entstanden. Gerade eben telefonierte ein Mann in Anzughose, weißem Hemd und Krawatte; er wirkte wie ein Geschäftsmann und fuchtelte aufgeregt mit der rechten Hand, während er mit der linken Hand das Telefon hielt.

Neben den zwei Tischen hielt ein Minibus, der aus Richtung Molepolole kam. Ein Mann sprang heraus, eine weiße Plastiktüte in der Hand, und winkte in meine Richtung. Als ich ihn erkannte, winkte ich zurück: Es war Ismail, ein Bewohner der Siedlung hinter der Betonmauer, den ich seit drei Tagen kannte. Er eilte über die Straße auf mich zu, ohne sich groß um den fließenden Verkehr zu kümmern.

Seine Kleidung war staubig, seine Schuhe waren mit getrockneter Erde bedeckt, und auf seiner Mütze klebten Farbreste. Spontan umarmten wir uns; er roch nach Schweiß und Kalk, nach Benzin und modriger Feuchtigkeit.

»Das ist schön, Ismail, dass wir uns wiedersehen«, sagte ich nach kurzer Begrüßung.

»Ich freue mich auch«, stimmte er zu. »Wie war dein Tag?«

»Sehr schön. Ich habe mir die Innenstadt angeschaut und war auch mal in einem der neuen Einkaufszentren unten am Fluss. Und du? Wie war's auf der Baustelle?«

Er schüttelte den Kopf. »Nicht gut. Es ist hart, wenn man den ganzen Tag auf der Baustelle ist und nichts essen und trinken kann.«

Ich wusste, dass Ismail den Ramadan streng einhielt. Der Mann war weltoffen und hatte schon Einiges im südlichen Afrika gesehen, aber er war gläubiger Moslem und hielt sich an die religiösen Vorschriften. Dazu zählten das regelmäßige Gebet ebenso wie der Ramadan, der während meines Aufenthalts in

Botswana seinen Tagesablauf bestimmte. Und das bedeutete, dass von Sonnenauf- bis Sonnenuntergang weder gegessen noch getrunken werden durfte. Ismail erlaubte sich gelegentlich, den Mund auszuspülen; ich hatte aber selbst gesehen, dass er danach das Wasser in den Sand spuckte. Für einen Mann, der als Maurer auf Baustellen arbeitete – und das bei diesen Temperaturen! –, war das eine enorme Leistung.

»Wie geht es Saleem?«, fragte ich weiter. Saleem war Kaufmann, und er war sein Mitbewohner; die jungen Männer wohnten zusammen. Im gemeinsamen Häuschen hatte jeder ein eigenes Schlafzimmer, und es ging zu bei ihnen wie in einer Wohngemeinschaft in Deutschland.

Ismail lachte. »Er wird schon auf mich warten. Er bringt die Getränke, ich habe hier das Fleisch, und ich freue mich schon auf das Abendessen. Aber zuerst werden wir gemeinsam beten.«

»Ich wünsche euch einen guten Appetit.« Die beiden hatten mich auch schon eingeladen. Eine amüsante Kombination aus einem Vegetarier, aber Alkoholtrinker – und zwei Abstinenzlern, die gern Fleisch aßen. Aber es war ein lustiger Abend gewesen.

Er schaute mich forschend an. »Und du? Bist du immer noch im ›Mogotel‹?«

»Das schon. So schlimm ist es nicht.«

Er wiegte den Kopf. »Es ist kein guter Ort«, sagte er. »Dort verkehren auch schlechte Menschen.«

»Na, komm schon! Du hast es mir empfohlen.«

Ich erinnerte mich noch gut an die Fahrt mit dem Bus. Wir hatten uns in Johannesburg am Bahnhof getroffen, und unterwegs hatten wir uns angefreundet. Die beiden stammten aus Zimbabwe und waren von dort geflüchtet, lebten anfangs in Südafrika und seit zwei Jahren in Botswana.

Beide sprachen ein gutes Englisch und wussten aus den Medien viel über Europa; wir hatten während der Fahrt ausgiebig über politische Ereignisse der letzten Jahre gesprochen, über die Attentate vom 11. September ebenso wie über den Krieg im Irak. Trotz mancher Differenzen hatten wir uns bei den Gesprächen gut amüsiert; die beiden teilten meine kritische Einschätzung zu praktisch allen Regierungen.

Und sie hatten mir das »Mogotel« empfohlen. Nicht weil sie es selbst kannten, sondern weil sie wussten, dass es preiswer-

ter war als alle Hotels in der City von Gaborone. »Dort ist alles viel zu teuer«, hatte mir Saleem erläutert, »und du wirst es im *Mogotel* gut aushalten können.«
Ismail und ich trennten uns nach einigen launigen Sprüchen. »Schreib uns, wenn du in Kasane bist«, bat er und kritzelte seine Adresse auf ein Stück Papier. Er reichte es mir. »Ich würde mich freuen, wenn wir in Kontakt blieben.«
Ich hatte den beiden erzählt, welche Reisepläne ich hatte. Und sie wussten, dass ich in den Norden Botswanas fahren wollte und mir sogar überlegte, für einen Abstecher an die Victoria-Wasserfälle nach Sambia oder Zimbabwe zu fahren.
»Mach' ich«, versprach ich und steckte den Zettel ein. »Ich denke an euch.«
Auf einmal stöberte Ismail in seiner weiten Hosentasche. »Da ist noch was«, sagte er; jetzt klang er nervös. »Wenn du wirklich nach Zimbabwe fährst, besuch meine Familie, oder schreib ihnen eine Postkarte aus dem Land, dass es mir gut geht.«
Ich versprach auch dies, und wir trennten uns. Ismail rannte wieder über die Straße, winkte mir ein letztes Mal zu und verschwand in einem schmalen Durchgang in der Mauer, von dem aus er zu den Einfamilenhäusern kam.

Ich wandte mich um und folgte dem staubigen Weg, der von der Straße aus zum Hotel führte. Der böige Wind, der in Botswana um diese Zeit stets stärker wurde, ließ den roten Sand in Kreisen und Spiralen auf dem Weg tanzen, zeitweise bis zu einem Meter hoch. Rechts erstreckte sich das eingezäunte Gelände, das zu einem Handwerksbetrieb gehörte, links zogen sich Dornengestrüpp, dürres Gras und einige verkümmerte Bäume auf trockenem Boden bis hin zu einer Industrieanlage. Einige Jungs lagen auf dem Boden und sahen gelangweilt ihren Ziegen und Kühen zu, die sie zu beaufsichtigen hatten.
Und ein Fahrlehrer wartete neben seinem »Auto Ecole«-Schild auf Kunden. Von hier aus lotste er stets seine Kundschaft auf die schmalen Wege durch das Buschland, um ihnen dort die Geheimnisse der Automobile und des Straßenverkehrs beizubringen.
Nach der Biegung führte der Weg direkt auf das »Mogotel« zu: ein flacher Gebäudekomplex aus roten Steinen, davor ein

großer Parkplatz, umzäunt mit rostigem Maschendraht. Eine Wolke aus rötlichem Staub und Dreck, vermengt mit zerfleddertem Laub und kleinen Zweigen, trieb mich buchstäblich durch das Tor, das wie immer offenstand. Ein Mitsubishi stand im Hof, mit heruntergefahrenen, halb leeren Reifen, als habe man ihn für die Ewigkeit festgetackert, und vor dem Münztelefon auf der rechten Seite des Gebäudes saß eine Frau im weißen Kleid auf einem Stuhl und döste vor sich hin.

Ich ging durch den Raum, der die Rezeption bildete, ein düsteres Loch mit heruntergelassenen Rolläden, in das Licht nur durch die geöffneten Türen fiel. Hinter der Glasscheibe, welche die eigentliche Rezeption bildete, saß eine der jungen Frauen, die hier nach einem Schema Dienst taten, dessen Logik sich mir bislang nicht erschlossen hatte. Ich bat sie um den Schlüssel für »Room 15«.

Während sie einen Kunststoffbehälter durchforstete, der auf dem Tisch vor ihr stand, um den richtigen unter etwa zwei Dutzend verschiedener Schlüssel herauszufischen, trat ein Mann hinter mich. Ich hatte ihn nicht kommen sehen und wandte mich überrascht um; dann grüßte ich freundlich.

Der Mann beachtete mich nicht einmal, sondern wartete offensichtlich angespannt darauf, dass ich fertig war. Er trug einen braunen Anzug, dazu eine braune Krawatte, die er allerdings fast bis aufs Brustbein heruntergezogen hatte; sein weißes Hemd stand unter dem Jackett weit offen und entblößte Büschel krauser schwarzer Haare.

Die junge Rezeptionistin gab mir einen Schlüssel. Ich schaute kurz auf die Nummer, es war der richtige, bedankte mich und wechselte einen Schritt zur Seite. Der Mann hinter mir trat sofort einen Schritt nach vorne, stützte seine Ellbogen auf die braune, auf Hochglanz polierte Theke aus irgendeinem Tropenholz. »Two Hours Resting«, sagte er nüchtern, legte die 55 Pula hin, rund sechseinhalb Euro, die laut Aushang für einen Aufenthalt von zwei Stunden zu bezahlen waren. Während ich gemütlich die Rezeption verließ, sah ich, wie die Frau ihm ein Handtuch, eine frische Rolle Klopapier, noch original verpackt, und den Schlüssel für Zimmer 14 gab.

Ich trat in den Innenhof der Bar, wo mich das grelle Sonnenlicht kurz blendete. Eigentlich war der Hof eine hübsche Anlage, die durch Sitzgelegenheiten, schöne große Steine und schattige Baumgruppen aufgelockert wurde. Aber alles wirkte verödet und tot, als habe ein altersschwacher Drache einmal kurz durch den Hof gehustet. Der einzige Ort, in dem Leben herrschte, war die kreisrunde überdachte Bar im Zentrum. Zwei vielleicht 18 Jahre alte Mädchen saßen auf den Barhockern. Normalerweise arbeiteten sie an der Bar als Bedienungen. Da gerade keine Kunden anwesend waren, stierten sie auf den Fernseher, der oberhalb des Schnapsregals angebracht war und in dröhnender Lautstärke eine aktuelle Folge der »Sesamstraße« in englischer Sprache zeigte.

Gelangweilt sahen die beiden Mädchen zu, wie irgendwelche Plüschfiguren zu lauter Musik tanzten und sangen; sie reagierten nur sehr lasch auf meine Begrüßung. Anscheinend schätzten sie mich mittlerweile richtig ein: als einen Gast, der gern abends ein Bier trank und auch Trinkgeld gab, der aber tagsüber seine Ruhe haben wollte.

Ich verließ den Innenraum der Bar durch einen weiteren Gang, kam dann in einen Innenhof, zu dem die Türen der Zimmer wiesen. Rechts von mir arbeitete eine Frau in weißer Bluse und weitem Rock in der Waschküche, während ein kleiner Junge auf der Treppenstufe hockte und kleine Steine nach gackernden Hühnern warf.

Das rostige Tor, das diesen Innenhof mit der Straße verband, ging gerade auf. Frederik, der stets schweigsame Hilfsarbeiter des Hotels, der zwar immer freundlich lächelte, aber nie auch nur ein Wort sprach, öffnete die Tür. Es knirschte und kreischte, als die äußere Ecke des Tors über den steinigen Boden kratzte. Der Mann, der nach mir an der Rezeption gestanden hatte, rollte in einem Pickup durch das Tor; auf dem Beifahrersitz seines Wagens saß eine Frau mit auffallend langen Haaren.

Langsam ging ich in mein Zimmer. Ich war verschwitzt, fühlte mich von meinem Aufenthalt auf dem Busbahnhof, am Bahnhof und im alten Teil von Gaborone einigermaßen erschöpft.

Nachdenklich kramte ich den Zettel aus der Hosentasche, den mir Ismail gegeben hatte. Es war eine Postfachadresse in der Stadt Bulawayo, die im Süden Zimbabwes lag. Zur Zeit meines Aufenthaltes spitzte sich die Lage in dem Land immer weiter zu. Längst galt der Kampf des Diktators Mugabe, der einmal als

Freiheitskämpfer angefangen hatte, nicht mehr der weißen Minderheit, sondern richtete sich gegen jeden, der seiner Herrschaft auch nur den geringsten Widerstand leistete.
In Bulawayo gab es immer noch Leute, die sich seiner Regentschaft widersetzten, obwohl viele aus dem Land geflohen waren. Zu diesen zählten Ismail und Saleem, aber sie hatten ihre Familien zurückgelassen und machten sich Sorgen um sie. Sie hatten Angst, dass ihre Angehörigen in einem der Folterlager verschwunden sein konnten.
Verdammter Mist, dachte ich und steckte den Zettel wieder ein. Wenn es irgendwie ging, wollte ich die Verwandten zumindest benachrichtigen.
Im Augenblick wollte ich mich nur ausruhen, später dann ein wenig duschen. Ich ging durch das Zimmer, beugte mich über das Bett und zog den Vorhang zur Seite. Von hier aus sah ich direkt auf die Bar, allerdings von hinten, so dass ich den dröhnenden Fernseher zwar hören, aber nicht sehen konnte. Müde legte ich mich aufs Bett und griff nach dem Reiseführer; noch einmal schaute ich mir die Informationen über Francistown an. Immerhin wollte ich am nächsten Tag mit der Bahn weiterreisen.
Auf einmal bekam ich mit, wie es im Zimmer neben mir los ging. Ich konnte keine Stimmen hören, aber ich vernahm das laute Quietschen des Bettes. Mehrfach knallte es mit seiner Stirnseite aus Metall gegen die Wand zu meinem Zimmer. Ich stellte mir vor, wie das Bett von der anderen Seite die Wand so sehr in Schwingungen versetzte, dass sich auch bald mein Bett bewegen würde. Wie in einem Motel in einem amerikanischen Spielfilm.
Die verlieren ja echt keine Zeit, dachte ich und grinste vor mich hin, während das Knallen des Bettes in einen regelmäßigen Rhythmus überging, der fast zur Melodie des Sesamstraßen-Liedes passte, das nach wie vor vom Innenhof der Bar in mein Zimmer hereindrang. Da ich nicht an allen Details interessiert war, die nebenan abliefen, ließ ich meinen Reiseführer auf dem Bett liegen und zog mich aus.
Anhand der farblichen Unterschiede auf meinen Armen konnte ich feststellen, dass ich tatsächlich ein bisschen Farbe bekommen hatte. »Gut so«, sagte ich. Nicht dass es mir wichtig ge-

wesen wäre, im Urlaub braun zu werden, aber ich konnte die zahlreichen Fragen nicht mehr leiden, die nach irgendwelchen Afrika-Trips mit hundertprozentiger Sicherheit kamen. Ob ich mir nicht die Zeit nehmen würde, einmal ein schönes Sonnenbad zu nehmen?

Ich verdrängte den Gedanken an alberne Fragen in der Heimat, ging lieber in das Badezimmer. Man hatte mir ein frisches Handtuch gebracht, das über dem Zugang zur Dusche hing; zwar nur ein fadenscheiniges Stofftuch in gelb und orange, aber besser als nichts. Wie immer duschte ich den Boden der Dusche gründlich mit heißem Wasser ab. Einige Käfer huschten in die Löcher in der Wand, irgendeine kleine Echse verschwand durch das halb offen stehende Fenster.

In aller Ruhe duschte ich, wusch mir den Schweiß vom Körper und spülte meine Haare gründlich aus. Als ich fertig war und nackt in mein Zimmer kam, mich in dem schmalen Raum zwischen den zwei reichlich angeschmuddelten Betten anzog, hörte ich im Zimmer nebenan die Dusche; sie schien mit Hochdruck zu laufen. Ich schaute auf die Uhr. Von den zwei Stunden, für die der Mann mit dem Pickup bezahlt hatte, war noch nicht einmal eine vorüber. Entweder hatte er es eilig oder er gehörte zu der Sorte Männer, die immer zu schnell waren.

Vom Fernseher drang mittlerweile die Übertragung eines Sportereignisses herein. Die Stimme eines Reporters, der akzentuiertes Englisch sprach, überschlug sich fast. Und ich bekam Durst auf ein kühles Bier.

Entweder in der Innenstadt von Gaborone, wo sich an einer Straße mehrere Kneipen aneinander reihten. Oder direkt nebenan in der Bar des »Mogotel«. Die Mädchen an der Theke kannten mich jetzt schon gut genug.

Carwash

Eine Geschichte aus Botswana – 2003

Fuhr ich in einem Buschtaxi oder Minibus durch Afrika, schlief ich stets innerhalb kürzester Zeit ein: Die warme Luft, das Brummen des Motors, das unaufhörliche Geruckel – mein Kopf sackte auf die Brust oder neigte sich zur Seite, und ich schlummerte. So auch an diesem Morgen, nachdem ich an Bord eines Zwanzigsitzers die Grenzstadt Kasane im nördlichen Botswana verlassen hatte. Rasch döste ich, während der Bus die letzten Häuser der Stadt hinter sich ließ, und keine Viertelstunde später bekam ich nichts mehr mit.

Der Weg führte nach Süden, und ich kannte ihn bereits. Auf derselben Straße war ich eine Woche zuvor aus Francistown gekommen. Mein Plan war jetzt, in der Kleinstadt Nata den Bus zu wechseln, um nach Westen zu fahren, nach Maun, der Siedlung am Rand des Okavango-Deltas. So umfuhr ich per Bus den sich über Hunderte von Kilometern erstreckenden Moremi-Nationalpark – und das tat ich idealerweise schlafend.

An diesem Tag aber klappte es nicht so, wie ich es mir nach dem Aufstehen vorgestellt hatte: Es tat einen fürchterlichen Ruck, der Motor heulte auf, und ich schreckte auf, während der Fahrer den Bus langsam an der linken Straßenseite ausrollen ließ. Wütend betätigte er noch einige Mal das Gaspedal, aber nichts tat sich mehr. Der Wagen stand, und er bewegte sich keinen Millimeter weiter. Etwas orientierungslos blieb ich auf meinem Sitz, kämpfte mit den Nachwirkungen des Schlafes, und wartete erst einmal ab.

Vielleicht handelte es sich um ein kleines Problem, das der Fahrer und seine Gehilfen rasch lösen konnten. *Es wäre nicht das erste mal,* dachte ich und überlegte, ob ich erneut einschlafen sollte. Die Busse waren meist ältere Modelle und wurden tagaus, tagein über Hunderte von Kilometern bei knallender Hitze durchs Land gefahren, vollbesetzt und häufig überladen. Kein Wunder, dass es zu Schäden kam – das Wunder war eigentlich eher, dass mit den Bussen nicht mehr passierte.

Es war noch früh am Morgen, und die Temperaturen hielten sich in Grenzen. Rechts und links der Straße, die sich wie ein gespanntes dunkelgraues Band durch das Buschland zog, standen vereinzelte große Bäume, die Schatten spendeten, dazwischen zahlreiche Büsche, die eine scheinbar undurchdringliche Mauer aus Ästen und Blättern bildeten. Es hatte in der Nacht erneut geregnet, zum dritten Mal in dieser Woche, und bald würden die Pflanzen Blüten treiben.

Ich sah zu, wie der Fahrer und der Mechaniker, der mit ihm vorne saß, den Bus verließen. Gemeinsam öffneten sie die Motorluke unterhalb der Windschutzscheibe, dann hörte ich einige knallende Geräusche, als ob metallische Gegenstände aufeinander geschlagen würden. Einer der mitreisenden Männer, der die schlichte Kleidung eines Landarbeiters trug, öffnete die Seitentür des 20-Sitzers und stieg aus.

Nachdem ihm andere Reisende gefolgt waren, erhob ich mich und folgte. Ich nutzte bei einer solchen Fahrt gern jede Pause, und war sie noch so kurz. Man wusste nie im voraus, wann der nächste Halt kam, bei dem man sich die Beine vertreten konnte. Meinen kleinen Rucksack mit der Kamera, der Wasserflasche und den Papieren nahm ich mit, den Seesack mit dem eigentlichen Gepäck wusste ich hinter der letzten Sitzreihe bestens verstaut.

An der Fahrertür stand Snake, der junge Mann, der in diesem Bus die Rolle eines Schaffners innehatte. Wie immer trug er seine Mütze, die entfernt an eine Schiebermütze aus den zwanziger Jahren erinnerte, und in deren Bund hatte er einen BIC-Kugelschreiber stecken. Er grinste mich an, entblößte perfekte weiße Zähne und hob die Schultern, als wolle er sich entschuldigen. »Es wird nicht lange dauern«, behauptete er.

Ich grinste zurück. »Sicher«, gab ich zurück, ohne es selbst zu glauben. Aber was sollte ich mich ärgern? Wir waren in Afrika unterwegs, und Buspannen hatte ich im Lauf der Jahre sehr viele erlebt. Es ging immer irgendwie weiter.

Neben dem Bus machte ich einige Dehnübungen, bevor ich über das struppige Grün am Boden trat, mich am Rande des Buschlandes an einen Baum stellte und urinierte. Es kam nicht viel, schließlich war ich vor der Abfahrt in Kasane auf der Toilette gewesen, aber ich hatte mir angewöhnt, jeden Stop zum Pinkeln zu nutzen.

Die anderen Männer verhielten sich ähnlich: Überall standen sie mit dem Rücken zum Bus und pinkelten gegen Bäume und

Büsche. Die Frauen waren geduldiger, sie blieben alle im Bus. Ich sah, während ich langsam zurückging, wie eine von ihnen eine Coladose leertrank und dann achtlos auf den Seitenstreifen warf. Eine andere Frau öffnete ihr Lunchpaket, das sie wohl vor der Abfahrt gekauft hatte: eine Styroporschale, in der Fleisch und Pommes frites lagen und die man dann mit einer dünnen Zellophanschicht verpackt hatte. Ich fand diese Art des Fast Food ekelhaft und hatte es in Botswana bislang geschafft, darauf zu verzichten. Das Zellophan ließ die Frau aus dem Fenster fallen, der Luftzug eines vorbeifahrenden Lastwagens wirbelte es in die Höhe und trieb es auf die Straße, wo es in der Sonne liegen blieb, ein durchsichtiges, dünnes Häutchen aus Plastik.
Ich ging zur Frontseite des Busses. Der Fahrer, sein Mechaniker und zwei weitere Männer standen vor der Luke, die Köpfe und die Hände ins Innere gestreckt. Sie sprachen aufgeregt in Setswana miteinander. Gelegentlich ergriff einer von ihnen einen Schraubenschlüssel oder ein anderes Werkzeug, um damit im Innern der Luke am Motor zu arbeiten. Weitere vier Männer standen direkt hinter ihnen und beteiligten sich mit regen Diskussionen an der Arbeit.
Sieht alles nicht sehr hilfreich aus, dachte ich skeptisch. Ich hatte genügend Pannen mit Buschtaxis erlebt, um zu wissen, dass es jetzt Stunden dauern konnte. Hoffentlich nicht zu lange, denn eigentlich hatte ich an diesem Tag eine weite Strecke vor mir und wollte nicht bis zur Mittagszeit an dieser Stelle herumlungern. Langsam trat ich einige Schritte zur Seite, ging in die Hocke und stützte die Ellbogen auf meine Knie. Mein Rucksack lag neben mir in der Sonne. So wollte ich gemütlich warten und den Verkehr betrachten.
Einige Autos fuhren mit überhöhter Geschwindigkeit vorüber, darunter zwei neue BMW-Limousinen mit getönten Scheiben. Möglicherweise waren es hohe Regierungsbeamte oder neureiche Unternehmer, von denen es im aufblühenden Botswana immer mehr gab. Die Abkürzung »BMW« bedeutete für die jungen Menschen in diesem Land schlicht »Botswana's Most Wanted«, und es schien in der Tat ein Ziel für Berufsanfänger zu sein, irgendwann eine BMW-Limousine zu fahren. Meine Behauptung, das Kürzel stehe für »Bayerische Motoren Werke«, hatte bereits in Gaborone zu großem Gelächter geführt, vor

allem, als die Einheimischen versucht hatten, die schwierigen Worte nachzusprechen.
Die Männer, die am Motor arbeiteten, zogen ihre Köpfe aus der Luke zurück. Der Fahrer knallte die Luke zu und ging in sein Führerhaus, die anderen Männer eilten an die Rückseite des Busses. Ich erhob mich aus meiner Stellung – etwas zu schnell – und spürte, wie mir das Blut in den Kopf schoss. Für einen Augenblick wurde mir schwindlig. Dann stellte ich mich zu den Männern an die Rückseite des Busses; sie wollten ihn offenbar anschieben. Ich suchte mir eine Position an der Außenseite, auf Höhe der Bremslichter.
»Sie müssen uns nicht helfen, Mister«, sagte der Mechaniker, der neben mir stand. Sein Gesicht war ölverschmiert, er wirkte schlecht gelaunt.
»Ich bin ein Reisender wie die anderen auch, und die helfen ebenfalls.«
»Wenn Sie meinen.«
Manchmal verstand ich die Einheimischen nicht. Kam man mit ihnen ins Gespräch, was mir im »Sedudu Guest House« in Kasane oft genug gelungen war, während der Regen auf das Dach des Restaurants herunterprasselte, beklagten sich manche darüber, dass es für die Weißen im Land – und vor allem die Touristen – allerlei Sonderrechte gäbe. Die meisten Touristen fuhren mit klimatisierten Bussen durchs Land, hatten teuer aussehende Boote, mit denen sie vom Fluss aus die Tiere beobachteten, oder ließen sich von riesigen Geländewagen durch den Busch chauffieren, vom großzügig servierten Essen ganz zu schweigen. Tat man aber etwas, das einen mit den Einheimischen auf eine Ebene stellte, und war es nur das Anschieben eines Busses, wollten einen manche Leute wieder auf eine andere Ebene heben.
Von vorne kam ein lauter Ruf, der Fahrer gab Gas, und wir schoben gemeinsam. Es ging schwer, als ob der Fahrer die Handbremse angezogen hätte, aber dann bewegte sich der Bus nach vorne, langsam nur, aber immerhin. Der Schweiß lief mir über das Gesicht, während ich mit den anderen Männern schob und drückte, und mir fiel ein, dass die Frauen alle im Bus saßen. *Es wäre vielleicht klüger gewesen, sie aussteigen zu lassen,* dachte ich, *dann wäre der verdammte Bus nicht so schwer.* Aber ich ahnte bereits, dass es nicht am Gewicht lag.

Von vorne kam erneut ein Schrei, und die Männer lösten sich von dem Bus. Ich atmete kräftig durch und ließ die Arme auspendeln. Einige der Männer grinsten mich an, sie waren ebenso verschwitzt wie ich. Schmunzelnd hob ich die Schultern, unsere Arbeit war umsonst gewesen. Mit einem wütenden Gesicht ging der Mechaniker wieder nach vorne, einige Männer folgten ihm.

Nun stiegen auch die Frauen aus. Während einige von ihnen in Gruppen zusammenstanden und miteinander redeten, setzten sich die anderen auf ihre Kleider oder auf Steine. Ich folgte ihrem Beispiel, suchte mir ebenfalls einen Stein, auf dem ich es mir einigermaßen bequem machte, mit dem Rücken zur Straße. Aus meinem Rucksack holte ich die Wasserflasche und nahm einen kräftigen Schluck. Durstig war ich noch nicht, das Trinken war eher ein Zeitvertreib.

Ignorierte ich die Geräusche in meinem Rücken, hatte ich das Gefühl, allein im Buschland zu sein. Vögel kreischten versteckt im Strauchwerk, ab und stiegen welche auf, und ich bewunderte die herrlichen Farben. Es gab in diesem Land zahlreiche Vogelarten, und es gab genügend Reisende, die nur wegen der Vögel kamen, aber ich kannte mich zu wenig damit aus. »Bird Watching« gehörte nicht zu meinen bevorzugten Tätigkeiten bei Reisen durch Afrika.

Solange die Vögel vor mir durch das Gebüsch tobten, brauchte ich mir allerdings keine ernsthaften Gedanken über gefährliche Tiere zu machen. Sie waren sicher in relativer Nähe; immerhin standen wir in der Nähe des Chobe National Parks, einem Jagdrevier für Hunderte von Löwen und Leoparden. Die Raubtiere hielten sich aber garantiert von der Nationalstraße entfernt, die den Süden und Norden des Landes verband. Der Verkehr war für die Region sehr stark, was nicht verwunderte – die Straße verband letztlich Südafrika mit Sambia und Zimbabwe, eine der wichtigsten Verkehrsadern des Großraums.

Ich beugte mich nach vorne. Kaum strengte ich mich ein wenig an, nahm ich Details wahr, die mir sonst nie aufgefallen wären. Vor meinen Schuhen krabbelten verschiedene Insekten durch den staubigen Boden. Ich beobachtete Ameisen, die schwere Lasten trugen, teilweise mehrere Tiere zusammen, und anderes Krabbelgetier. Auffallend waren Käfer, deren Rücken wie rote Dreiecke aussahen. Ich hatte solche Tiere noch nie zuvor zu Gesicht bekommen und war von ihnen fasziniert. *Zu welchen Dingen einen langweiliges Warten verleiten kann,* dachte ich, während die kleinen Käfer im Zickzack über zerbröckelte Äste und Steine krabbelten.

Nach einiger Zeit stand ich wieder auf. Styroporverpackungen, Dosen und Plastikflaschen, die neben dem Bus lagen, zeigten deutlich, dass einige meiner Mitreisenden ihr Mittagessen bereits eingenommen hatten. An der Frontseite des Busses wurde nicht mehr gearbeitet. Die Männer standen im Kreis und diskutierten aufgeregt miteinander, einige von ihnen das Werkzeug in der Hand.

Ein Overland-Truck donnerte vorüber: ein riesiger Lastwagen, der zu einem Bus für europäische Touristen umgebaut worden war. Junge Leute saßen an den offenen Fenstern, und sie sahen aus wie die meisten Overlander, die ich in den letzten Wochen gesehen hatte. Die Mädchen ließen ihre langen Haare im Wind wehen. Die meisten Jungs trugen vollverspiegelte Sonnenbrillen und hatten die Haare kurz geschnitten; ihre Oberarme lagen frei, so dass jeder die Tätowierungen sehen konnte. Die Truppe sah aus, als sei eine Alternative-Diskothek aus der süddeutschen Provinz auf ihrem Betriebsausflug.

Nachdem der Bus vorüber war, hörte ich das Gelächter und die spöttisch klingenden Bemerkungen meiner Mitreisenden. Sie sprachen Setswana, und ich verstand kein Wort, aber ganz offensichtlich fanden sie Overlander eher peinlich und garantiert nicht »cool«.

Ich erinnerte mich gut, wie ich zum ersten Mal diese Art des Reisens mitbekommen hatte. Damals war ich ziemlich begeistert gewesen. Anfangs der 90er Jahre, bei meiner ersten Reise nach Südafrika, hatten die ersten Abenteurer die Idee gehabt, einfach einen alten Lastwagen zu nehmen, hinten allerlei Sitze einzubauen und damit Touristen durch das südliche Afrika zu schaukeln. Fast ein Dutzend Jahre später war aus den Individualisten ein Massengeschäft geworden. Overlander hatten sich zu einer speziellen Form von Urlaubern entwickelt, ein Zwischending zwischen Pauschal- und Individualreisenden. Einerseits hatten die Reisenden eine Pauschalreise gebucht; da diese aber mit dem Anspruch einherging, etwas Besonderes zu sein,

führten sich viele von ihnen auf wie Rucksacktouristen, die seit Monaten durch die Welt gondelten.
Wieder ertönte das Kommando, den Bus anzuschieben, wieder beteiligte ich mich daran. Es nutzte nichts: Wir schoben den Bus einige Meter weit, der Motor heulte auf, aber es funktionierte nicht. Enttäuscht blieben wir stehen.
Ich wischte mir den Schweiß von der Stirn. Meine Baseballkappe, die ich zum Schutz gegen die Sonnenstrahlung trug, war feucht, und mein T-Shirt zierten dunkle Streifen über die ganze Breite. »Was für eine Hitze«, seufzte ich. Ich zog meine Wasserflasche aus dem Rucksack und trank erneut. Zu viel Flüssigkeit wollte ich nicht verschwenden, schließlich wusste ich nicht, wie lange wir noch warten würden.
Einer der Mitreisenden trat zu mir, ein breitschultriger Schwarzer, dessen kurze Haare schon grau waren. Er strahlte Kraft und Energie aus und lächelte mich freundlich an.
»Ich bin gestern mit derselben Mannschaft und demselben Bus von Nata nach Kasane gefahren«, sagte er. »Wundern Sie sich also nicht. Da hatten wir dasselbe Problem.« Er versuchte es mir zu erklären, aber wir kannten beide nicht die englischsprachigen Fachausdrücke für Motorenteile. Lachend benutzte er Ausdrücke in Setswana, die ich in die deutsche Sprache zu interpretieren versuchte. Nach einigen weiteren Versuchen gaben wir es auf. Wenn ich ihn richtig verstand, lag das Problem beim Keilriemen, der sich irgendwie festgehakt hatte.
»Ich bin sehr enttäuscht von dem Fahrer und seiner Mannschaft«, sagte der Mann zurückhaltend. Er hob die Schultern. »Sie wissen seit gestern, was an ihrem Fahrzeug nicht funktioniert, und sie haben es trotzdem nicht in die Werkstatt gebracht.«
Ich hatte den Eindruck, dass er wütend war, er diese Regung aber nicht zeigen wollte. Die Menschen in Botswana machten auf mich meist einen sehr freundlichen und zurückhaltenden Eindruck. Man schimpfte nicht über andere Leute, und man äußerte Kritik nur freundlich. Wenn es sich vermeiden ließ, behielt man sie für sich.
»Und jetzt?«, fragte ich.
»Vielleicht können sie den Bus noch reparieren, vielleicht nicht. Vielleicht hilft einer der vorbeifahrenden Leute, vielleicht nicht.

Wenn alles nicht klappt, müssen sie einen Bus anfordern, der sie abschleppt.« Er hob erneut die Schultern.
»Das kann noch lange dauern.«
»Das kann es in der Tat.«
Wir unterhielten uns eine Weile weiter, wie das in Botswana üblich war. Wir hatten Zeit, wir hatten nichts zu tun, also sprachen wir miteinander. Botswana war sehr dünn besiedelt, streng genommen bestand das Land aus einer riesigen Wüste, an deren Rand nur einige Siedlungen lagen. Wenn sich Menschen trafen, tauschten sie Informationen aus, Tratsch und Klatsch aus ihren Dörfern, und dabei blieben sie stets freundlich und höflich zueinander.
Aus purer Langeweile umrundete ich den Bus im Schlendergang. Über der Straße kochte die Luft in der Mittagshitze. Am südlichen Horizont sah ich dicke weiße Wolken, wahrscheinlich würde es in dieser Nacht regnen. *Zumindest über Nata,* dachte ich, und dort würde ich wohl absteigen müssen. Es war nicht damit zu rechnen, dass wir es an diesem Tag noch bis nach Maun schafften.
Als ich an der Seitentür vorbeikam, sah ich, dass der Bus nicht völlig leer war. Auf der vorderen Sitzreihe saß Snake, der junge Schaffner. Er hielt eine Frau im Arm, deutlich älter als er, die für meinen Geschmack zu breite Hüften und auch sonst zu viel Speck an den falschen Stellen besaß. Sie lag mit dem Kopf in seinem Schoß, schaute zu ihm hoch, während er in die Gegend grinste und sie mit der rechten Hand unter der orangefarbenen Bluse streichelte.
Wie gut der vielleicht zwanzig Jahre alte Bursche mit den Frauen klarkam, hatte ich schon auf der Fahrt aus dem Süden nach Kasane erlebt. Nicht nur einmal hatte ich den Kopf geschüttelt, wenn er mit seinem breiten Grinsen eine Frau in ein Gespräch verwickelte. Und schon während dieser Fahrt hatte er mit mehreren Frauen die Telefonnummern und Adressen ausgetauscht. Beim Zwischenstop in Nata, jener staubigen Siedlung mitten in der Wüste, hatten wir uns unterhalten.
»Ich heiße Snake«, hatte er gesagt, als ich ihn nach seinem Namen gefragt habe. »Das ist natürlich nicht mein richtiger Name. Es ist eher ein Künstlername, wenn du verstehst, was ich meine.«

»Ich verstehe das sehr gut.«
So hatten wir uns ein wenig angefreundet. Von der Portion Pommes frites, die er aß, hatte er mir die Hälfte angeboten, dafür ließ ich ihn die zweite Hälfte meiner Cola austrinken. Als wir uns am Busbahnhof von Kasane wieder getroffen hatten und ich meine Reise zurück nach Süden antrat, hatte er sich richtig gefreut, mich wiederzusehen.
Snake grinste mich an, als ich an ihm vorüberging. Ich hob grüßend die Hand und ging weiter. Bei seiner jetzigen Unterhaltung wollte ich nicht stören. Meine Blicke suchten ein Mädchen, das im Bus mitreiste und normalerweise in der ersten Reihe hinter dem Fahrer saß: vielleicht fünfzehn Jahre alt und mit abstehenden kurzen Zöpfen. Das Mädchen war mir aufgefallen, als ich am Busbahnhof in Kasane auf die Abfahrt des Busses gewartet hatte. Sein Blick hatte unaufhörlich jeder Bewegung Snakes gegolten, mit allen Anzeichen von Schwärmerei oder schon Verliebtheit, und es hatte sich nicht um seine zwei kleinen Brüder gekümmert, die sich an seine Beine klammerten, wenn sie sich nicht gerade abwechselnd in die schlammigen Pfützen auf dem Gelände schubsten.
Als Snake nicht auf ihre Annäherungsversuche reagierte, stellte sich das Mädchen an den Bus und nahm die Seitenfläche als Leinwand. Seine Handschrift war sehr ordentlich, und so konnte ich jeden Buchstaben sauber entziffern. Mit dem Zeigefinger schrieb es sorgfältig einen Satz in die schmutzige Fläche. »Snake You Have To Clean This Then I Want You To Clean Me«, stand anschließend auf der Seite des Busses.
Snake fand das nicht so lustig wie ich: Nachdem er es bemerkt hatte, ging er zu dem Mädchen und redete in lautem Tonfall auf es ein, bevor er den Boden einer leeren Kunststoffflasche nahm und mit dieser die Schrift wegwischte. *Immerhin hat das Mädchen einen direkten Kontakt hergestellt,* hatte ich gedacht.
Das hilft jetzt wenig, dachte ich, während ich um den Bus ging. Das Mädchen aus Kasane war leicht zu finden. Es stand am Rand des Buschlandes, in einer Körperhaltung, die lässig wirkte. Immer wieder schaute es zu dem Bus hinüber, um die Szene zu betrachten. Es tat mir richtig leid, der Liebeskummer war ihm anzusehen.

Ich stromerte einige hundert Meter durch das Buschland, ging aber nicht zu weit von der Straße weg. Überall sah ich nun auf dem Boden die roten Käfer, nachdem ich sie einmal bewusst erblickt hatte. Schaute man nicht gründlich hin, hielt man sie für Steine. Wusste man aber, dass sie existierten, wuselten sie überall zwischen den Erdkrumen hindurch.
Mit meinen Händen strich ich über die Blätter und Zweige der Büsche, die rings um mich wuchsen. Die Luft dampfte in der Hitze, als ob die Pflanzen schwitzten. Wenn ich innehielt und sogar den Atem anhielt, glaubte ich für einen Augenblick, allein zu sein in der unendlichen Wildnis Afrikas. Rings um mich summte und brummte es, ein sanfter Wind säuselte in meinen Ohren, und überall hörte ich die Schreie der Vögel in der Luft.
Bis diese auf einmal alle verstummten. Schlagartig wurde es still. Ich bewegte mich nicht und strengte mein Gehör an. In der Ferne raschelte es, aber die Vögel waren verschwunden. Nur einige wenige Insekten summten noch in meiner Nähe.
Diese Ruhe war nicht normal, das wusste sogar ich als Laie. Langsam trat ich einige Meter zurück und verließ die Buschgruppe, in der ich mich zuletzt aufgehalten hatte. Und dann nahm ich den strengen Geruch wahr, der wie eine Wolke hinter dem Gestrüpp hervordrang und in meine Richtung waberte.
Langsam bewegte ich mich in Richtung des Busses, einen Schritt nach dem anderen. Ich versuchte, ruhig zu bleiben, um mich ja nicht umzudrehen und loszurennen. Was immer hinter dem Gestrüpp auf mich zukam, es war riesig und sicher gefährlich. Schweiß lief mir über die Stirn, aber ich ignorierte ihn.
Den dunklen Schatten sah ich als nächstes. Er trieb eine Wolke von Gestank vor sich her, während er sich näherte, mit lockeren Schritten, als tanze er Meter für Meter in meine Richtung, ein grauer Riese, verschlammt und schmutzig, als habe er erst eine Stunde zuvor ein Bad in einem riesigen Schlammloch genommen. Der Elefant war groß, er überragte die umstehenden Sträucher und schob sich ohne Probleme durch das Dickicht, als störten ihn Dornen und abgestorbene Baumreste überhaupt nicht.
Ich hatte das Gefühl, er richte seine dunklen Augen direkt auf mich, während er sich endgültig aus dem Gebüsch schob und dann stehen blieb, keine zehn Meter von mir entfernt. Sein Rüssel pendelte hin und her, aber er wirkte ruhig.

Was macht der Kerl hier?, dachte ich in aufkeimender Panik, während ich langsam rückwärts ging. *Ein Einzelgänger, ein fieser alter Bulle wahrscheinlich.* Das Tier hielt sich nicht an die Grenzen des Nationalparks, durch den sich Hunderte Elefanten in weit verstreuten Herden bewegten.

Ich blickte mich um. Auch die anderen Reisenden gingen mit gleichmäßigen Schritten in Richtung Bus. Keiner sagte etwas, und allen sah ich die Anspannung an. Jeder blickten zu dem Elefanten hinüber, alle schienen den Atem anzuhalten. Als ich zur Tür blickte, sah ich, dass sogar Snake das ewige Grinsen aus dem Gesicht gewichen war.

»Bleiben Sie einfach still«, sagte ein Mann mit grauen Haaren und weißem Schnauzbart, der auf einmal neben mir stand. »Ich kenne Elefanten, sie kommen manchmal auch zu uns ins Dorf und verwüsten die Ernte. Das ist ein ziemlich alter Bulle, ein Einzelgänger, der keine Herde hat. Wenn man so einen reizt, wird er gefährlich.«

Der Elefant trat einige Schritte weiter aus dem Gebüsch. Er war so nahe, dass ich jede Furche in seiner grauen Haut sah, jedes Detail auf seinem rissig wirkenden Rüssel, der vor mir pendelte. Der Geruch, den das Tier ausströmte, war intensiv, eine Mischung aus Schlamm und Urin, aus Tod und Elefantendung. Ich atmete flach und durch den Mund. Wenn der Elefant jetzt auf die Idee kam, uns anzugreifen, rettete uns nur die Flucht in den Bus. Mir war klar, dass es nicht alle auf einmal schaffen könnten, bevor er heran war.

Nervös schaute ich zur Seite. War ich notfalls schnell genug, um den Bus herum zu rennen, damit er mich nicht erwischte? *Egal,* dachte ich, *völlig egal,* und ich merkte auf einmal, dass ich voller Angst steckte und am liebsten gleich geflitzt wäre.

Ich hatte das Gefühl, der Elefant schenke uns einen wütenden Blick von oben herunter, als wollte er uns davor warnen, sein Reich zu betreten. Er hob seinen Rüssel und trompetete in die Luft, dann schnaubte er und kam schneller auf uns zu. Keine fünf Meter war er von mir entfernt, das war für ein Tier dieser Größe praktisch keine Entfernung.

Auf seiner rissigen Schulter, die massig aufragte, als sei sie ein Gebirge aus Fleisch und Haut, saß ein kleiner Vogel, als spreche er direkt ins Ohr des Elefanten. *Dreh dich schon um,* dachte ich, *hau schon ab.* So ähnlich mussten sich die Menschen der Frühzeit gefühlt haben, wenn sie auf große Tiere getroffen waren: Sie kamen einem wie Götter vor, riesig und unzerstörbar, mächtig und nicht betroffen von den Problemen kleiner Zweibeiner. Hinter mir schrien einige Frauen auf, ich hörte, wie Kinder rannten; anscheinend versteckten sie sich hinter dem Bus. Hoffentlich machte das den Elefanten nicht nervös, hoffentlich blieb er ruhig. Meine Finger krampften sich um den Trageriemen des kleinen Rucksackes. Ich suchte den Blick des Tieres, aber seine großen dunklen Augen schienen sich in die Ferne zu richten und mich nicht wahrzunehmen.

Dann drehte sich der Elefant um, als habe er uns nur ein wenig Angst einjagen wollen, und ging in schlenkerndem Gang zurück ins Buschland. Ich atmete aus und ließ den Rucksack auf den Boden sinken. Mein Herz pochte schnell, und ich spürte das Wackeln in den Knien. Die Angst steckte noch in den Knochen, eine kreatürliche Furcht, die erst nach einiger Zeit schwand.

Langsam ging ich zum Bus. Der Mechaniker und seine Helfer machten sich erneut ans Werk. Der ölverschmierte Mechaniker kroch auf einen Befehl des Fahrers sogar unter den Bus, wo er mit Hammer und Schraubenschlüssel tätig wurde. Ich hörte einige wütende Flüche.

Erneut unternahmen wir einen Versuch, den Bus anzuschieben. Wir keuchten und schwitzten, einige Männer schimpften fürchterlich. Unter Mühen schafften wir einige Meter, dann gaben wir auf. Der Bus blieb stehen, als sei unsere Arbeit umsonst gewesen.

Ich stand neben dem Fahrzeug, erschöpft und schlecht gelaunt. Für das Strauchwerk, die afrikanische Wildnis direkt neben mir, für all die Dinge, die ich normalerweise spannend fand, brachte ich im Augenblick kein Interesse mehr auf. Neben mir lagen Plastiktüten und eine Bierdose im Staub; die ersten Käfer krabbelten bereits über den Abfall.

Der Fahrer und seine Gehilfen diskutierten aufgeregt. Sie standen zusammen, sie wirkten niedergeschlagen und müde. Ich wusste nicht, ob sie den Schaden aus eigener Tasche bezahlen mussten, aber auf jeden Fall ging ihnen so einige Geschäfte verloren. Mit schleppenden Schritten kam der Fahrer zu der Gruppe von Männern, bei der ich stand.

»Wir geben euch das Geld zurück«, sagte er. »Sagt es auch den anderen. Wir kommen hier nicht mehr weiter. Wir geben euch zumindest den Teil, den ihr noch brauchen werdet, wenn ihr weiter nach Nata fahren wollt.«

Ich zerrte meinen Seesack unter der letzten Sitzreihe hervor und stellte mich in die Schlange, die sich vor dem Fahrer und Snake bildete. Die beiden zählten jedem Reisenden das Geld in die Hand, auch mir. Snake hatte sein Grinsen verloren, er wirkte wütend und erschöpft zugleich. »Wir sehen uns«, sagte er zum Abschied. Wir stießen unsere Fäuste gegeneinander, und ich ging zur Seite.

Mit den anderen Reisenden stellte ich mich an den Rand der Straße. Bei jedem Fahrzeug, das nach Süden unterwegs war, winkten wir, und fast jeder Fahrer hielt an. Die Reisenden wurden ohne große Diskussion überall untergebracht. Manche landeten auf der vollgestopften Ladefläche eines Lastwagens, andere hatten das Glück, auf der Rückbank eines Autos weiterreisen zu können.

Mich nahm ein weißer Farmer mit. Der grauhaarige Mann, dessen braun gebranntes Gesicht von tiefen Runzeln durchzogen war, blinzelte gegen die Sonne, während wir uns unterhielten und den Fahrpreis vereinbarten.

»Wir fahren nach Nata«, sagte er, »dort in der Nähe haben wir unsere Farm.« Er wies auf die grauhaarige Frau in beigem Kleid auf dem Beifahrersitz. »Das ist meine Frau, wir bewirtschaften die Farm gemeinsam.« Er spuckte auf den Boden. »Hartes Geschäft, aber es ist unseres.«

Wir gingen um den kleinen Lieferwagen. »Sie müssen hinten reinsteigen«, sagte er. »Ich hoffe, das stört Sie nicht.«

Ich winkte ab und zeigte auf den Bus. »Nach diesem Tag stört mich nicht mehr viel.«

»Das passiert ständig. Diese Burschen haben nie genügend Werkzeug dabei, um ihre Busse zu reparieren. Zudem haben sie keine Ahnung von Motoren, auch ein Mechaniker nicht.« Er lachte heiser. »Meist haben sie zwei, drei Schraubenschlüssel im Laderaum, mit denen kannst du aber nicht viel anfangen.«.

Ächzend öffnete er die hintere Luke seines kleinen Lieferwagens. Auf der Ladefläche hatten sich bereits zwei schwarze Landarbeiter niedergelassen, die mich breit angrinsten. Zu dritt

richteten wir es uns zwischen leeren Milchkanistern und unserem Gepäck einigermaßen bequem ein; es ging nur, indem wir unsere Beine übereinander legten. Der Wagen fuhr los, wir wurden durcheinander gerüttelt, und ich schloss meine Augen, folgte damit dem Beispiel der zwei Schwarzen.
Tatsächlich ertrug ich so die gekrümmte Haltung, das Gerüttel und die widerliche Hitze in dem kleinen Innenraum. Ich schlief rasch ein.
Als ich eine Stunde später an der Tankstelle von Nata aus dem Wagen kroch, schmerzte mir jeder Knochen im Leib, und ich war nass bis auf die Haut. Mühsam schüttelte ich das Schwindelgefühl ab, das in mir hochkam, und zerrte meinen Seesack aus dem Auto. Von den zwei Schwarzen verabschiedete ich mich mit Handschlag.
Ich stand am Rand der großen Kreuzung. Im Norden verlor sich die Straße nach Kasane im Buschland, auf der anderen Seite zog sich das schwarze Band in die Steppe hinaus, die bis in den Süden des Landes ging. Und gegenüber der Tankstelle begann die Straße nach Maun, einige hundert Kilometer weiter im Westen Botswanas. Es war 17 Uhr, und an diesem Tag würde ich diese Strecke nicht mehr zurücklegen können.
Der Fahrer bekam sein Geld, dann stieg er in seinen Lieferwagen und fuhr weiter. Ich sah dem Wagen nach, wie er einige hundert Meter weiter südlich links abbog und einem staubigen Weg ins Buschland folgte. Wie viele Kilometer der Mann mit seiner Frau und seinen zwei Arbeitern wohl noch zurückzulegen hatte?
Jetzt bin ich also in Nata, dachte ich ohne jegliche Begeisterung. Einen ganzen Tag hatte ich auf der Straße verbracht, davon mehrere Stunden, ohne einen Meter vorangekommen zu sein. Meine Knochen schmerzten, ich fühlte mich müde und erschöpft und brauchte dringend eine Dusche.
Nata war alles andere als ein Ziel, das man bewusst ansteuerte. Hier wohnten vielleicht 2000 Leute, und außer den zwei Tankstellen in meiner Nähe, dem Hotel schräg gegenüber und einer weiteren Übernachtungsmöglichkeit, die ausgeschildert war, gab es nur einen Nachtclub. Glaubte ich der Beschilderung, stand ich genau vor dem Club; er musste hinter der Tankstelle kommen.

Ich hob die Schultern. Es war nicht zu ändern. Das war Afrika, und meine Reisepläne und -absichten änderten sich ständig. *Warum nicht Nata?*, dachte ich mir. *Ein staubiges Loch in der Wüste ist schließlich besser als nichts.*

Abenteuer Afrika im Bild

Einige ergänzende Anmerkungen zu den Fotos im Bildteil

Bild 1: Obstverkauf in Bafoussam

Nach einigen Anfangsschwierigkeiten (siehe die Geschichte »Im Puff bei Schmiergesicht«) gefiel mir Bafoussam, die Stadt im westlichen Kamerun, immer besser. Das Hotel, in dem ich mich einquartiert hatte, lag strategisch günstig zwischen Markt, Schule und Busbahnhof; von hier aus unternahm ich zahlreiche Spaziergänge in die Umgebung. Unter anderem wanderte ich bis zu einem See, gut zehn Kilometer von der Stadt entfernt im Hügelland gelegen, der bei den Anwohnern als »heilig« gilt, hielt mich dort eine Weile auf, bevor ich quer durch Bananenplantagen und über schmale Wege zurück in die Stadt kam.
Mit den Leuten in der Stadt freundete ich mich fast an. Stundenlang saß ich mit Einheimischen in einer Kneipe auf dem Markt zusammen, trank Bier und redete über Gott und die Welt. Und ich fotografierte mehr als bei anderen Reisen (ich renne nicht die ganze Zeit mit der Kamera durch die Gegend), unter anderem die kleinen improvisierten Verkaufsstände unweit des Hotels.
Die Obstverkäuferin auf dem Bild hatte Bündel von Zuckerrohr, einige Papayas und Bananen im Angebot. Viele Schulkinder kauften sich eine Stange Zuckerrohr, für die ärmeren Leute in der Stadt eine preiswerte Möglichkeit, eine kleine Mahlzeit zu sich zu nehmen.

Bild 2: Campement in Maroua

Maroua, die Stadt im hohen Norden Kameruns, war für etwa eine Woche mein »Stützpunkt«: Ich wohnte im »Campement Boussou«, einem umzäunten Gelände, in dem es Hütten gab, die man preisgünstig mieten konnte, und von hier aus unternahm ich Reisen in die nähere Umgebung. Mit Taxis und Minibussen steuerte ich einige Dörfer an, besuchte Märkte an der Grenze zu Nigeria oder zur Republik Tschad, und ich unternahm eine Tour mit einem altersschwachen Rad, das ich gemietet hatte.
Als sehr nett empfand ich die Leute im Campement selbst und deren Nachbarn. Das zeigt auch das Foto ganz gut – denn eigentlich wollte ich nur die Straße sowie den Eingang zum Cam-

pement fotografieren. Im Nu wollten die anderen Männer mit aufs Foto, und ein Nachbar knipste dieses Bild. Auch in Ordnung: Somit gibt es wenigstens eine Aufnahme, auf der ich zu sehen bin.

Der fotografierende Nachbar stellte sich übrigens als Englischlehrer heraus. Da sein Englisch und das meine aber nicht miteinander harmonierten – ich verstand praktisch nie, was er sagte, und andersrum –, sprachen wir eben weiterhin Französisch miteinander. Ein Problem, das ich in Kamerun übrigens noch mehrmals hatte: Zwar wird im Westteil des Landes Englisch gesprochen (weil dieser Teil der ehemaligen deutschen Kolonie Kamerun nach dem Ersten Weltkrieg ein britisches Mandatsgebiet war), aber es unterscheidet sich teilweise so stark von dem Englisch in Großbritannien und den USA, dass ich es kaum verstand.

Bild 3: Traditionelles Gericht in Foumban

In Foumban bezog ich ein Zimmer im Hotel »Beauregard«, das von außen sehr modern wirkte, im Innern aber selten fließendes Wasser und Strom aufwies. Recht schnell freundete ich mich mit dem Mann an der Rezeption an. Als ich später ab-reiste, schenkte er mir zwei kleine Masken aus Ton, sogenannte Passepartouts, die in früheren Jahren tatsächlich als Reisepässe benutzt worden waren; ich war sehr stolz auf dieses Geschenk.

Der Höhepunkt meines Aufenthaltes in Foumban war allerdings eine Gerichtszeremonie, die im Beisein des Sultans abgehalten wurde. Foumban und die Region um die Stadt ist das Territorium des Bamoun-Volkes, das nach wie vor traditionell regiert wird – der Sultan ist im Parlament Kameruns vertreten, spricht aber auch Gerichtsurteile. So richtig verstand ich natürlich nicht, was sich vor meinen Augen abspielte: Ein jugendlicher Übeltäter musste sich vor den Ältesten der Stadt sowie vor ausgewählten Frauen und Jugendlichen rechtfertigen und wurde auch verurteilt.

Später hielt der Sultan noch Audienz: Er saß auf einem Thron im Eingangsbereich seines Palastes, der übrigens im 19. Jahrhundert nach dem Vorbild von Abbildungen auf deutschen Postkarten konstruiert worden war, und ihm näherten sich immer wieder Männer und Frauen in traditioneller Kleidung.

Was gesprochen wurde, erfuhr ich mangels Sprachkenntnissen leider nicht.

Bild 4: Fischer am Bénoué

Die Titelgeschichte des Buches, »Das Tier von Garoua«, beschreibt eigentlich alles, was zu diesem Bild zu sagen ist: Zuerst bummelte ich zum Bénoué, bei dem ich mich selbst wunderte, dass es am Rand der Sahelzone tatsächlich einen solchen Fluss gab, dann stand ich lange auf der Brücke herum, um nach dem mysteriösen Tier zu fahnden, und noch später ging ich am Flussufer entlang, wobei ich tatsächlich einige Fotos schoss.
Die Technik der Reusen fand ich faszinierend: Die Netze werden von den Fischern ins Wasser gelassen; spezielle Köder werden keine eingesetzt. Nach einiger Zeit nutzt der Fischer die Hebelwirkung, um das Netz in die Höhe zu heben. Hat er etwas gefangen, entnimmt er die Beute; ist kein Tier im Netz, lässt er es wieder in den Fluss zurücksinken. In den Pausen dazwischen sitzen die Männer zusammen und unterhalten sich; meist sitzen sie aber am Fluss und betrachten ihre Reuse.

Bild 5: Stadtzentrum von Bafoussam

Bafoussam war anfangs anstrengend – was die Geschichte »Im Puff bei Schmiergesicht« illustriert –, dann aber absolut faszinierend. Die lebhafte Hauptstadt der kamerunischen Westprovinz ist ein Handelszentrum ersten Ranges, was sich nicht nur am Markt zeigt, sondern auch am starken Verkehr in praktisch allen Straßen der Stadt. Vor allem in der Hauptverkehrszeit gab es sehr häufig Staus.
Das Bild zeigt rechts unten den Eingang zum Markt: An den kleinen Ständen verkaufen Frauen Kleidungsstücke und Seife, Getränke und alle möglichen Dinge des täglichen Gebrauchs. Durch die Bildmitte rollt der Verkehr auf der Hauptstraße, dahinter beginnt die Straße, über die man bis zu dem ominösen »Delice Café Ahwa« kommt. In der Nähe der Wohnblocks im Hintergrund des Bildes steht auch die Polizeikaserne der Stadt.
Leider kann kein Foto die Atmosphäre dieser Stadt wiedergeben: die vom Markt aufsteigenden Düfte ebensowenig wie das Stimmengewirr, den Verkehrslärm und die plärrenden Lautsprecher der Musikgeschäfte auf der Straße. Nachts herrschte

übrigens Ruhe, und nach Mitternacht war so gut wie kein Mensch mehr unterwegs – dafür herrschte wahrscheinlich in den Bars und Diskotheken in der Nähe des »Delice Café Ahwa« ein quirliges Treiben.

Bild 6: Busbahnhof in Banyo

Die Fahrt von Ngaoundéré nach Banyo war die wohl härteste meiner Kamerun-Reise. Nachdem ich per Bahn in den Norden des Landes gekommen war, hatte ich mir vorgenommen, mit dem Buschtaxi zurückzufahren – auch wenn dies als ungewöhnlich galt. Morgens um kurz nach sechs Uhr verließ das Buschtaxi Ngaoundéré, und danach rollte das Fahrzeug nur noch über staubige Pisten, die alle Fahrgäste ordentlich durchrüttelten. Erst abends um 18 Uhr und bei Einbruch der Dunkelheit erreichten wir Banyo.

Der kleine, staubig wirkende Ort zwischen steil aufragenden Hügeln hatte zumindest an diesem Tag keine Elektrizität. Ein Junge half mir, die »Auberge la Posada« zu finden, wo ich mit meinen Fremdsprachen so gut wie keine Chance hatte: Niemand sprach Englisch oder Französisch, nicht einmal Fulbulbe funktionierte. Immerhin bekam ich ein Zimmer mit zwei Kerzen – für das Licht – und einem Eimer Wasser für die Toilette und die Dusche.

Ich war froh, als ich am nächsten Morgen am Busbahnhof war. Im Morgengrauen fand ich die kleine Stadt auf einmal richtig schön, und ich bereute geradezu, dass ich schon wieder weiterfuhr. Wir alle fröstelten ein wenig, Männer und Frauen trugen zumeist dicke Jacken gegen die Morgenkälte. Gegen halb sieben Uhr verließ ich Banyo, und das einzige Souvenir von dieser Kleinstadt ist dieses Foto.

Bild 7: Viehhirten in den Usambara-Bergen

Die Reise, die Kathrin und mich im Januar 1999 nach Tansania brachte, litt unter dem Wetterphänomen El Niño, das in diesem Jahr für Dauerregen auch außerhalb der Regenzeit sorgte. Das brachte es mit sich, dass wir tagelang in Städten festsaßen und nicht aus dem Zimmer des jeweiligen Gasthauses kamen. Immerhin klarte das Wetter zeitweise auf, als wir die Usambara-Berge im Nordwesten des Landes besuchten.

Von Lushuto aus, der Hauptstadt der Region, unternahmen wir mehrere Wanderungen in die beeindruckende Hügelwelt. Schmale Pfade führten durch Plantagen und Felder, entlang an Gehöften und kleinen Dörfern, und über sie kam man auf Berge, von denen aus wir spektakuläre Blicke in die Ferne genossen.

Immer dann, wenn ich es nicht erwartete, kam eine Gruppe von Jungs um die Ecke, die Ziegen oder Kühe hütete. Mit ihren Tieren bewegten sich die Jugendlichen ebenfalls durch das Bergland; die Kommunikation war mangels Sprachkenntnissen sehr eingeschränkt, was der guten Laune aber keinen Abbruch tat.

Bild 8: Okawango-Delta in Botswana

Der Okawango entspringt in Angola, fließt kurzzeitig durch Namibia, um dann nicht im Meer zu münden, sondern im Norden Botswanas zu versickern. Am Rand der Wüste Kalahari wird der Okawango zum sumpfigen Binnendelta; das Okawango-Delta ist ein faszinierendes Gebiet, das im Sommer weitestgehend austrocknet.

Wenn der Großteil des Wassers verdunstet oder im Untergrund versickert ist, bleiben in weiten Teilen des Deltas nur schmale Kanäle übrig. Das Netz dieser Kanäle erstreckt sich über Dutzende von Kilometern, und dieses Netz ist zugleich das Transportsystem der Einheimischen: Mit sogenannten Mokoros bewegen sie sich durch die Wasserstraßen; dabei handelt es sich um schmale Einbäume, ideal für die Kanäle.

Ich nahm zusammen mit zwei slowakischen Touristen an einer Mokoro-Fahrt teil, die über das »Audi-Camp« – das heißt wirklich so! – in der Stadt Maun organisiert wurde: zuerst mit einem Geländewagen zu einem Mokoro-Hafen, von dort aus mit dem Einbaum hinein in das Moremi Naturschutzgebiet. Wenn man in so einem Mokoro sitzt, kommt man sich sehr klein vor: Rechts und links ragt das Gras des Naturschutzgebietes mehr als einen Meter in die Höhe, überall schwirren Insekten und über allem lastet tropische Hitze.

Bild 9: Tansania-Küste bei Dar-es-Salaam

Ein wenig Badeurlaub zum Abschluss der größtenteils verregneten Reise nach Tansania wollten Kathrin und ich uns in diesem Januar 1998 noch gönnen: Also setzten wir mit einer Fähre der Gesellschaft »Flying Horse« von Dar-es-Salaam, der Hauptstadt Tansanias, nach Sansibar über. Bei dieser Fahrt wurden wir mit Sonnenschein belohnt, auf dem Deck ließ ich mir die warme Luft um die Nase wehen.

Immer wieder fuhr die Fähre an kleinen Inseln vorbei, die buchstäblich aus dem Meer auftauchten. Kleine Dörfer mit Fischerbooten und Anlegestellen aus Holz hatten wir schon an der Küste bei Dar-es-Salaam gesehen; bei den kleinen Inseln bildeten sie jeweils Teile der Küstenlinie. Am späten Nachmittag erreichten wir dann Sansibar, wo wir durch ein Einreisebüro geschleust wurden, bevor wir die Stone Town – also das alte Zentrum der Insel – betraten.

Die Regierung der Insel, die sich um diese Zeit um stärkere Unabhängigkeit vom Festland bemühte, bezeichnete sich selbst als »Revolutionary Government« und hatte strenge Ramadanregeln verhängt. Das führte dazu, dass es tagsüber nirgends etwas zu essen und zu trinken gab – nur in den wenigen Restaurants für wohlhabende Touristen, die wir mieden ...

Bild 10: Nkhata-Bay am Malawi-See

Einige Tage verbrachte ich während meiner Reise durch das kleine Malawi am nordwestlichen Ufer des Malawi-Sees. Die Nkhata-Bay, ein landschaftlich reizvoller Ort, schmiegt sich hier geradezu an die Hänge entlang des Sees. Mir gefiel vor allem der kleine Markt, wo ich gelegentlich einen Imbiss zu mir nahm.

Durch eine schmale Bucht von der eigentlichen Ortschaft getrennt, bot das Mayoka Village einfache Unterkünfte für Rucksacktouristen. Die Hütten klebten gewissermaßen an einem steilen Hang; in ihnen wohnten Reisende aus Europa, Amerika und Israel. Vom Mayoka Village aus unternahm ich Wanderungen in die Umgebung des Sees.

Bei einer dieser Wanderungen traf ich auf einen jungen Weißen. Er sprach mich in schlechtem Englisch an, wir unterhielten uns kurz, dann fragte ich ihn, ob er Deutscher sei. Er bestätigte, und wir redeten über unsere Herkunft. Wie es der Zufall wollte, waren wir beide aus Karlsruhe und hatten einen gemeinsamen Bekanntenkreis; zeitweise hatten wir auch dasselbe Stammlokal besucht. Seither schickt mir Patrick – so der Name des

Reisenden aus Karlsruhe – aus den unmöglichsten Weltgegenden E-Mails mit Foto-Anhängen ...

Bild 11: Moremi-Nationalpark in Botswana

Nachdem ich mit einem Mokoro in das Innere des Okavango-Deltas gelangt war, stiegen wir aus. Mit einem einheimischen Führer wanderte unsere kleine Gruppe durch den Moremi-Nationalpark, in der brütenden Hitze des frühen Nachmittags tatsächlich anstrengend. Aber gleichzeitig bot die Wanderung einen ganz anderen Blick in die Natur als beispielsweise eine Jeep-Safari.

Einmal standen wir auf der einen Seite einer Wasserstelle; auf der anderen Seite tranken gerade Gazellen und Büffel. Die Tiere nahmen Witterung in unsere Richtung auf, als seien sie von grundlegendem Misstrauen erfüllt, rannten aber nicht weg. Erst nachdem sie getrunken hatten, verschwanden sie wieder im Strauchwerk hinter der Wasserstelle. Bei einer Rast sammelte sich gerade eine Affenhorde ganz in der Nähe in einem Gebüsch. Wir saßen da, Wasserflaschen und Brot in den Händen, und schauten den Tieren zu; die wiederum schienen uns genauso interessiert zu betrachten.

Das Bild zeigt mich vor einem Termitenhügel; zumindest ein Foto wollte ich haben, auf dem ich selbst zu sehen bin. Wie bei solchen Fotos oft üblich, achtete niemand auf Details; aus diesem Grund stehe ich mit dem Rucksack einigermaßen albern da.

Bild 12: Fischer im Dorf Yof in Senegal

Als Katja und ich im November 1996 zu später Stunde den internationalen Flughafen von Dakar, der Hauptstadt des Senegal, betraten, waren wir geradezu froh, dass sich sehr viele »Schlepper« einfanden, die uns Fotos vor die Nase hielten und uns Hotels empfahlen, die ihrer Aussage nach besser als alle anderen waren. Wir landeten dann in einem Privatquartier, wo wir ein bescheidenes Zimmer bezogen – ohne dass wir genau wussten, in welchem Stadtteil von Dakar wir waren.

Und tatsächlich benötigten wir einige Zeit, um herauszufinden, dass Yof tatsächlich ein eigenständiges Dorf war, das weit außerhalb der Hauptstadt lag, aber in direkter Nähe zum Flug-

hafen. So konnten wir über dem Dorf immer wieder die startenden und landenden Flugzeuge beobachten.
Yof war in weiten Teilen noch ein echtes Fischerdorf: Am Strand wurde der Fisch zubereitet und geröstet, überall wurden die kleinen Boote gepflegt und hergerichtet. Schon 1996 konnte man vom Ufer aus die großen Schiffe der Europäer sehen, die außerhalb der Drei-Meilen-Zone die Gewässer leerfischten. Heutzutage lohnt es sich für die Fischer des Senegal nicht mehr ihren eigentlichen Beruf nicht mehr; kein Wunder, dass viele von ihnen in ein anderes »Geschäft« einsteigen: In völlig überfüllten Booten starten unter anderem von der Senegal-Küste aus die Flüchtlingsschiffe zu den Kanarischen Inseln, belegt mit Afrikanern, die hoffen, in Europa ihr großes Glück machen zu können ...
Wie viele von ihnen unterwegs erbärmlich sterben, weiß keiner. Aber das ist eine ganz andere Tragödie.

Bild 13: Ghanzi in Botswana
Ich hatte während meiner Reisen mehrfach das Glück – oder Pech –, während der Regenzeit in Afrika zu sein. Dies geschah mehr aus Zufall, weil mein Zeitfenster für Reisen eben mit dem Regen in dem jeweiligen Land zusammenfiel. Wer bei einer Afrikareise vor allem Tiere beobachten will, sollte in der trockenen Zeit reisen; dann können sich die Tiere nicht so gut verstecken. Wer aber Pflanzen erblühen sehen möchte, ist in der Regenzeit gerade richtig unterwegs.
So auch bei meiner Botswana-Reise: Als ich den Ort Ghanzi erreichte, eine Kleinstadt am Rand der Kalahari, bekam ich ein fürchterliches Unwetter mit, das sich über der Stadt entlud. Stundenlang prasselte der Regen auf Häuser und Straßen, Sand und Pflanzen herunter; am nächsten Morgen dampfte die Luft, und die Sonne trocknete in rasanter Eile den Boden aus. Am Abend wiederholte sich das Schauspiel, und wieder schüttete es fürchterlich.
Die positiven Folgen sah ich, als ich am nächsten Tag weiterfuhr: Mit einem Bus fuhr ich über den Trans Kalahari Highway in den Süden des Landes weiter, und überall erblühte die Wüste. Was ich in der ersten Zeit meines Aufenthaltes als graue und braune Steppe wahrgenommen hatte, leuchtete jetzt in einem

sanften Grün. Gelbe Blumen reckten am Rand der Straße ihre Blüten in die Luft, es war ein wahres Wunder.

Bild 14: Dixcove in Ghana

Ghana besuchte ich im Jahr 1994, nachdem ich das Land bereits im Rahmen meiner »großen Reise« 1987/88 hatte besuchen wollen – damals klappte es nicht, weil ich lieber lange in Togo am Strand liegen wollte ... Die vier Wochen, die ich in Ghana verbrachte, fachten meine Lust auf Afrika wieder richtig an: Zwischen der Millionenstadt Accra und den kleinen Dörfern am Strand, der alten Stadt Kumasi im Landesinnern und den Dörfern am Lake Volta bewegte ich mich mit Buschtaxis und kam so in permanenten Kontakt zu den Leuten.

Besonders beeindruckte mich der kleine Ort Dixcove unweit der Grenze zur Elfenbeinküste. Nach Dixcove führte damals nur eine schmale Straße – mittlerweile müsste die Verbindung besser sein, weil ganz in der Nähe ein Feriendorf errichtet werden sollte –, und die Elektrizität im Dorf war zum Zeitpunkt meines Besuches komplett außer Betrieb. Das Foto zeigt recht gut den Hafen und die anliegenden Häuser, wo ich manchmal am späten Nachmittag saß und aufs Meer hinausblickte.

Direkt neben dem Fischereihafen des Dorfes erhebt sich eine alte Sklavenburg. Hier wurden in der Zeit des Sklavenhandels Afrikaner unter fürchterlichen Bedingungen gefangengehalten, bevor sie auf die Transportschiffe kamen, die sie nach Süd- und Nordamerika brachten. Auch Jahrhunderte nach dieser Zeit empfand ich die Atmosphäre in der alten Burg als bedrückend und niederschmetternd; ich hatte mich noch nie zuvor in meinem Leben für meine Hautfarbe geschämt. Ganz im Gegensatz dazu sind mir die Leute im Dorf stets freundlich begegnet.

Danksagung

Am meisten danke ich meiner Lebensgefährtin Cornelia Witke. Sie hat sich nicht nur der Mühe unterzogen, die Rohfassungen meiner Texte zu lesen und mir dann ihre Kritik mitzuteilen, sie hat mir zudem den Rücken freigehalten, damit ich die Zeit hatte, dieses Buch zu schreiben.
Zu danken habe ich auch meiner Mutter – die sich während meiner Reisen nach Afrika oft ängstigte, wenn ich mich wochenlang nicht meldete – und meiner Schwester, die bei einigen Texten mein handschriftliches Gekritzel abtippte und so die Texterfassung ermöglichte.
Und ich danke Miriam Hofheinz, ohne deren Vermittlung dieses Buch nicht entstanden wäre, sowie Sandra Thoms, die den Mut besitzt, im Jahr 2007 mit einem Verlag auf den Markt zu gehen und als dritten Titel gleich mein Buch zu publizieren.

Die Staaten, die im Buch
»Das Tier von Garoua« erwähnt werden:

1. Marokko
2. Algerien
3. Niger
4. Burkina Faso
5. Togo
6. Senegal
7. Kamerun
8. Malawi
9. Tansania
10. Botswana
11. Südafrika

Ebenfalls im Dryas Verlag erschienen:

»Welcome to presence«

– Abenteuer Alltag in China

von Oliver Lutz Radtke
Preis: 12,95 EUR [D], 13,30 EUR [A]
ISBN: 978-3-9811327-0-0

»Aus dem Inneren des Riesen«

– Abenteuer Alltag in Brasilien

von Oliver Lutz Radtke
Preis: 12,95 EUR [D], 13,30 EUR [A]
ISBN: 978-3-9811327-1-7

www.dryas.de